广西传统村落
保护纪实

中国人民政治协商会议
广西壮族自治区委员会
编

广西科学技术出版社

图书在版编目（CIP）数据

广西传统村落保护纪实/中国人民政治协商会议广
西壮族自治区委员会编. —南宁：广西科学技术出版社，
2018.1

ISBN 978-7-5551-0942-6

Ⅰ．①广… Ⅱ．①中… Ⅲ．①村落—保护—研究—广
西 Ⅳ．①K928.5

中国版本图书馆 CIP 数据核字（2018）第 007339 号

GUANGXI CHUANTONG CUNLUO BAOHU JISHI

广西传统村落保护纪实

中国人民政治协商会议广西壮族自治区委员会　编

组稿编辑：黄　劲　韦林枚　　　　　责任编辑：何杏华
助理编辑：陈诗英　　　　　　　　　责任印制：韦文印
责任校对：罗绍松　　　　　　　　　装帧设计：苏　畅　韦娇林

出 版 人：卢培钊
出　　版：广西科学技术出版社
社　　址：广西南宁市东葛路 66 号　　　邮政编码：530022
网　　址：http://www.gxkjs.com

经　　销：全国各地新华书店
印　　刷：广西昭泰子隆彩印有限责任公司
地　　址：南宁市友爱南路 39 号　　　　邮政编码：530001

开　　本：787 mm×1092 mm　1/16
字　　数：180 千字　　　　　　　　　印　　张：16.75
版　　次：2018 年 1 月第 1 版　　　　印　　次：2018 年 1 月第 1 次印刷
书　　号：ISBN 978-7-5551-0942-6
定　　价：88.00 元

"广西政协文史丛书"编委会

本书编委会

本 书 主 编： 黄格胜

常务副主编： 黄　健

副 主 编： 吴伟权　谢日万

编　　　辑： 谢育盛　谭　冬　黄东莲

编　　　务： 史　晖

序

为贯彻落实《政协全国委员会关于加强文史资料工作的意见》，发挥文史资料"存史、资政、团结、育人"的社会功能，进一步拓展广西政协文史资料的征编领域，着力打造政协文史资料品牌，开创政协文史资料工作新局面，2011年7月，广西壮族自治区政协主席会议审议通过了"广西政协文史丛书"征编规划。编辑出版"广西政协文史丛书"，是一项体现政协特点、发挥政协优势的重要工作。在广西壮族自治区各级政协、政协参加单位和广大政协委员的大力支持和积极参与下，"广西政协文史丛书"的各个分册陆续出版，对进一步深化广西近现代史研究，弘扬爱国主义精神，推动文化事业繁荣发展，促进民族团结，建设和谐社会具有积极的意义。

人民政协文史资料工作是周恩来同志倡导和培育起来的一项经常性、基础性工作，是人民政协事业的重要组成部分。文史资料工作开辟了史料积累、研究的新途径和新领域，可以匡史书之误、补档案之缺、辅史学之证，受到我国史学界的高度重视，促进了我国历史学科特别是近代史学科的发展。文史资料工作在传承中华民族优秀传统文化、保护自然和历史文化遗产、丰富社会主义先进文化内涵方面发挥了积极的作用，成为一项具有鲜明统战特点和政协特色的社会主义文化事业。经过半个世纪的不断探索和发展，文史资料工作深深扎根于中国共产党领导的多党合作和政治协商制度的伟大实践中，在人民政协事业的发展历程中发挥了重要的作用。

广西政协的文史资料工作走过了不平凡的历程。五十多年来，广西各级政协征集和出版了大量有价值的文史资料。这些以"三亲"（亲历、亲见、亲闻）史料为主要内容的资料书籍，翔实、具体、生动地再现了广西近现代社会的风云变幻和历史沧桑，为人们了解广西近现代社会重要历史人物和重大历史事件，探究广西近现代社会历史发展的轨迹提供了重要的参考，在社会上产生了较大影响，受到广大文史爱好者和社会各界人士的欢迎和好评，为广西的改革开放和文化事业发展做出了积极的贡献。

党的十八大以来，以习近平同志为核心的党中央提出"五位一体"总体布局、"四个全面"战略布局和治国理政新理念新思想新战略，对发挥人民政协的作用提出了新的要求，也为人民政协文史资料工作提供了新的机遇。我们要继承和发扬优良传统，始终坚持统战特性和"三亲"特点，始终坚持存真求实，始终坚持工作创新，真正以史团结人、以史影响人、以史教育人，努力把这项有益当代、惠及后人的事业做得更好，为推动社会主义文化大发展大繁荣，为促进人民政协事业的发展做出新贡献。

"广西政协文史丛书"编委会
2016 年 12 月

前言

传统村落是指拥有物质形态和非物质形态的文化遗产，具有较高的历史、文化、科学、艺术、社会、经济价值的村落。传统村落承载着中华传统文化的精华，是农耕文明不可再生的文化遗产；传统村落凝聚着中华民族精神，是维系中华儿女文化认同的纽带；传统村落保留着民族文化的多样性，是繁荣发展民族文化的根基。但随着工业化、城镇化的快速发展，传统村落衰落、消失的现象日益加剧，加强传统村落保护发展刻不容缓。

传统村落记载着广西12个世居民族悠久的农耕文明、璀璨的民族文化、卓越的建筑艺术，保护发展好广西传统村落就是保护、传承和发扬这些优秀的民族传统文化。让我们记住乡愁思绪，进一步凝聚人心和民心，增强民族自豪感和自信心，形成促进广西发展的强大动力。

保护发展好广西传统村落，维系和发挥好传统村落的纽带和桥梁作用，是海内外广西人的共同心愿。广西传统村落是广西散布在世界各地的华侨和港澳台同胞的文化之根，是连接家族血脉、传承族群文化的重要载体，是广西海外华侨、港澳台同胞寻根问祖的归属地，也是广西海外华侨、港澳台同胞了解和支持广西家乡建设的重要纽带和桥梁。

保护和发展好广西传统村落还是保护国土安全的重要举措。广西地处西南边疆，有陆地边境线1020公里，沿边地区的传统村落既是中国疆域范围的历史证明，也是戍边守防的重要屏障，传统村落内的居民更是守卫国土的重要力量。保护和发展好这些传统村落，使传统村落内的群众居住好、生活好，共享改革开放和现代化发展的成果，更好地发挥"一村一哨所，一人一哨兵"对保护国土安全的重要作用。

保护发展好广西传统村落是促进农民增收的重要抓手。保护发展好广西传统村落是开展"美丽广西"乡村建设活动和开展乡土特色建设示范，促进乡村旅游发展的重要内容。广西的传统村落或依山而建，或濒水而居，村落自然古朴，民族风情浓郁，非物质文化遗产丰富，是休闲养生、旅游度假的理想场所，具有很大的旅游开发价值。因此，保护发展好广西传统村落，就是挖掘其历史、文化、科学、艺术、社会、经济价值，结合当地实际发展农家休闲游、生态游、文化游等，以此带动农村产业的发展，从而增加农民收入。

为系统地整理和展现广西传统村落的历史、现状和保护发展，延续各民族独特鲜明的文化传统，保持中华文化的完整多样性；加强传统村落保护发展，保持农村特色和提升农村魅力，推进"美丽广西"乡村建设，促进农村经济、社会、文化的协调可持续发展。2016年11月，广西壮族自治区政协办公厅研究决定，面向各有关单位，广泛深入开展广西传统村落保护方面的史料征集工作。征集内容涉及参与广西传统村落保护的相关情况，参与广西传统村落保护的相关活动及助推广西传统村落保护的相关情况，以及有关广西传统村落保护相关的其他"三亲"史料。现将征集到的文章汇编成《广西传统村落保护纪实》一书，书中文章突出文史资料"三亲"特色，以第一人称记述，由当事人撰写或当事人口述委托他人整理，从各个角度，立体、多方面地展现广西的传统村落保护现状，以期达到存史、资政、团结、育人的目的，激励各族人民不断团结前进。

编者
2017 年 11 月

目　录

综述：广西传统村落保护发展的回顾

文/刘哲　广西壮族自治区住房和城乡建设厅村镇建设处副处长

　　传统村落保护发展提档加速源于 2012 年，时任国务院总理温家宝同志在中央文史馆成立 60 周年纪念座谈会作出"古村落的保护就是工业化、城镇化过程中对于物质遗产、非物质遗产以及传统文化的保护"的指示。此后，住房城乡建设部、文化部、国家文物局、财政部于 2012 年 4 月下发了《关于开展传统村落调查的通知》（建村〔2012〕58 号），部署在全国范围内开展第一次传统村落调查工作。几年来，我作为广西传统村落保护发展牵头部门的具体工作人员，有幸亲历了传统村落调查建档、规划编制、保护发展项目实施及机制创新等过程，感触良多。

第六批中国历史文化名村——灵川县九屋镇江头村村落环境

1

一

全面启动传统村落保护发展之前，以村落为载体、以历史文化和传统特色为主要内涵的保护行动，主要抓手是历史文化名村保护。国家层面从 2003 年开始推动中国历史文化名城名镇名村工作，到 2015 年已经公布 6 批中国历史文化名村名单共 276 个，2016 年组织申报第七批。广西分别于 2010 年和 2013 年公布了两批历史文化名村名单共 28 个（其中入选中国历史文化名村 9 个），2017 年将公布第三批名单。

历史文化名村是传统村落的精品，数量少、遗存丰厚、价值突出，受到各级领导的高度关注。一是投入较大，国家层面在每个五年周期内，根据中国历史文化名村保护规划、可行性研究和建设项目的基础储备，投入保护专项资金 500 万—800 万元；自治区层面基本将其纳入广西特色名村建设范围，投入 400 万元以上；市县层面整合各方资金也有一定投入。二是各名村基本保存有连片分布的传统民居，民居群规模庞大、保存完整，且保存有一定数量的"深宅大院"。三是发展方向均以旅游为主要方向，灵山县以大芦村为核心成立了景区管委会，按照景区模式推进建设；南宁市江南区杨美村成立了旅游公司，负责具体运营。

表 1　广西历史文化名村名单

属地	村庄名称	列入国家批次	属地	村庄名称	列入国家批次
南宁	江南区江西镇杨美村	第五批	桂林	灌阳县文市镇月岭村	第六批
	江南区江西镇三江坡			平乐县张家镇榕津村	
	宾阳县古辣镇蔡村			永福县罗锦镇崇山村	
柳州	三江侗族自治县丹洲镇丹洲村			兴安县白石乡水源头村	
梧州	龙圩区大坡镇料神村			兴安县漠川乡榜上村	第六批
北海	涠洲管委会涠洲镇盛塘村			灵川县大圩镇熊村	
钦州	灵山县佛子镇大芦村	第三批		灵川县灵田镇长岗岭村	
玉林	北流市民乐镇萝村			灵川县九屋镇江头村	第六批
	玉州区城北街道办高山村	第三批		阳朔县兴坪镇渔村	
	兴业县城隍镇大西村			阳朔县白沙镇旧县村	第六批
	兴业县石南镇东山村		贺州	富川瑶族自治县朝东镇秀水村	第四批
	博白县松旺镇松茂村			富川瑶族自治县葛坡镇深坡村	
百色	西林县那劳镇那劳村			富川瑶族自治县朝东镇福溪村	第六批
来宾	武宣县东乡镇下莲塘村			八步区莲塘镇仁冲村	

第六批中国历史文化名村——灵川县九屋镇江头村村落环境

二

　　2012年启动传统村落调查后，各地对传统村落的重视程度还不是很高，首批调查出来的约370个村整体质量不高，只有39个被列入中国传统村落名录。分析其原因，一是地方怕配套，有些质量高但基础条件差的村落不敢报出来；二是政策把握不准，对传统村落的内涵和要求没有清晰的概念，有些申报的目的就是为了筹措资金建设新农村，有相当一批各种类型的挂点村报上来；三是基层的业务能力不强，人员装备不足，导致有些地方报出来除了村落名称和少量基础资料，反映村落价值特色的材料均没有；四是当时的经济社会发展状况和社会环境，没有把文化保护传承提到一个很高的高度；五是中央和自治区的优惠政策还不明朗，"甜头"还没有尝到。在第三、第四批入选中国传统村落名录的"大户"如恭城、龙胜等没有做好申报工作。

　　我对传统村落的认识也是一个过程。起先，我觉得保护好历史文化名村已实属不易，调查出这么多传统村落但没有相应的资金投入和政策保障，能够保护得了吗？而且历史文化名村和传统村落之间是什么关系，有必要再另立名头吗？带着诸多疑问，我在组织实施的同时，学习相关文件和参加培训及寻找答案。

第一，传统村落相比历史文化名村在内涵上有扩大。历史文化名村是以古民居为主要支撑的，对民居的建筑年代、保存状况、建筑艺术价值、历史人物和事件等较为注重；传统村落以古民居、村落格局和传统特色、非物质文化遗产等三方面为支撑，如果民居相对薄弱，其他方面有较强的支撑也可以。从这个方面来说，历史文化名村是传统村落的精品。而对广西来说，由于历史名人和"财主文化"与中部发达地区相比有一定的差距，导致广西的传统民居保存形态——"深宅大院"不多，除祠堂等公共建筑外，民居通常规模不足、建筑艺术不足，再加上很多民族特色建筑多以木楼、土房、石砌房等形态存在，导致很多村落难以获评为历史文化名村，但能够评上传统村落，如三江、融水、龙胜等地的村落，其格局形态保存完整，民居通常是以木楼、干栏式建筑、吊脚楼等形态保存，被列入中国传统村落名录的数量众多。

第二，传统村落在保护范围上扩大到整个村域。传统村落之所以能够传承农耕文明，除村落本身之外，还依赖于村落所存在的山水田园环境。为此，实施传统村落保护也应注重对村落周边的山体、河流、田园、沟渠等的保护。

第三，传统村落将发展也一并提到重要的议事日程，提出传统村落所编制的规划应

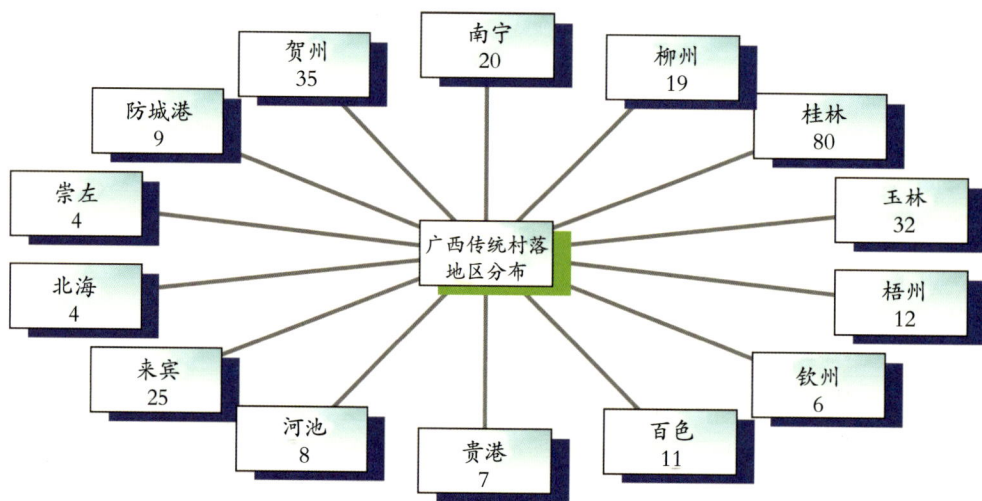

图1 广西传统村落分布第一次调查结果

是保护发展规划。要求在对其实施保护时，将村落人居环境改善作为一项重要的基础工作，在保护的前提下做好村落的产业开发。

随着认识层面的提升，各项工作顺利展开。2012 年我的主要工作是组织开展第一次广西传统村落调查，从各地推荐的约 370 个村落中筛选 272 个上报住房城乡建设部，但仅有 39 个被列入中国传统村落名录，而这 272 个村落经过再三筛选和补充完善资料，绝大部分入选了第一批广西传统村落名录（总量 205 个）。值得一提的是，2012 年我们在广西城乡建设网上制作了传统村落申报网页，开辟了社会推荐专栏，在官方渠道之外增设了社会人士申报的渠道。几年来，累计受领社会人士申报项目超过 20 个。其中，广西大学教授级高工朱光崴出于对故土的热爱和对祖上遗产的忠诚，认真组织材料，多方奔走呼吁，成功将朱熹后代之村——博白县松茂镇昌穆庄申报为第三批中国传统村落。

三

2013 年，住房城乡建设部、文化部、财政部下发了《关于做好 2013 年传统村落补充调查和推荐上报工作的通知》（建村〔2013〕20 号），部署第二批中国传统村落申报，并给出了广西需要补充资料的 27 个村落名单。由于敏感性不够、与国家部委的沟通不畅及认识上的偏差，我并没有认识到这是第二次大规模的申报活动。从工作措施来讲，一是没有对上一批次落选的村落进行筛查，从中选出优秀村落补充完善资料继续申报；二是没有重点关注有资源条件但申报不积极的地区，没有采取措施调动他们的积极性；三是没有继续发动各地再做大规模的补充调查和申报。只是盯住 27 个列入补充材料的村落，再有少量的各地补充，共上报村落 75 个，最终有 30 个被入选第二批中国传统村落名录；而同批掌握了较好咨询且地方重视程度高的云南、贵州等地，入选数量呈爆发式增长。

同年，住房城乡建设部下发了《传统村落保护发展规划编制基本要求（试行）》（建村〔2013〕130 号），明确了传统村落保护发展规划编制的格式、内容和要求等。我们依托村镇规划集中行动，为全部中国传统村落和部分广西传统村落安排了 10 万元/个的保护发展规划编制资金，首先解决传统村落保护和建设有规划可依、违法建设有据可查的问题。整体来看，各地对保护发展规划的编制比较认真，规划成果能够挖掘村落传统文化、划定核心保护区、提出保护措施等，基本达到要求，但普遍存在核心区内历史建筑和历史环境要素列表不完整，下一步建设项目与实际需求脱节等问题；更为重要的是，各地编制规划后，往往没有及时审批并作为法定文件公布，依据规划对建设行为实施的管控更为薄弱。

四

2014 年是广西传统村落保护发展工作走入正轨的一年。

这一年，广西成立了广西传统村落保护发展专家委员会和工作组，19 名来自规划建设、文物保护、民族文化、民俗艺术、产业发展等领域的专家组成了专家委员会，主要承担决策咨询、技术指导和现场服务等职能；由住房城乡建设、文化、财政等各行政职能部门的业务处室领导组成了工作组，主要承担推进日常工作的职能。三年来，专家委员会先后完成了 3 批 120 个传统村落保护发展规划技术审查，从 700 多个村落中筛选了 423 个村落列入广西传统村落名录，对地方提出取消称号的 4 个村落开展现场复核；共 8 批次开展现场指导和服务，8 名专家共开展 4 次为全区基层干部讲解培训；发表了 10 多篇关于广西传统村落的专题论文，并多次在全国会议上推介广西传统村落；专家委员会起到了良好的指导作用。

这一年，在桂林市灌阳县举办了以传统村落保护发展规划和村落档案编制等为主要内容的专题培训，市、县住房城乡建设部门负责人和有关规划编制单位约 100 人参加培训。

这一年，组织申报了第三批中国传统村落，共有 20 个村落入选第三批中国传统村落名录；邀请国家传统村落保护和发展专家委员会工作组的专家到恭城、灌阳重点指导，两地分别有 12 个和 6 个入围。

这一年，按照中央补助资金申报的要求，将首批 39 个村落的保护发展规划、村落档案、建设项目计划和实施方案等上报，23 个村落获批，每个获得中央补助资金 300 万元。各地开始从传统村落保护中尝到了"甜头"。

五

2015 年，传统村落保护发展迎来快速发展时期。

4 月，自治区党委书记彭清华视察了灵川县九屋镇江头村，对保护发展传统村落作出重要指示。虽未亲历现场聆听彭书记的指示，但经过对事后整理记录的学习，我大体上体会到彭书记指示的主要精神：一是强调保护是根本。要着重解决好政府要保护老房子与群众觉得老房子不好用要拆旧建新的矛盾。在保护形式上，可以采取在传统村落附近另找一块地，政府出钱把基础设施做好，再给老百姓补助一点钱，有建房需求的老百姓从老房子里搬出来建房。新房子建好后，老房子还是群众的，新盖的房子政府出部分钱，但享有对老房子的部分处置权，群众要承诺不拆老房子，不在老宅基地建房。老房子保留下来可以作其他业态，有收益后群众参与分红。二是国家级传统村落主要集中在桂林、贺州、柳州等区域，各地要重视传统村落的保护工作。桂林市国家级传统村落数量多，要先带头做好传统村落保护工作。三是住房城乡建设厅要好好研究，做好制度设计，建立工作机制，出台工作方案，加强改革创新，切实把这些村落保护好。两年多来，各地各部门认真贯彻落实彭书记的指示，采取有力措施推进。

自治区住房城乡建设厅建立完善了区直六部门联合推进的工作机制，出台了《指导意见》《挂点联系方案》等文件政策，公布了两批 423 个广西传统村落名录，总结推广了"腾屋新建"等保护模式，组织专家和人大代表、政协委员开展了经常性督查指导，筹措了保护发展资金，建立了项目库和动态监控机制，使传统村落保护发展进入常态化、规范化工作轨道。

桂林市推动了市级层面 17 个示范点建设，为每个示范点安排了 200 万元补助资金，开展了环境整治、民居修缮和机制创新等工作；灵川县江头村、灌阳县江口村、平乐县榕津村、永福县崇山村等一批示范典型村落脱颖而出。

1 月，召开了全区传统村落保护发展专家委员会及工作组第一次全体会议，总结了前两年工作，部署了下阶段任务并审议了相关文件和第一批广西传统村落名录。会后，自治区住房城乡建设厅会同文化厅、财政厅印发了《关于加强广西传统村落保护发展指导意见》，明确了传统村落认定的标准、程序和保护发展的要求及工作措施；出台了《广西传统村落保护发展专家委员会专家与村落挂钩联系方案》，为每个传统村落配备了 3 名涵盖建筑、文化和民族方面的专家进行指导；公布了第一批广西传统村落名录共208 个。

4 月，组织开展了第四批中国传统村落的申报工作。这次申报，我吸取了以往申报中的经验教训，一是注重了民族差异，特别对广西 12 个世居民族中没有中国传统村落的人口较少民族如毛南族、仫佬族、京族等的宣传发动。二是注重了对历史文化和民族文化资源丰富但传统村落数量较少的地区如龙胜、富川等地的指导，推动这些地区采用规划设计单位整体打包的形式编制申报资料。三是注重了申报资料的把关。申报前组织召开专题培训会，明确要求、提出常见错漏的处理办法；收齐资料后，由专业人员对资料进行审查，并聘请参加过全国评审的广西城乡规划院朱涛教授和华蓝设计集团徐兵教授对资料进行把关。2016 年，住房城乡建设部公布列入第四批中国传统村落名录的名单，广西有 72 个村落入选。

8 月，区直六部门组织广西传统村落保护发展专家委员会专家对 23 个村落开展了督查指导。从督查的情况来看，存在的突出问题主要包括：一是机制不完善，部门合力不强；有资金投入和建设项目时，部门各行其是，缺乏统筹；而对村落内的违法建设，乡镇管护不到位，缺乏宣传，群众意识不强。二是建设标准不高，有些项目建设甚至形成新的破坏。三是"等、靠、要"的思想依然存在，推一下动一下，积极性不够。针对这些问题，我们一边下发督查通报要求有关地方整改；一边采取加大宣传培训力度，进一步明晰责权等措施加以解决。

11 月，全国第二次改善农村人居环境会议在恭城瑶族自治县召开。恭城对门等村、矮寨村进行了民居的保护修缮和村落环境整治，对红岩老村进行了修缮和引入新的业态，传统村落保护发展成效成为会议的亮点之一。会后，红岩老村、门等村、矮寨村入选第四批中国传统村落名录。

六

2016年，传统村落保护发展进入了稳定有序的良性轨道。

第一，经过大量的实践，村落保护建设的基本层级和方法基本明确。即遵循统筹规划、分步实施的原则，按照环境综合整治—历史建筑和历史环境要素保护修缮—基础设施和公共服务设施建设—文化内涵充实—综合开发利用的层级依次实施，第一至第三批共89个中国传统村落普遍完成村庄环境综合整治。传统村落修葺了道路围墙，整治了污水垃圾，清理了杂草碎砖，围合了空地断墙，环境整洁美观、古朴优雅，人居环境大幅改善。

第二，自治区层面依托农业发展银行贷款投入农村人居环境改善资金中，为每个中国传统村落安排自治区级补助资金200万元，以开展村落修缮和环境整治。至此，每个入选中国传统村落名录的村落能够获得中央和自治区补助资金共计500万元，这对改善村落环境、促进产业发展具有重要作用，也极大地调动了地方积极性。

第三，5月我们会同区直有关部门邀请自治区人大代表、政协委员和专家开展督查指导，对传统村落的督查由单一的部门行政行为转向由人大、政协监督及部门联合的综合行动，督查层面的提升导致地方的重视程度、督查结果的反馈力度及整改力度大幅提升。

第四，8月我们组织89个中国传统村落所在的村级负责人到灵川县九屋镇江头村开展现场教学和培训，大幅提升了村级负责人对保护发展传统村落的认识和责任感。至此，从县级行政管理部门到乡镇干部、村级负责人、规划设计单位等都进行了系统完整的培训，实现了培训对象、培训内容的完整覆盖。

第五，灵川县九屋镇江头村探索"腾屋新建"模式。在古村外征地建设新村，将古村内有新建需求的村民集中安置在新村建设，政府投入新村基础设施和补贴部分建房费用，政府与原来的居民签订保护古村协议，古村因群众建房产生的破坏性建设得到根本性遏制。平乐、灌阳等地也纷纷效仿实施。

七

2017年，是广西传统村落保护发展再提升、再出成效的一年。

5月前，要完成第三批广西传统村落名录的调查和审定，力争年内公布入选名录。要上报申请第五批（也是最后一批）中国传统村落的村落名单和资料，力争广西传统村落被列入全国名录总量超过250个。为了实现这一目标，我们采用由广西城乡规划院、南宁市城乡规划院、桂林市建筑设计院和广西建设职业技术学院建筑勘察设计院等4家规划设计单位分片包干，地方提供基础材料、设计单位编制申报资料的办法，统筹实施申报工作，并取得不错的实效。全州县境内历史文化遗存较为丰厚，但一直以来因怕配

钟山县龙道村、玉坡村经过环境整治道路整洁、排水通畅、村庄改变以往"脏、乱、差"的面貌

套和职能部门、乡镇组织材料能力较弱，第一至第四批中国传统村落入选数量较少。在这次申报中，全州县积极邀请桂林市建筑设计院到实地收集基础资料，全县初步收集的古村落超过 60 个，经设计单位初审把关，认为能够达到中国传统村落标准的接近 20 个。

8月，要完成传统村落内历史建筑和历史环境要素的调查建档，并实施挂牌保护。通过这一措施，能够进一步摸清村落内历史遗存底数，明确重点保护对象，落实保护责任人和管理制度，实施精准保护，保护范围从以"面"为主转向"点、面"结合，以"点"的保护促进"面"的成效。

10月，要完成《广西传统村落保护发展总体规划》的编制、审批和公布实施。从自治区层面划定成片的保护区、保护带，落实重点保护范围，明确差异化发展路径，指导各地进一步做好保护发展工作。

全年还要在巩固"腾屋新建"模式的基础上探索专家团队包村打造、"私保公助"、财政长效管护等方面的机制。

八

虽然广西传统村落保护发展取得了长足的进步，但从长远发展来看，仍有一些亟待解决的问题。

首先，完善法律法规体系。根据广西传统村落保护发展的实际需要，出台或修订有

灌阳县新街镇江口村经过整治后，古村韵味浓郁

关法律法规。一是出台传统村落保护发展的相关条例。从法律法规的定位来说，传统村落既不是文物，也不是历史文化名村，村落的保护无法受到《文物保护法》《历史文化名城名镇名村保护条例》的支撑，无论如何重视，最后只能依据《城乡规划法》，按照普通村庄对其进行规划审批和管理，容易产生保护中的"雷声大雨点小""虎头蛇尾"现象。应参照历史文化名村的管理，出台传统村落保护的相关条例，其规划审批和管理的权限至少应在县级人民政府以上。二是修改有关法律规定。对传统村落中部分年代久远、难以找到法定继承人或继承人难以联系上的传统民居，在公示等程序后由村集体或者地方政府代管，开展保护修缮或生产经营活动，所得收益可列入集体资产，专项用于村落内民居的保护修缮等开支。三是修改有关法律规定。对地处大石山区，没有集体土地可以调整，周边也没有可征可用的建设用地的村落，在经过严格的审批程序后，适当调整部分农业用地用于解决村落核心保护区内村民的新建房屋需求，减少核心区内建设性破坏的发生。

其次，重视文化传承。传统村落是传统文化的重要载体，村落的格局形态、建筑技艺、人文情怀、非物质文化遗产等均是中华传统文化的重要内容，村落存在的一天就是文化传承的一天。从传统村落保护发展的整体趋势可以预测，若干年后，传统村落保护发展的最终走向大体可分为三类：第一类是变成文物。即部分价值高、特点鲜明、受到高度重视的村落，在公共财政（或者持有者子孙后代）的持续投入下，像文物一样被保护起来，传承下去。第二类是变成了旅游景区景点。即受到市场青睐的、具有很好的商业开发前景的，最终走向市场，变成旅游景区景点。第三类是自然消亡。传统村落保护发展工作就是要防止（至少是延缓）它们的消亡，使传统村落所承载的文化能够顺利地传承下去。国家层面应高度重视传统村落的文化传承工作，将传统村落的文化传承由当前的民间自发行为上升为有组织的国家行动，有关宣传部门、共青团、少先队等部门要积极介入，将传统村落打造成为各种类型的教育基地和传习场所，成为弘扬社会主义核心价值观、凝聚正能量、传递真善美的重要载体。

最后，建立"以奖代补"长效机制。目前，全国的传统村落保护发展大多由政府主导，政府从履行社会责任的角度出发，投入公共财政从事保护发展工作。从长远来看，由政府大包大揽的方式是不可持续的，应建立传统民居保护投入以户主为主的机制。"自家祖宗流传下来的房子自己要珍惜"，这也是树立文化自觉自信的需要。政府的投入应该采用"以奖代补"的长效机制，由群众修缮前报备、修缮后报验，政府按照一定比例给予"以奖代补"的奖励。

广西传统村落保护发展工作思考

文/公茂武　广西建设职业技术学院建筑勘察设计院院长

　　传统村落不仅拥有着传统建筑、历史环境等丰富的物质文化景观，还承载着民俗文化、乡规民约、礼仪节庆等独特的非物质文化景观，具有浓厚的历史价值和科学研究价值，体现着村落的历史记忆和人文气息。传统村落的保护起初是源于对历史文化村镇的保护，其保护模式和保护方法也主要是套用历史文化村镇的保护模式。但是，随着近几年社会各界对传统村落保护的重视程度不断提高，直接套用历史文化村镇保护模式的弊端日益凸显，产生了概念认识不清、内涵把握不准确及保护政策"虎头蛇尾""脱离现

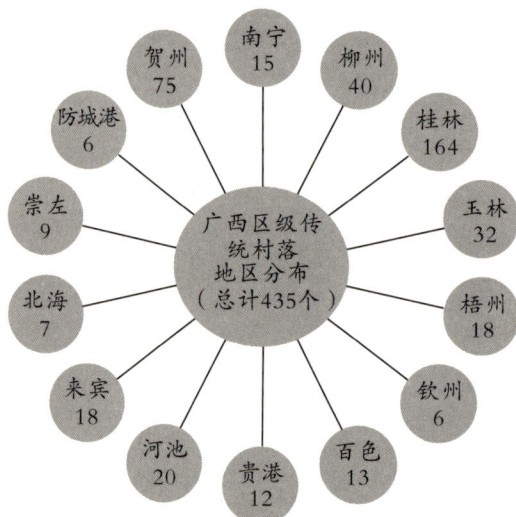

图1　广西四批国家级传统村落分布

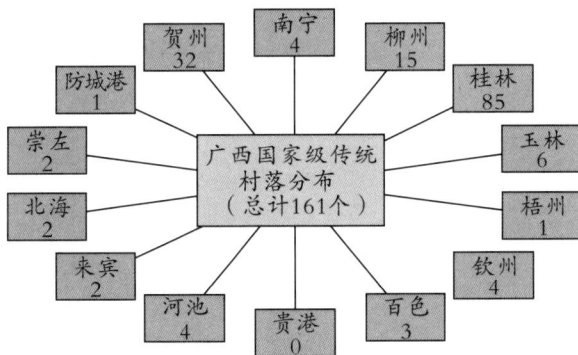

图2 广西两批自治区级传统村落分布

状"等问题。近年来，广西致力传统村落的保护发展工作，不断学习政策文件、总结问题、解决问题，广西传统村落的保护发展工作取得了良好的成效。我作为广西传统村落保护发展工作组的成员，有幸参与了广西传统村落的普查建档、专题研究、传统村落总体规划编制及个别案例的保护实践等工作，体会颇多。

广西传统村落现状分析

2012年是我国传统村落保护发展工作全面启动的一年，时任国务院总理温家宝在中央文史馆成立60周年座谈会上关于"传统村落保护就是工业化、城镇化进程中对于物质文化遗产和非物质文化遗产的保护"的会议讲话正式拉开了我国传统村落保护发展的序幕。随后，住房城乡建设部、文化部、国家文物局与财政部四部门联合相继颁布了一系列传统村落建档、保护及保护规划编制相关的政策文件，旨在科学规范地指导传统村落的保护发展工作。

2012年以来，广西积极响应国家四部门关于传统村落建档普查和保护发展等要求，积极组织住房城乡建设厅、文化厅、财政厅等相关部门全面实施了广西传统村落的调查、价值评价、等级认定、名录上报等工作。同时，成立传统村落保护专家委员会和工作组，负责传统村落保护的决策和咨询等工作，为传统村落的保护发展工作把关。通过调查人员走村入户、实地勘察、访谈、鉴定、拍照、查阅资料等工作，截至目前，广西共有161个村落分四批入选中国传统村落名录，共有435个村落分两批纳入自治区级传统村落名录。

（一）广西传统村落基本现状

1. 存续情况不完整、破坏严重。在进行传统村落保护发展规划编制和相关专题研究的过程中，我亲身走访了广西现存的一些传统村落，这些村落存续状态参差不齐。从广西传统村落的存续情况来看,目前广西传统村落普遍存在以下问题。一是建设性破坏严重,特别是位于城镇近郊区的村落。这些村落由于受到城市化、工业化和现代生活方式的巨大冲击,村落的进村道路和原有边界早已被新的住房侵蚀,原有古朴的青石板路也被水泥路替代,村落中传统的街巷肌理和道路格局也因新建的道路切割致面目全非。传统村落中的传统建筑大都破败不堪、人气不再,新建建筑与传统建筑杂乱地存在于村落中。二是规划性破坏较为严重。这类破坏主要是因规划人员和政府部门对传统村落内涵和新农村建设的认识误区造成的,忽视了村落中历史文化的传承和地方特色的保护,盲目采用高起点、高标准、整齐划一的新农村住宅模式;有的甚至把一些依山傍水、古朴宁静的村落推倒重新规划,建设一排排洋房,使传统村落格局风貌和乡土建筑遭受严重的"毁灭性破坏"。三是村落中"空巢化"现象严重。随着新型城镇化的推进,城镇因其资源和设施优势吸引了大批村落中的年轻劳动力定居生活,这导致村落劳动力不断外流,农耕土地闲置严重,村落"空巢化"现象日益严重。村落中的传统文化也因缺乏传承主体而逐渐丧失生机和活力。

桂林市恭城杨溪村的建设性破坏

百色市德保县的一个村落，破败严重、丧失活力

2. 整体分布失衡、数量差距大。从广西传统村落的区域空间分布特征来看，入选自治区级名录的 435 个传统村落主要分布在桂北和桂东地区，桂南、桂西和桂中地区则数量较少。通过对调查的基础数据进行分析，广西传统村落空间分布格局主要呈现出由北向南、由东向西递减，整体失衡的分布特点。其中，桂北地区包括桂林、贺州，桂南地区包括南宁、崇左、北海、钦州、防城港，桂西地区包括百色、河池，桂东地区包括玉林、贵港、梧州，桂中包括柳州、来宾。

同时，广西共有 14 个地级市，在传统村落地市级空间分布情况中，桂林、贺州、柳州村落存续情况较好，保存完整数量较多；而崇左、防城港、北海、百色、河池等市保存较好的传统村落不到 10 个，存续情况较差。广西传统村落分布失衡情况严重，数量差距大。

（二）广西传统村落存续现状原因分析

广西传统村落的总体存续现状：具有保护价值的 435 个传统村落中绝大部分仍然面临消失的危险，传统村落需要制订科学的保护发展规划与保护措施，传统村落的保护与传承任重而道远。

1. 广西传统村落急剧消失的原因。传统村落是特定历史时期，人们的生产、生活等一系列的日常行为活动在村落实体空间上叠加的产物，是自然景观与人文景观和谐共生的典范。但随着社会的发展、时代的变迁，传统村落在新的社会背景影响下，往往要么呈现出"千村一面"的趋同化现象，要么日渐衰落、空巢破败、人气不再。通过对这些村落进行走访调研，结合村落相关的政策文件和社会背景，我主要总结了以下几个方面的原因。

一是村落中村民攀比心理现象广泛存在。随着城市化进程的加快，大城市中林立的大量"方盒子"建筑以其舒适宽敞的特点成为良好居住条件的代表。改善居住条件的意愿与现代生活需求的吸引，使得村落中大量居民对自家房屋进行改建翻新或者择址新建。由于村落对新建和改建的房屋并没有统一的标准与管理，村民在建设房屋时往往会出现建筑高度不一、色彩各异等现象，与村落原有的传统风貌违和感强烈。同时，村落中新建的房屋由于采光、通风较好，舒适度较高，往往会给其他村民带来一定的误导与攀比心理，村落中只要有一定经济条件的村民都会建新房。最终，传统村落毁于对生活质量的改善之中，湮灭在村民的攀比心理之中。

二是农村土地政策的影响。自 1986 年出台《土地管理法》以来，广西农村宅基地一直严格实行"一户一宅"制度。其中明确规定，村民建新房入住后应当及时拆除废弃的旧房并复垦、复绿；禁止占用基本农田建住宅；严格控制占用非基本农田耕地建住宅；禁止村民在已查明的地质等自然灾害隐患点和土地利用总体规划设定的禁止建设区建住宅；禁止城镇居民到农村购置宅基地建住宅。受到一系列政策条款的限制，村民要想另建新房就只能拆旧建新或者在自家耕地新建住房，这样就导致传统村落风貌随着住房条件的改善而逐渐破坏，传统村落逐渐消失。

三是人口的大量流失。随着城市化推进，城镇因其资源和服务设施优势吸引了大批村落中的年轻劳动力定居生活，造成村落"空心化"现象严重。这种现象在一些土地贫瘠、经济条件较差的村落尤为明显。村落中"空心化""老龄化"现象致使村落中的土地出现荒芜，传统村落中的民俗习惯、生产生活方式、非物质文化遗产等因缺乏行为主体而逐渐被遗忘，甚至消失，传统村落面临严重的危机。

四是政府的保护意识薄弱。如果说农民在传统村落中关注的是自身生活水平和居住条件的改善，没有认识到传统村落价值的重要性。那么，政府作为推进传统村落保护工作的坚实力量，应当起到一定的引导作用。然而，现实中，政府对传统村落的保护工作并没有进行有效的引导，常常急功近利地追求"政绩"与"形象工程"，致使村落的传统风貌遭受严重的破坏。

五是支持力度不够。广西大部分传统村落处于贫困、偏僻地带，村民收入水平较低，即使村民主体想对传统建筑采取修缮、维护等工作，也常常迫于资金限制无法实施。同时，政府对传统村落保护工作不够重视，乡土建筑修缮与维护费用不足，传统村落因此而陷入持续衰落的进程中。

2. 广西传统村落延续与存在的原因。经过实地考察调研与数据分析整理，广西还存在有不少保存的较为完好的传统村落，以桂林市和贺州市为最多。为什么这些地区的传统村落保存得格外完整？民风民俗依旧传承良好？这些村落得以保存下来的内动力是什么？带着这个疑问，我查阅相关资料并进行了一些思考。

一是桂林地区和贺州地区主要是以山地为主，交通不便，与外界的接触较少，受到工业化、城市化浪潮的冲击较小。正因为相对封闭的地理环境和闭塞的信息传递，村落的传统文化才得以保存与延续下来。

二是改造建筑动力不足，资金受限。传统村落中大部分年轻人受到城镇中医疗、教育、就业及较好服务环境的吸引，多会选择在城镇就业定居。村落中的建筑大都闲置，"空心化"现象严重。年轻人由于基本不在村落生活和工作，加上建新房的资金受限，改造建新的动力不足，村落中的建筑往往能够维持现状、保存完好。

三是以宗族制度为纽带的村落保存完好。以宗族制度为核心的村落在建设和发展过程中，往往会遵循一定的礼法和家法，其建筑选址和布局一般都会考虑传统习俗的因素，新建的建筑往往要求在以祠堂为中心的核心区外围进行建设。强大的宗族控制力和中国人固有的祭祖观念，使得村落祠堂的核心区保存较好、免受破坏。

四是村民的自主保护意识。我发现广西不少村落虽然整体环境保存不够完好，街巷肌理和传统格局已经被现代的水泥路切割、破坏，但有着深厚价值的传统建筑却保存完好。我认为这主要是因为部分传统建筑的建筑造型优美、建筑色彩美观、装饰技术等格外突出，建筑的存续承载了大多数村民的精神寄托。对于这些精美的传统建筑，村民一般会引以为豪，激发出自主自觉的保护意识并对其进行保护与维护。

广西传统村落类型分析

广西传统村落从地形情况划分，主要可以划分为平地型、山地型、丘陵型和滨海型村落，其中主要以山地型、丘陵型村落为主。广西地区地形地貌复杂多样，境内河流众多，高山环绕，丘陵绵延，四周高而中间低，素有"八山二水一分田"的称谓。正是广西境内水系众多、山岭绵延、丘陵错综的特殊地形，造就了广西村落丰富多样的选址特点，也成为广西先民结合自然环境建村的典范。

从民族类型来说，广西境内居住着壮族、汉族、苗族、瑶族等12个世居民族，其中主要以汉族、壮族和侗族村落为最多，水族、京族等少数民族村落存续数量较少。广西汉族村落多是自秦汉时期陆续由中原地区迁移而来，他们在定居选址及建筑形态上充分体现了中原地区的文化思想，借以反映、寄托回望中原的精神思想，同时因他们具有较为先进的思想及生产力水平，多选择气候温暖、土地肥沃、水源充足、适宜农耕的地区定居，而地广人稀的山地、丘陵地区则成为少数民族被迫迁移的目标。同时，受到中原汉族文化的推行，少数民族村落与汉族村落常常进行文化的交流与融合而逐渐被汉化，汉族村落数量因此而逐渐增多。此外，部分少数民族村落存续情况不容乐观，具体是因为普查深度不够，还是因为村落存续机制的要求特殊，还需要进一步调查研究。

从建筑风格来说，广西传统建筑的建筑风格主要有三类：第一类是岭南风格。主要以广西原始的"干栏"及"半干栏"式穿斗木构架建筑为主。第二类是中原风格。这类风格形制严谨、平面规整，讲究严格的对称，在建筑材料、色彩和造型的使用上往往有严格的等级制度要求，将中国传统儒家文化和封建等级制度表现得淋漓尽致。第三类是南洋风格。这类建筑风格主要在广西沿海、沿东南亚地区的一些村落比较流行，以"骑楼建筑"为代表，建筑装饰上常常使用拱券、浮雕、壁柱等外来建筑元素，是中外建筑文化融合的典型。其中，广西传统村落主要以中原风格为主，岭南风格次之。我认为，这主要是因为一方面广西历史上受到汉文化的影响较多，汉族移民占据了广西居民中的绝大部分，汉族村落数量较多；另一方面汉族村落常常以宗族制度为纽带，遵循一定的家法、礼法和规范，有强烈的制度控制力，村落保存完好较多。

广西传统村落保护情况及保护误区

（一）广西传统村落保护情况

虽然广西传统村落的存续现状不容乐观，但我还是欣慰地看到了近年来广西传统村落保护工作组对传统村落的保护与发展工作所做出的努力，为广西传统村落带来的些许改变。2015年以来，我作为广西传统村落工作组的成员，有幸参与了广西传统村落建档、保护和规划编制等一系列的工作进程，见证了广西传统村落保护从最初摸索到成效初现的阶段性成长。

1. 组织规划编制和审批。一是广西积极组织编制《广西传统村落保护发展总体规划》，从区域层面针对传统村落的现状特点、存续情况、经济发展条件，构建广西传统村落保护发展分级分类体系，整合区域传统村落资源，实现整体保护框架。二是推进村落保护规划的编制，2015年、2016年分别安排了近2000万元为近200个传统村落提供规划编制经费，现已完成150多个村落的保护规划编制工作。三是实施村庄规划管理制度改革，将传统村落列入村庄规划建设管理改革试点，转变规划编制和实施理念，完善村规民约，实施规划建设许可和违法建设查处，其中融水、阳朔、平乐、永福、富川等地成效显著。

2. 资金筹措。近年来，广西利用农业发展银行专项贷款投入农村基础设施建设资金中，按照200万元/个的补助标准，对入选中国传统村落名录的村落提供补助资金。同时，对纳入2015—2020年的乡土建设示范名单的村落，每个村落补助资金150万元。其中，广西灵川、钟山等地积极整合各方资金投入，示范村平均投入达到800万元以上。

3. 推进项目建设。广西传统村落建设项目主要分为两个方面,一是中央补助资金的项目建设,建设对象主要面向入选中国传统村落名录的村落,具体建设项目主要包括整治村落环境,加大传统民居和历史环境要素的修缮力度等,其中桂林市项目建设成效显著。二是推进传统村落保护示范县的项目建设,重点完善村民自治管理机制,在推进乡村规划建设许可、创新保护发展模式及村民按照规划和村落整体风格自建房等方面做出示范。其中,钟山、富川两县按照"串点成线、一脉相承、整体开发"的要求,开展县域传统村落保护发展规划的编制,逐年分批有序推进村落整治,示范效应明显。

4. 探索模式机制。传统村落保护工作组和相关政府坚持从问题导向出发,通过创新机制模式,着力解决传统村落中"自然损毁、人为破坏、生活宜居、活态传承"等问题。其中,灵川县江头村和迪塘村、平乐县榕津村在保护过程中,采取政府调整土地的方法,将居住在村落中有新建住房需求的农户安置到新区居住,政府出资完善新区基础设施,农民与政府签订古民居保护协议,承担保护义务。这一做法,有效解决了村落中农户拆旧建新的现象、维护了村落格局和民居的完整性。桂林市龙脊村、旧县村和江口村,玉林市高山村和贺州市秀水村、大田村、荷塘村等地则通过依托当地旅游文化资源,发展文化观光旅游等新兴产业,实现了保护发展的良性互动。

(二)广西传统村落保护误区

1. 城镇化建设误区。城镇化是我国实现城乡一体化的重要途径,但农村城镇化进程只重视城市规模的粗放扩张和人口的简单集聚,以及进行大规模地造城盖楼、强行分割农村土地等,导致村落传统风貌和农耕氛围大量消失,村落文化传承受到严重冲击。此外,村落中广泛存在曲解新农村建设含义的现象,盲目地进行现代化建设,麻木"拆古",再疯狂"造古",导致村落传统格局、历史风貌遭到严重破坏,持续失去"可印象性"。

2. 追求政绩与形象工程误区。政府为追求政绩和面子工程,常常急功近利,将传统村落推倒重建或盲目大拆大建,甚至按照城市模式实行"村庄建设城镇化"。部分村落推行村容整治,风貌改造,修建马路,使传统村落原有的生态环境、历史风貌格局破坏严重;还有部分村落在修缮整治中缺乏实质性保护,将古建筑的墙体粉刷一新,传统建筑韵味消失殆尽。

3. "重开发轻保护"的模式误区。长期以来,不少领导干部更加关注 GDP 政绩考核的内容,对传统村落保护意识十分淡漠,加之不少地方政府片面追求传统村落的经济价值,"重开发利用,轻保护管理"的现象普遍存在。一些具有重要价值的传统建筑因保护管理不善遭到损毁,尤其是成功申报定级的传统村落,面临着旅游性、开发性的破坏,正在走上文化遗产的"加速折旧"和"文化变异"之路。

4. 旅游过度开发误区。近年来,一些地方政府在未制订村落保护规划的情况下,盲目地对传统村落进行旅游开发，将传统村落中的文化遗产转变为吸纳资金的卖点，甚至将传统村落整体转让承包给旅游公司开发经营，无原则地顺从开发商意愿。在开发过程中，随意改变文化的真实性，甚至擅自进行迁建、移建，新建"仿古街""假遗存"，严重破坏了传统村落文化的原真性和自然环境的生态性，使传统村落失去历史记忆，成为文化空壳。

广西传统村落保护发展思考

经过调查人员和传统村落保护发展相关工作组成员的努力，我为广西现存有数量众多的文化遗产感到欣慰与自豪。但欣喜之余，我也看到了广西有些村落正在走向衰落和破败，正在社会流行文化的摧残中走向消亡，尤其是城市中的传统村落正在被城市化和房地产业所吞噬。因此，制订科学可行的保护规划和政策措施，创新成熟的技术体系和建筑材料，是传统村落延续和发展的基本保证。我结合在传统村落保护与发展工作中的一些心得体会，为未来广西传统村落的保护发展抛砖引玉，提供几点建议。

（一）加快传统村落保护的政策支持

目前，广西传统村落的保护主要参考四部门颁布的《传统村落评价认定指标体系（试行）》《关于切实加强中国传统村落保护的指导意见》《关于做好中国传统村落保护项目实施工作的意见》等行政法规。但从传统村落的保护现状和传统村落的长远发展来看，传统村落的保护与发展不能仅仅停留在普查建档、组织一些抢救性的保护活动和严格的申报审批等工作上，而是要将对传统村落的保护与发展上升到国家法律层面，加强立法工作，建立健全针对传统村落保护的法律体系。

我认为应当尽快出台中国传统村落保护的相关法律法规，统领村落的保护工作。同时，应当根据传统村落中文化遗存的类型制订相关的专项法规，如针对村落中传统建筑保护的专项法律法规，村落环境保护的法律法规和村落非物质文化遗产保护的专项法律法规等。此外，还应当在国家法律的基础上，根据广西各地区传统村落分布及保护的实际情况制订出适用于当地传统村落保护的地方性法规条款，指导传统村落保护工作的顺利实施。

（二）重视宗族宗法和乡规民约

保护与发展传统村落一方面要避免来自外界的破坏，另一方面也要避免传统村落原住民自身对村落的破坏。在传统村落中，一代代传承下来的宗族宗法、乡规民约可以说是不成文的"法律"，往往比法律法规更容易被村落原住民所认可和遵循。因此，可以在传统村落中积极开展乡规民约教育，但要注意对一些不符合当代价值观的封建教条加以甄别和摒弃。同时，对一些普遍得到认可的乡规民约，进行引导性强化传承。

（三）探寻活化村落的发展模式

目前，广西传统村落的保护发展模式比较单一，基本上都是千篇一律的。要么与旅游结合起来发展，要么实施博物馆式的静态保护。我认为，这两种保护发展模式均不是传统村落长远良性发展的最佳模式，它们只能算是一种暂时的保护与利用过渡。旅游开发确实给村落带来了巨大的社会财富，为村落集聚了大量的人气，但它或多或少对村落的风貌、街巷格局等造成了一系列的影响。传统村落的旅游业发展到一定程度，很容易走向过度开发。博物馆式的保护则是另外一种极端的保护方式，这种保护方式忽视了村落中人的主体作用，最终的结果是使村落走向衰落。我认为传统村落的保护发展应当依托村落的传统生产方式和传统手工艺培育优势产业，挖掘村落的本土特色与资源，结合"一村一品"工作，通过产业来活化村落，达到村落经济自己发展、文化自己传承的良性发展模式。

（四）注重文化传承

传统村落是传统文化的重要载体，承载着丰富的物质形态和非物质形态的文化遗产。它们是地方的文化符号，是地方经济发展质量的重要组成部分，是地方形象的一张张名片。传统村落保护过程中不仅应当保护传统建筑、街巷格局与肌理，更重要的是保护传统村落中重要的民风民俗、传统技艺、传统艺术等非物质文化遗产，保护村落的文化传承。村落中对非物质文化遗产的保护不仅应当关注传统文化本身，也要保护传承方式、传承场所和传承人。政府应当采取一定措施保障传承人的基本生活需求，对生活较为困难的传承人给予一定的资金补助，并实行一定的奖励措施和传承人培训机制，将村落的传统文化真正活化、传承下去。我认为，文化的保护与传承不像建筑的修缮、街巷的修复等在短期内可以取得一定的成效，它往往是一个漫长的积淀过程。因此，在保护传统村落文化的过程中，要明白文化传承不是一蹴而就的，它需要政府、相关工作人员及社会各界的长期不懈努力。同时，政府应当作为传统村落保护工作的牵头人，将传统村落保护积极纳入经济社会发展规划，摸清家底，加强引导，统筹资源，逐步完善。此外，政府应当给予在村落保护方面做出贡献和努力的村民一定的奖励机制，实现政府引导、村民自主保护的主动保护模式，提高村落保护的效率。

传统村落的保护与发展问题归根结底是人对其所创造的文化的保护与发展，这在现今城镇化快速发展的社会背景下是不可忽视和避免的。传统文化不仅仅是一份历史记忆，更是中国文化的根之所在。广西传统村落数量多、分布广、种类丰富，具有厚重的文化价值和研究价值。在未来广西传统村落的保护发展工作中，应当注意协调各方利益相关者的力量，完善村民的参与机制，培养村落内部的生长能力，最终实现村落的可持续发展。同时，传统村落的保护发展工作不仅需要从事相关领域的工作成员的关注与努力，还需要生活在村落中的村民主体和社会各界人士共同参与到传统村落的保护发展进程中来，通过我们大家的力量，最终实现传统村落"看得见山、望得见水、记得住乡愁"的美好祈愿！

广西传统村落的古韵风华

文/朱涛　广西城乡规划设计院顾问总工程师，国家传统村落保护和发展专家委员会委员

广西传统村落的古韵，是八桂大地上美丽画卷的一个缩影。它历经数千年，沉淀着厚重的中华民族智慧和创造力。如今，我们沐浴着国家保护传统村落的春风，将广西传统村落的古韵风华展示给大家，达到保护与发展同行的目的。

2012年底，我高兴地参与了广西大规模传统村落保护与发展工作。特别是我以广西籍的全国传统村落保护和发展专家委员会委员的身份，参加了在北京举行的2012年9月全国传统村落保护和发展专家委员会第一次会议。会议决定，将习惯称谓"古村落"改为"传统村落"，以突出其文明价值及传承的意义。"传统村落"的定义：民国以前建立的村庄，且保留着较大的历史沿革，村落环境、建筑风貌等未有大的变动，具有独特的民俗民风，虽年代久远但至今仍为村民居住的村落。

我通过这几年从事传统村落的保护和发展工作，深刻地认识到传统村落的存在是中华文明的延续，是中华儿女坚守优秀传统的结果。广西传统村落是研究广西乃至岭南地区的文化形成、社会演变、经济发展的重要抓手。在很长的历史时期，广西传统村落演化出许多物质的、精神的存在，其价值具有广西独特的古韵风华。如择地而居、结地而聚的选址文化，因地制宜、趋利避害的建筑文化，因势利导、天人合一的环境文化，与人为善、同舟共济的民族文化等。除此之外，广西的多元建筑文化也是独树一帜的，它可上溯到秦汉时期，兴盛于唐、宋、元、明、清，发展于民国并延续至今，大部分都沉淀于传统村落中。这一切都极大地丰富了广西地域文化的内涵，也为创新广西特色提供了宝贵的素材。在这里着重谈一下2016年5月我参加广西传统村落保护发展督查和调研经历及感受。

2016年5月9—13日根据《自治区住房城乡建设厅关于开展广西传统村落保护发展督查和调研的通知》（桂建村镇〔2016〕27号）要求，由广西壮族自治区文物局吴兵处

广西传统村落保护发展督查调研第二组在灵山县佛子镇大芦村与村民合影

长任组长，我和广西民族艺术研究院韩德明副院长、广西壮族自治区文物局莫盼华等组成督查调研小组第二组。我们的调研对象是钦州市灵山县新圩镇萍塘村、钦州市灵山县石塘镇苏村、钦州市灵山县佛子镇大芦村、钦州市浦北县小江镇平马村、玉林市兴业县石南镇谭良村、玉林市兴业县石南镇东山村和庞村。灵山县、浦北县因当时县领导正在换届没有参加调研和会议，兴业县派出了一名主管副县长自始至终参与了我们的调研和会议。从传统村落保护与发展的整体效果来看，3县6镇7村各级领导和部门对传统村落保护与发展是重视的，他们在传统村落保护与发展工作方面是有成效的。当然，也存在一些不足。主要问题：一是整体风貌控制不太好，新旧建筑不协调；二是非物质文化遗产活态保护较少；三是本地古建筑修缮队伍和传统工匠缺乏；四是老房屋坍塌破损情况比较严重。

二

以下为7个传统村落的调研情况：

灵山县石塘镇苏村情况：石塘镇苏村古建筑群是灵山县重点文物保护单位，该村的

灵山县石塘镇苏村现场照片

传统村落和古建筑群目前正在维护和修缮。现场观感村容和村貌有一定的保护和延续，群众对传统村落的保护认识有一定的提高，该村的保护工作有组织、有步骤、有目标。但是，该村的整体风貌控制不太好，新旧建筑不协调，建筑布局杂乱，非物质文化遗产活态保护较少，本地传统工匠缺乏，修缮工匠均来自外地，成本较高。火灾隐患比较明显，老房屋破损情况比较严重。我在现场建议当地政府要加大保护力度，特别在资金方面给予支持。同时，在新农村建设过程中，一定要注意新旧建筑的风貌协调，要严格按照保护规划的要求实施，要注意组织和培训本地工匠，对本地非物质文化遗产要进一步挖掘、整理，并加强活态保护。

灵山县佛子镇大芦村情况：佛子镇大芦村是中国第一批传统村落，具有中国历史文化名村、广西特色文化名村等称号，也是国家第七批重点文物保护单位。该村的传统村落和古建筑群就目前修缮好的部分来看，有一定规模，也比较完整，特别是村落的周边环境、空间形态、格局风貌、传统文化保持较好。全村有 10 个古建筑群，现在仅修好 3 个，还有 7 个没有修缮。在核心保护区内还有几栋新建筑与古建筑群非常不协调。另外，据当地村委会反映：办理审批手续繁杂，办事时间较长。现场还发现，新修缮的牌

灵山县佛子镇大芦村现场照片

匾、门窗等还没有做到修旧如旧，村头的几棵古树已经空朽，还没有及时采取安全防护措施。一些老房屋坍塌情况比较严重。我认为，对于国宝级的传统村落有关部门要加大保护支持力度，特别在资金、技术、管理等方面都要全面参与。还要注重细节的保护修缮，如牌匾如何同木柱固定，才能不损伤木柱本体等。要全面检查消防设施的完好率及有关人员的自救能力。对古树也要全面检查并加强防护措施，要真正成为"叫得响"的广西名片。

灵山县新圩镇萍塘村情况：萍塘村的老建筑已无人居住，破坏比较严重。个别有文化自觉的群众自发地挖掘、整理本村的历史文化。但是，大多数群众对传统村落的保护认识还有待提高。萍塘村现在非物质文化遗产活态保护较少，本地传统工匠缺乏。火灾隐患比较大。当地群众希望快点搬出去，交给政府管理。我与当地有关部门交流时提出，大家都要提高保护认识，特别在资金、技术、宣传等方面要加大力度。我们在新农村建设过程中，一定要注意新旧建筑的风貌协调，要严格按照规划的要求实施，要注重

灵山县新圩镇萍塘村现场照片

组织和培训本地工匠，要对本地非物质文化遗产要进一步挖掘、整理，并加强活态保护。

浦北县小江镇平马村情况：小江镇平马村特色鲜明，大朗书院、李氏宗祠保护修缮很好，特别是书院文化源远流长，挖掘整理也比较完整。个别住户自发自费修缮老宅。环境保护整治初见成效，且部门间配合较默契。现场发现，村落整体上破坏严重，新旧建筑不协调，非物质文化遗产活态保护还是比较少，本地传统工匠缺乏。火灾隐患很大。大朗书院是自治区级重点文物保护单位。平马村下辖25个自然村，面积0.8平方公里，人口6380人，有李、吴、黄、张四大姓氏。丘陵地貌为主，由台地、山地构成，村西南面有南流江支流——马江河流过，常年自然风光优美宜人。据村中老人讲，该村有230多年历史了，是明清时期从福建、广东、江西迁徙而来。千百年来，这片土地孕育着源远流长的越州文化、书院文化，以及丰富多彩的民俗文化和特色鲜明的传统村落。特别是大朗书院，坐北向南布局，硬山搁檩结构，建筑与园林相结合，文化和艺术交织融合，具有典型的岭南古建筑风格。我感到在新农村建设过程中，一定要注意古村保护和风貌协调，要严格按照保护规划的要求实施，要注重组织和培训本地工匠，要加大对本地非物质文化遗产的挖掘、整理与活态保护。

浦北县小江镇平马村现场照片

兴业县石南镇谭良村情况：谭良村属于石南镇的一个自然村，历史悠久，文化积淀深厚，特别是"耕读传家、仕第明贤"的文化传统鲜明。村落为九宫八卦七连环格局，建筑为"古堡"特色，而且非物质文化遗产比较丰富多彩。值得一提的是，该县领导十分重视村落保护，他们有目标、有计划。但是，在如何将现有的资源与可持续发展结合起来，显得考虑不多、办法较少。在培养本地能工巧匠方面也比较弱，对众多非物质文化遗产的活态传承力度不大。看来，开展传统村落保护工作要认真调查研究，一村一策地解决问题，才能把保护工作落到实处。我在座谈时谈到，保护与发展不是天然的一对矛盾，应坚持保护第一，合理利用，科学发展。具体来说，就是对老村落和老建筑修旧如旧，将古村落周边的环境要素都纳入保护范畴。有针对性和控制性地开展乡村旅游工作，注意新旧村落风貌协调，要严格按照规划的要求实施，要注重组织和培训本地工匠，要加大对本地非物质文化遗产的挖掘、整理与活态保护力度。

兴业县石南镇东山村情况：东山村始建于宋代，如今已发展成为6000多人的大村

兴业县石南镇谭良村现场照片

子。该村选址具有中国典型的风水特点，即山体绵延不断，左右都有山。村庄有一条常年不竭的蜿蜒曲折河流。院落布局均衡，北屋略高于南屋，还略高于东西耳房，另外大门开在什么地方，也有讲究。目前，该村古建筑保存众多，而且至今还有许多名人典籍流传。古建筑雕梁画栋，连片成群，具有典型的岭南建筑风格。特别是乡约亭别具一格，据当地人介绍："乡约亭"原名"旌善亭"，始建于 1614 年，是玉林市重点文物保护单位，因明代时村中长者在"旌善亭"制定颁布 10 多条奖善惩恶、仲裁纠纷的乡约民规而得名。整座亭由格木作抬梁结构，虽经 400 多年风霜，仍十分坚固完好，是玉林市现存的、较为罕见的乡亭建筑。其社会、文化价值比较高，对研究广西优秀传统文化有借鉴作用。当地群众对传统村落的保护认识也比较高，特别是充分发挥"乡贤"的作用。另外，站在高处发现东山村新旧建筑风格较不协调。我在现场建议：在新农村建设过程中要充分发挥在外地工作者退休后回乡的"乡贤"作用，全面持久开展村庄整治和保洁工作，一定要注意风貌协调，要严格按照规划的要求实施，要注重组织和培训本地工匠，要加大对本地非物质文化遗产的挖掘、整理与活态保护力度。

兴业县石南镇东山村现场照片

兴业县石南镇庞村现场照片

兴业县石南镇庞村情况：走进庞村发现这个始建于北宋，距今已有1000多年历史的村庄，如今只有2700多人居住，虽然显得空寂了一些，但村庄的古建筑保存众多且基本完好。其建筑风格融合了岭南建筑和徽派院落于一体，同时又揉进了中国园林建筑的一些手法，院落之间的月亮门和屋檐下的彩画、木雕、泥塑等都有园林建筑的特点。令人称道的是，该村古建筑群的上下结合的雨污分流排水系统修筑在100多年前。我建议，要保存完整东山村特色，应重点研究怎样进行合理利用的问题，这些老建筑很多已经无人居住加上年轻人都不愿住老房子，喜欢住新建筑。所以，这些老房子可以采取"公司＋农户"的方式办民宿、文化乡村旅游，办传统技艺培训学校，办历史文化艺术研究基地，等等，让沉寂的古村落重新焕发青春和活力。

三

伴随着城市化和新农村建设步伐的加快，在保护开发传统村落方面广西大有可为。虽然，广西目前许多传统村落面临着困境，资金、技术、人员缺乏问题较为严重，发展的环境不够理想，寻求发展突破口的难度也很大。所以，面对这些不可再生的中华文明之根，再大的困难都觉得渺小。因为传统村落的历史、文化、艺术的价值是不可估量的，也是我们今后发展与创新的源泉。只要我们大家都重视它，摒弃"等、靠、要"思想，一定能寻找到合理的解决办法。传统村落保护的当务之急，应先制订传统村落、建筑、民俗文化、环境保护与利用的措施。争取做到有专项资金、专人维护、专题宣传，充分运用市场机制来整合社会资源，逐步建立以政府投入为引导，村民投入为主体，社会多方参与的办法，采取多渠道、多层次、多元化的投入保护机制。这样，传统村落保护与发展工作就一定能够持续进行。

千百年来，广西这片土地孕育着古越文化、岭南文化、客家文化，陶瓷文化、书院文化，以及丰富多彩的民族、民俗文化和特色鲜明的海上丝绸之路贸易文化。而且，广西自秦汉以后，就有文化交融的传统。在很长的历史时期中，广西各族人民创造出了具有广西特色的各种干栏式建筑，以及广西风格的马头墙建筑、广府建筑、客家碉楼围屋、箭形山花、骑楼等。广西传统村落中非物质文化遗产种类齐全、名目繁多、不胜枚举。所以，我们要科学地保护它，合理地利用它，永远地继承、发展它，让中华文明在广西代代相传，永放光辉！

江头村和长岗岭村保护修缮纪实

文/陆卫　广西文物保护研究设计中心主任

　　广西壮族自治区灵川县青狮潭镇江头村和灵田乡长岗岭村，由民居、祠堂、牌坊、巷道、古桥、墓葬等建筑构成，是广西桂北地区在明清时期形成的具有历史、艺术、科学价值的民居群。现江头村还保留有 100 多座建于明晚期和清期各时期的古建筑，是较

江头村爱莲家祠

江头村爱莲家祠文渊楼

为典型的桂北民居群。长岗岭村保留有明清建筑 60 多座，均为 3 进、4 进、6 进式建筑，其中的莫家老大院共 13 进，莫家新大院 12 进，陈家大院 12 进，这些建筑均建筑规整，高大宽敞，工艺精湛，其跨度、高度、尺度和体量在广西的民居中均不多见，另外还有明清时期的石雕圈墓 30 多座。2006 年，江头村和长岗岭村古建筑群被列入第六批全国重点文物保护单位名单。

　　我第一次到江头村是在 2006 年的夏季，与自治区住房和城乡建设厅（时为自治区建设厅）村镇处的彭处长、胡处长一起考察申报国家级历史文化名镇名村的推荐项目。那时的江头村刚被国务院公布为全国重点文物保护单位，而且也是广西第一个（包括长岗岭村）以整个村落的古建筑列入国家级文物保护单位的。之前在国家层面和各地方对古村落的保护不够重视，列入各级文物保护单位的也以单体建筑为主，造成了大批的乡土建筑被拆毁。进入新世纪后，社会各界对保护古村落中的传统建筑、民族建筑的共识不断加深，呼声也不断加强。一批村落的古建筑群被列入国务院公布的第六、第七批全国重点文物保护单位名单中。建设部（现住房和城乡建设部）、国家文物局陆续公布了六批中国历史文化名村。从 2012 年开始，由住房和城乡建设部、文化部、国家文物局、财政部等部门联合启动了中国传统村落的认定和公布工作，至今已公布了三批次，广西共有89个村落列入名单。自治区人民政府也将多个古村落的建筑群列入了自治区级文物保护单位。

　　江头村和长岗岭村是我去得最多的村庄，平均每年都有5—6次，这两个村不仅拥有较完整的古建筑群，其历史文化内涵也是我非常感兴趣的。北宋时期的思想家、理学家、哲学家、文学家周敦颐，出生在广西贺州桂岭镇，是中国古代理学的创始人。他的理学思想在中国哲学史上起了承前启后的作用，其所著的《爱莲说》中的"出淤泥而不染"词句被视为人格品质的最高境界，至今被人传颂。据民国十八年（1929年）《灵川县志》记载，江头村周氏是周敦颐的后裔，于明洪武年间和弘治年间分两次迁居至江头村。清乾隆后该村先后出了7名翰林、8名进士、25名举人、170名秀才，被誉为科举奇迹。江头村现在建筑的着色、雕花、布局均按周敦颐的理学文化构建，具有明显的文化特色。

江头村太史第府

修缮人员现场施工图

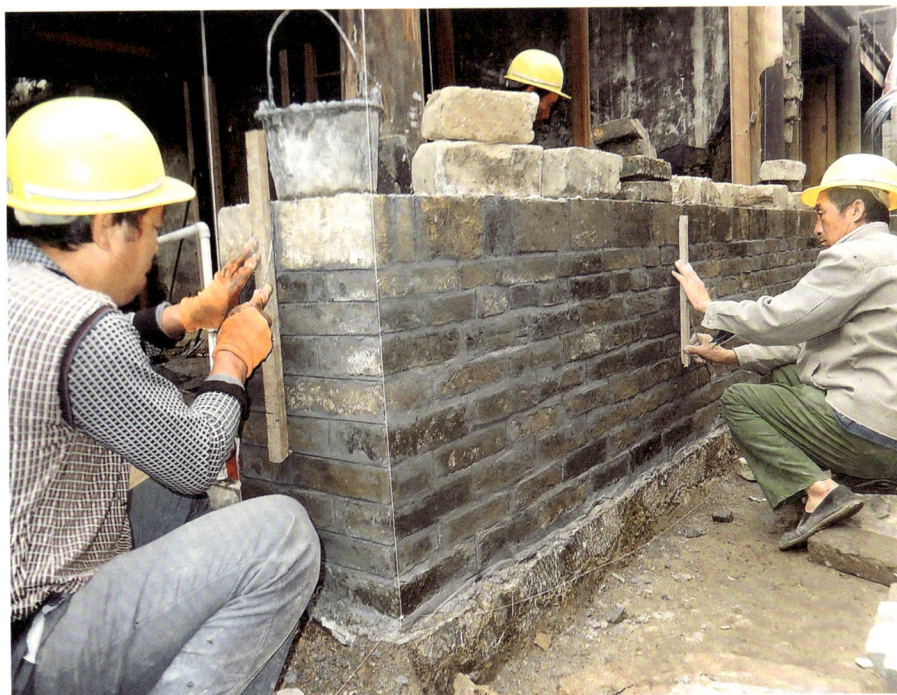

修缮人员现场施工图

长岗岭村位于兴安灵渠至桂林、大圩古商道的中央，宋理宗时期，长岗岭村陈、莫、刘氏始祖从山东青州府迁居于此地，明末以前均为灵川县望族，"明以上，五区四姓（秦、莫、刘、陈）簪缨相袭，科第联翩，而莫氏官阶之大为灵族称首"；明末清初三姓居民在桂林沦陷之后抗清复明达四年之久。顺治十年（1653 年）清定桂局后三姓居民不遵科举，世代经商，成为富甲一方的大富村，有"小南京"之称。三月岭古商道距该村五华里，两侧还保留有百年古松 500 多株。2009 年 5 月，自治区文化厅在该村建成了"灵川长岗岭商道古村生态博物馆"。

因文物资源丰富，历史文化丰厚，江头村和长岗村分别被列为广西历史文化名村。江头村还被列入第六批中国历史文化名村。2017 年 12 月，两村同时入选第一批中国传统村落名录。

由于历史久远，受自然和人为因素的影响，古建筑群大多出现不同程度的残损，有的已成为危房。列入传统村落后，大规模的修缮计划也提上了日程。广西文物保护研究设计中心、广西文物保护与考古研究所、北京建筑工程大学等单位参与江头村、长岗岭村古建筑群的维修方案编制工作。2014 年 3 月，为争取传统村落专项资金，还专门编制了江头村、长岗岭村的总体保护方案，项目涵盖了文物本体修缮、展示利用、消防和安全防范等。2013 年以来，我主持了完成了第一、第二、第三期的方案编制，并获得了国家文物局、自治区文化厅的批准；以及完成了第一、第二期的修缮施工项目，并通过了自治区文化厅组织的验收。

为了确保文物保护工程项目的实施，我和灵川县文新广局的周局长、朱书记还几次专程到北京听取专家意见，并向国家文物局有关处室领导汇报工作进展情况。在自治区文化厅、财政厅的指导和积极争取下，近年来灵川县获得了国家文物专项补助资金用于文物建筑的保护修缮工程，计划在 2017 年还将开展第三期的修缮工作。自治区住房城乡建设厅也积极争取到国家传统村落的专项资金用于基础设施、环境的改造项目上。江头村、长岗岭村传统村落的保护和发展已进入良性轨道，可以说在广西的传统村落保护利用上起到了标杆作用，具有典型的示范效应。

江头村和长岗岭村古建筑群第一期抢险修缮工程从 2013 年下半年开始启动，2014 年底完工。

江头村主要实施的项目为爱莲家祠维修。爱莲家祠，始建于光绪八年（1882 年），是纪念周敦颐及周氏祖先的祠堂，是村内的古建筑中规模最大、装饰最精致的建筑，共五开间，依地势层层递进。维修范围为大门楼、一进天井及南北廊、兴宗门、二进天井及南北厢房、文渊楼、三进天井及院墙等。

长岗岭村主要实施的项目：莫府新宅（对一进及厢房、天井；二井及厢房、天井；三进及厢房、天井；四进及厢房、天井；五进及天井；六进等进行维修）。别驾第（对

长岗岭村别驾第大门

长岗岭村莫府新宅的二进院落

一进及厢房、天井；二进及厢房、天井；三进及厢房、天井；东、西厢房及天井、后照房及天井等进行维修）。

2015年至2017年上半年实施了江头村和长岗岭村古建筑群第二期抢险修缮工程。主要实施项目：一是江头村的太史第府、周绍昌进士府及2座明代建筑，面积约1400平方米；二是长岗岭村的陈府门楼、卫守副府，面积约2200平方米。

我们在开展文物修缮工程的现状勘察和维修施工都严格依照《中华人民共和国文物保护法》"对不可移动文物进行修缮、保养、迁移，必须遵守不改变文物原状的原则"规定，结合文化部《文物保护工程管理办法》《古建筑木结构维护与加固技术规范》要求，在施工过程中注意保持原来的形制，包括原来建筑的平面布局、造型、法式特征、艺术风格、建筑结构、建筑材料及工艺技术。对现存古建筑的维护以尊重历史信息和保护现有事物原状为标准，不为追求完整、华丽而改变原状。建筑的修复应当以现存的实物作为依据，一切技术措施尽量可逆，不妨碍再次对文物本体进行保护处理。维修采取的手段对文物本体的损伤和干扰控制在最小的范围内，不采取过多干预。主要维修内容包括小青瓦屋面、大木构架及木基层、青砖墙体、地面、台基等，并对所有木构件、木装修新做油漆，做防腐防蚁处理。

江头村和长岗岭村的保护和基础设施建设，极大地改善了这两个村的文物和环境保存状况，也带动了其他产业的发展。如江头村已成为桂林、灵川县重要的乡村旅游目的地。

几年来，我结合自己在保护和修缮工作中的经历，归纳出几点体会：

首先，传统村落中的文物建筑、历史建筑、传统建筑及根植于此的传统文化、民族民俗文化是中华优秀传统文化的重要组成部分，是中华民族生生不息、发展壮大的历史见证，要遵循习近平总书记提出的"古村落保护、文物保护、文化传承等工作，要望得见山，看得见水，记得住乡愁"的要求，切实做好传统村落的保护工作。

要根据传统村落的各自特色，制订相应的保护和发展规划。保护工作不能简单地套用文物、历史名村的做法，要尊重现有的有形、无形资源及自然环境状况，保护要有针对性，保护是为了村庄发展，不能让保护成为负担。

长岗岭村卫守副府

其次，当地民众是传统村落保护的主体，没有他们的参与，任何保护工作都是空谈。多年的生产、生活，已使现有的民居、公共建筑等在空间利用和格局上发生了较大变化，在保护修缮过程中既要尽量恢复原有的历史风貌，又要尊重居民对自家房屋使用上的需求。如我们在长岗岭村进行修缮时，也曾与文物建筑的产权人发生分歧造成工程停滞，后经协调和相互让步，最终顺利地结束工期。

最后，传统村落数量较多，具体到每座传统建筑更是一个庞大的数字，实施保护项目的资金需求量巨大。据了解，目前主要的保护资金仍靠国家专项拨付，摊到每个村落相对来说就很少，所以这几年的保护维修面临较多的压力。现在社会各界对传统村落的保护和发展热情很高，也基本达成了共识，但如何更好地推动传统村落的保护，政府和专家层面要深入探索新的模式，充分调动各方的积极性和主动性，形成政府支持、民众参与、市场运作、共同发展的良好格局。

古岳坡传统村落保护与发展并举实践纪实

文/梁汉昌　广西民族文化艺术研究院副研究员，
广西非物质文化遗产研究中心影像艺术研究室主任

缘起

2016 年 5 月 4 日晚，在阵阵蛙鸣虫吟的"交响乐"中，我第一次在自己建造的乡间艺术工作室里进入了梦乡……

第二天一早，荷锄在租来的菜地里种上夏黄瓜、夏毛豆、小白菜等。一场劳作下来，虽然腰酸背疼，但也畅快淋漓。

"一个艺术家，一定要有一个工作室。"广西著名艺术家张燕根的这句话，时不时在我耳边响起。虽然明白自己离"艺术家"还有十万八千里，但梦想还是要有的。

记得 2009 年拜访张燕根是在南宁市青环路的工作室，当时很震撼，同时也有了自己的"工作室梦"。特别是 2010 年 9 月参加张燕根策展的广西艺术群落赴北京宋庄展览，在宋庄几千个艺术工作室中徜徉，于是建立自己的工作室便提上了日程。随之，我租下南宁市青环路瓦窑村一栋民居，与张燕根为邻。随后的几年里，在我们的带动下，瓦窑村聚集了 40 多个艺术工作室，有北漂回归的，有海归的，也有大上海来的。"瓦窑艺术区"名声日隆。

可惜好景不长。2014 年底，"瓦窑艺术区"所有工作室在挂着"拆"字招牌的推土机隆隆声中灰飞烟灭，怀揣艺术之梦的众多文艺男女，顿时梦断瓦窑，作鸟兽散。

早已预见到这一天的我，从 2012 年就开始寻找新的栖息之地，并开始构建更为完善的"艺术区"概念，按照"为艺术家营建一个稳定长久的创作家园，为世人建造一个独特的文化艺术体验区"的理念，我期望在南宁郊区建造一个艺术的"乌托邦"——"艺术家主导设计建造自己的工作室，每座工作室就是一个建筑艺术品；艺术家以不同的门类为群落聚居，或实行大师领衔制群落布局；每个艺术群落有一座中小型美术馆，整个艺术区有一座大型美术馆，开展区域、国际文化艺术交流……"

改造前的古岳坡传统村落格局（徐洪涛 摄）

然而，找寻艺术"乌托邦"的落地过程艰难曲折——

离南宁市区车程一小时的"里建"（广西东盟经济技术开发区），不近也不算远。那里有建设用地指标，政策优势也相当明显。谈了一年多，反复来回数十次，合适建造"艺术区"的地块最终被作他用，我等一群艺术人的文艺情怀无果而终。

南宁市兴宁区三塘镇的王村，有不少被村民废弃几十年的破败祖屋。我们和村民签订了意向协议，咨询管辖地政府时，却被告知此地已规划为商业用地。

2014年初，听说南宁远郊的长塘镇在大拆大建，要营造"新农村"，有上百亩①老村宅基地和菜园子可用。反复考察多次，该镇相关领导也前来瓦窑艺术村考察，双方都有积极合作的意向。此时，我和青年作家莫江霖联合制作的"中国－东盟南宁长塘艺术区"可行性方案也获得通过，一切似乎胜利在望。但经历漫长的等待后，依然是不了

---

①"亩"，为市制土地面积计量单位，在目前人民的日常生活中仍作为土地面积的主要计量单位，为方便阅读，本书保留"亩"。1亩＝1/15公顷≈666.67平方米。

了之。

2014年底，青年作家莫江霖带我到青秀区南阳镇草樟水库（现为AAA旅游景区"花雨湖"）考察，那真是块建造艺术"乌托邦"的理想地。早几年承包此地的陈老板正愁没有好点子搞开发，我们的策划方案对他来说相当于"瞌睡遇到枕头"。于是我们帮助他推敲草樟水库改造方案，反复考察、谈判、规划，最后又遇到一根"红线"——没有建设用地，意味着只能建临时建筑，非长久之地。正准备作罢，南阳镇党委书记覃柳说："你们到里面那个村子看看，那里倒是有些农村建设用地可用，合适的话，政府大力支持。"

"里面那个村子"便是本文开头提到的我的工作室所在地——古岳坡，歌曲《赶圩归来阿哩哩》的词作者、广西著名壮族文学艺术家古笛的故乡。"艺术区"落户古岳坡也同样历经"九九八十一难"：我带领一批又一批文艺界人士前往考察，个个都嫌太偏

改造后的古岳坡除在荒地上增建了几处公共设施外，村落原有的格局基本不变

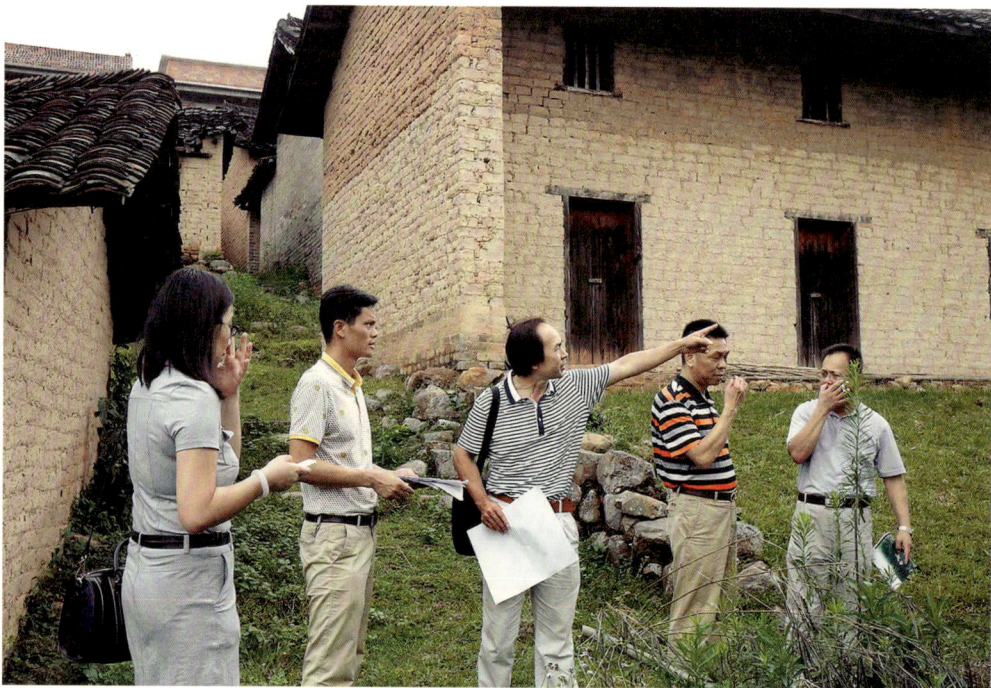

梁汉昌（中）在古岳坡与政府考察人员商量村落保护工作（梁彬　摄）

远，地方不够大，租期不够长，村落环境差。有的甚至说建好白送都不来，何况还要自己投资几十万元？

志同道合者寡，形不成凝聚力，梦想眼看又要破灭。我和莫江霖历经无数不眠之夜推敲而出的"古岳文创艺术村"方案却突然遇到伯乐——南阳镇党委、政府力荐及青秀区党政领导同意上报，争取纳入南宁市市级综合示范村建设规划。

再进村，看着眼前的凋零景象——传统村落布局尚存，但几乎全部20多座传统民居已经废弃，部分坍塌，屋中长树，我们不禁心生恻隐，觉得有责任引领文艺人入驻，把那些废弃多年的老房子"救活"，一可为农民增加些收入，二可为世人留住些乡愁。于是，作为发起人，我和莫江霖不断地说服身边的文艺青年。最后，有四川美院学历的刘露、清华大学建筑硕士徐洪涛、广西"畅享民歌"大赛银奖获得者梁桂花、资深传媒人潘强、资深收藏人梁彬、中法大学生"文艺复兴时期重要艺术家当代影响研究"项目负责人梁顾婧等一群文艺界人士答应进驻。此后，又遭遇过一些其他变故，我们都一一挺了过去……

几经曲折，终于有了今天的梁汉昌摄影工作室、莫江霖文学工作室、徐洪涛文化创意中心、刘露油画及建筑艺术工作室、石生版画工坊、喜号美学馆、梁桂花音乐工作室、邓平艺术工作室、梁彬"互联网＋"工作室、思源文化创意中心、古岳书院、巴弗罗艺术中心、古岳艺术馆（含古笛纪念馆、古岳村史馆、壮族锦绣服饰文化博物馆）、戏台和文化长廊。

这些工作室和艺术机构，有的出于保护村落历史文化记忆而在断垣残壁上架构干栏式建筑、有的外观不动只改造内部、有的原封不动、有的在旧址上新建，那些没有任何民族特点的建筑则做外立面特色改造。

如今的古岳坡，已逐渐发展成为一个传统村落保护与发展并举、让人记得住乡愁同时又能享受现代生活的文艺生态乡村的样板。

理念

"乡村改造、文化先行"是我指导古岳村建设奉行的理念。

据新华社消息，从 2000 年至 2010 年的 10 年间，我国自然村由 363 万个锐减至 271

梁汉昌（左一）在古岳坡与青秀区及南阳镇政府考察人员商量传统民居保护工作（梁彬　摄）

为最大限度保护残破民居，梁汉昌工作室克服了难以想象的困难

万个，平均每天消失 80－100 个。我是广西民族文化艺术研究院的副研究员，在长期的田野调查中早已深感忧虑。造成这种现状有两种主要原因：一是国家现行农村土地政策下的原住民自主自建性破坏。盖新房、住楼房，是农民提高生活质量的重要内容，但由于缺乏统一规划，一栋栋缺乏美感的"火柴盒"新楼凸现于一座座传统古村落中，极不协调，破坏了传统村落的民族建筑文化艺术氛围。导致这一情形的出现，当然跟传统村落中原住民生活价值取向等方面的原因有很大关系，但最为直接和主要的原因，当是我国在广大农村地区现行的"旧房宅基不拆，新房地基不批"的土地与房屋权属政策，迫使古村落原住民在原址上拆旧建新。二是政策误读误解与急功近利的政绩建树意愿下的建设性破坏。这类情形，是因为部分地方政府官员，在一些政策内在实质与目标理解领悟上，出现了误读误解，认为"掀翻石板路，修起水泥路，拆了木头青砖老院子，盖起钢筋红砖洋房子"，就是农村的发展之路。一些地方，在政府的直接强力干预下，掀起了大拆大建热潮，造成大量富有优秀民族特色和历史文化价值的传统村落毁亡。

　　形势迫在眉睫，于是我把古岳坡作为广西民族文化艺术研究院、广西文化产业研究中心的"传统村落的当代性保护与传承研究"课题实践基地，期望做出一个"文化＋旅游"样板。

　　2015 年 1 月 30 日，经与作家莫江霖反复酝酿，我向南宁市青秀区党委、政府递交了《"艺术古岳"壮族文化旅游村概念策划方案》，在"顶层设计"上提出了：在文化大发展背景下建设的古岳综合示范村，必须牢记习近平总书记在主持 2014 年 10 月 15 日文艺座谈会上指出的"中华优秀传统文化是中华民族的精神命脉，是涵养社会主义核心价值观的重要源泉，也是我们在世界文化激荡中站稳脚跟的坚实根基"的教导，以及 2013 年中央城镇化工作会议提出的"让居民望得见山、看得见水、记得住乡愁"的愿景。在充分保护传统村落、挖掘弘扬本土优秀传统文化基础上，构建"原住民村＋艺术村"新村落格局及推动文化创意和设计服务与旅游业相融合的新型业态，开发具有地域特色和民族风情的旅游商品和旅游演艺精品。

实践

《"艺术古岳"壮族文化旅游村概念策划方案》经与南宁市青秀区南阳镇党委书记覃柳及青秀区常务副区长张清亮等反复修改完善后提交青秀区常委会讨论，期间我以民族文化研究专家的身份据理力争、力排众议，使得"传统村落布局不能大变动、每座传统

梁汉昌工作室采用原址兴建干栏式木构建筑的方式留住百年民居根脉

民居都是一座民居博物馆、每一平方米的历史遗迹、每一件老物件都要保留"的意见成为共识。方案经青秀区常务会议通过后，立即用于指导《南宁市青秀区古岳坡村庄建设规划》，最终确定了这样的核心定位：古岳坡本着"修旧如旧"的原则对具有地方特色的传统民居建筑实施加固保护、对废弃民居、校舍、村集体晒谷场实施修缮改造和新建艺术家工作室，注入"艺术"核心元素，依托艺术家的集聚效应，将艺术家创作（创意）基地、文化艺术交流平台与文化艺术旅游体验功能集于一体，打造成特色鲜明的"古岳文化艺术村"。根据这个核心定位，我在指导设计院做"总平面图""功能布局规划图"时，因地制宜，不破坏原有聚落格局，不搞"一刀切"，而是根据废弃民居和宅基地来对应安排工作室及艺术机构，穿插在民居中，融入村落。公共服务建筑也安排在原来的公共区域。对于没有特色的现状建筑改造，我则力主以南阳镇本土民居建筑风格为参照系。

2015 年 5 月 22 日，南宁市规划管理局下发了《南宁市青秀区古岳坡生态综合示范村村庄规划评审会议纪要》〔南规纪要（2015）106 号〕文件，原则通过《南宁市青秀区古岳坡村庄建设规划》。

2015 年 7 月 9 日，南宁市人民政府下发了《关于南宁市青秀区古岳坡生态综合示范村建设规划的批复》〔南府乡村（2015）3 号〕文件，同意古岳坡生态综合示范村建设围绕"文化艺术"这个核心要素，并配套 7000 万元资金。

至此，"艺术家工作室"建设在传统村落保护和发展框架下终于纳入了南宁市政府的规划，实现了我"为艺术家营建一个稳定长久的创作家园，为世人建造一个独特的文化艺术体验区"的理念，艺术家们将不再担心遭受被赶来赶去、无可奈何的窘境。

实效

2015 年 9 月，《南宁市青秀区古岳坡生态综合示范村建设规划》根据有关规定完成招投标。10 月，政府各个标的公共建设项目及艺术家工作室陆续开工建设。

根据规划，村庄规划范围总面积为 20.37 公顷，其中文化艺术区项目用地面积 2.8 公顷，由政府投资建设文化艺术广场、文化艺术长廊等。艺术家工作室项目用地面积 33 亩多，由艺术家及艺术机构自己投资建设。由于艺术家工作室项目用地租期只有 20 年，没有产权，因此一定程度上影响了艺术家投资的决心和力度，有的艺术家中途退出，有 10 位坚持了下来。后来，政府把艺术家工作室二期用地 20 多亩（拟用来引进国内外著名艺术家）调给了南宁市巴弗罗牧业有限公司，改建民宿酒店等配套设施。

艺术家工作室一期用地大部分是废弃宅基地和废弃民居的区域，而这恰恰是我选择古岳坡作为艺术村的理由之一，我相信艺术家们能够化腐朽为神奇。我自己则选择了大家最不看好、最烂房屋集中的坡地，我担心别人不珍惜这些废弃老屋，所以就主动承担了这部分租金风险，其实当时的我存款不超过千元，但我不忘提交方案的那份初心：为

改造前的梁汉昌工作室旧址

改造后的梁汉昌工作室

这个村子留住哪怕一平方米的历史遗迹，现在大家都不懂这些残垣断壁的文化价值，但我懂，所以我应该有这个担当。

保护那些废弃老屋及残垣断壁真不容易，连绵的阴雨、瓢泼的大雨每次都造成一定的损毁。我和刘露、邓平等几次在风雨中抢盖土墙，南阳镇党委、政府的工作队员也经常增援。如今，那些保护下来的老屋、那些残垣断壁成了古岳文化艺术村一道不可或缺的文化景观，诗人林涌泉游览此地后灵感迸发，馈赠佳句：留住这堵墙，记住那文化。著名女作家萧珊公开发表了"诗意栖居古岳坡"的精美散文。各级政府考察团到古岳坡，那些老屋始终是参观重点。青秀区因为在"古岳综合示范村"项目中贯彻传统村落保护与发展并举的理念，在南宁市 12 个县区 2015 年示范村项目评比中收获了第一名的荣誉。

古岳文化艺术村因为依托于传统村落而创建了一个全新的艺术生态：艺术家们在村中的工作室潜心创作、举办展览，不时接待来自五湖四海的宾朋；巴弗罗生态牧业旅游公司先后举办了两场高规格的乡村音乐会、文化创意集市及牛奶场参观体验。

由我担任艺术总监的广西古岳文化产业有限责任公司更是发挥专业优势，整合了艺术家资源，将那些得到保护的老房子，连接成为占地面积 8 亩的"古岳壮族生态美术馆"，设置了 3 个展览厅（美术、摄影、民族服饰）、8 个工作室和工坊（版画、摄影、音乐、文学、文创、民族服装设计、纺织、木工等）、1 个艺术银行（艺术品租赁服务）、1 个民族文化研究中心、2 个科研院所及高校共建"产学研"实践基地（广西民族文化艺术研究院、广西工艺美术研究所、广西艺术学院）、1 个书院、1 个舞台、1 个露天非物质文化遗产技艺展演及电影放映区、1 个包含 8 间主题民俗的国际艺术家驻留创作营。这个生态美术馆将面向社会推出以下服务：

一是"壮族文化符号体验工坊"体验培训：国家级非物质文化遗产——壮族织锦技艺体验培训；壮族纺纱、织布传统工艺体验培训；壮族蓝靛染织传统工艺体验培训；壮族扎染传统工艺体验培训；壮族刺绣、挑花传统工艺体验培训；壮族砖瓦制造、陶艺体验培训；壮族传统美食工艺体验培训；国家级非物质文化遗产——壮族原生态山歌表演及培训；壮族"干栏"木构建筑工艺 3D 及模型体验培训；壮族酿酒工艺体验培训；壮族传统体育项目打陀螺、鸡毛键、射竹水枪、儿童障碍跨越；壮族服饰穿戴体验拍摄培训；壮族铜鼓、大石铲等代表性图案拓印、剪纸、图章刻印体验；壮族题材艺术品（版画、摄影、服饰、雕塑等）鉴赏；壮家"一米菜园"蔬果种植体验。

二是文化艺术品租赁服务，面向社会提供 5 万幅独家民族题材图片及一批著名艺术家的作品。

三是制作"壮族老家"音乐剧节目，创作《青秀情、民族风》音乐剧音乐光碟。

四是"壮族风"系列民族服饰文化品牌研发。

这些项目常态化之后，将带动古岳坡村民的民宿、餐饮等，促进当地农民增收。中国社会科学院投融资研究中心副主任、陈经纬研究员听我介绍古岳文化艺术村项目后盛赞："古岳文化艺术村项目的文化创意产生了杠杆作用，一方面撬动了政府 7000 万元配套资金，另一方面吸引了艺术家及艺术机构的 3000 万元投入，堪称中国创意产业一个成功的投融资典型案例。"新华社记者张萌也慕名采访，他说："北京 798 个艺术区随着大量商业机构的进入，已经对艺术机构形成了挤出效应，它作为艺术区的未来已经模糊不清。而您策划的古岳文化艺术村项目，正好为中国艺术区建设探索了一条新的路径。"

我与木村的不解之缘

文/罗荣坚　南宁市文明办原副主任

　　我出生在一个小山村。这个山村叫木村，获评为第一批广西传统村落，2013年被列入第二批中国传统村落。木村离南宁市区不远，只有15公里。它坐落在邕江河畔的西南面，东傍长流不息的大怀江，西临九曲十八弯的窑贵江，北倚峻峭挺拔的坛蓬岭。坛奉岭形似"鸭身"，东西面的垒崂岭、灯合岭形如"鸭"翅。南面一望无边的田野和起伏不平的小山丘，如同一片莲池，古人称其地为"宝鸭下莲塘"，木村就像一只宝鸭静卧在荷塘绿水之中。我从小在木村长大，后来才走出去。我在两个文明建设中，亲身经历及耳闻目睹了这个传统村落的历史和保护、发展。

　　木村始建于明末，走过岁月沧桑，100多座依山而建的明清古民居，见证了木村的历史。木村人的姓氏有罗、廖、邓、杨、张、杜、吴等，皆是从南宁市近郊迁来。山孕水育，人文兴焉。如今，木村人口已发展到240户1200多人。

　　木村，因其树木繁多而得名。村头古树林立，有小叶榕、大叶榕、华南朴、紫檀、假萍婆、香樟树等近10种。2003年广西大学林学院园林专家鉴定，木村百年以上的古树有30多棵，百年以下的古树随处可见。其中，一棵鸳鸯古樟木树龄约460年，是目前南宁市发现的树龄最老的古树；一棵大叶榕的板根高3米；球场边的另一棵大叶榕，10人围不过其树身，树冠覆盖1633平方米，可遮阴几百人。

　　木村有一棵树，村人叫它"梓木梓"。这棵树长在村后的西北面，树龄约320年。树高30—40米，分三杈，每杈3人围抱不过。我于2003年6月请了广西大学林学院李士謌、陈森教授实地考察，证实此树就是绝迹多年的"见血封喉树"，虽然广东佛山、海南中部和广西凭祥亦有发现，但没有像木村这么高大的。此树的白浆有剧毒，据说"见血封喉"，现在存世的已经屈指可数，十分珍贵。木村有"世界上最毒的树"，在广西日报、南宁日报、当代生活报、广西电视台、南宁电视台先后做了报道，引起了社会各界人士的关注。记得时任南宁市委副书记封家骧曾对我说过："一个旅游景区可以打造出来，一棵几百年的老树名树是打造不出来的。"

木村又叫"石头村"，因为木村的石头多，与石头有关的名字也很多：石板岭、石巷、石屋、石闸门、石板塘。我到过很多古村，用石头来砌墙脚的村庄也不少，但他们的石头都是从山上拉回来，或者是从外地运回来，而木村的石头都是就地取材。木村的房子依山而建，民居建在磐石上。建房时挖墙脚比较难挖，他们只能把石头打成片石铺成基脚，然后在基脚上面砌砖。木村小青瓦房几百间，不管是泥墙屋或是砖墙屋，基脚都是用石头铺垫。木村人砌墙脚非常用心，砌的石脚非常坚固。经历百年以上风雨劫打，但是房子依然没有崩塌。

"木村巷子石头街，雨后可以着布鞋。"木村的石头巷子是很干净的。邓屋有条三角石巷，南北长 500 米，东边长 200 米，巷子不宽，最窄的地方只有 1 米多。石巷两边的石块很干净，人们喜欢在那里闲坐乘凉。罗屋石巷与张屋、杨屋互通，其巷口叫"众大门口"。此巷两边和地面都是用石头砌铺，俗称"三面光"。雨后，地面上的垃圾被冲走，巷道更干净。小时候，我每天要在石巷中走过几回，如不小心摔跤，衣服都不会脏。

站在木村的山坡上俯瞰整个村庄，全村被一道石头砌的围墙围住。由于年代久远，11 个古闸门的石墙大部分已经坍塌，只留下靠东面的 3 个闸门保存得比较完好。据考证，木村建村五六百年，古围墙和建村的历史一样久远。石闸门高 2 米，刚够人直立行走。从前的门洞正中置一道木门，门外还设置一道木栅栏。现在闸门和木栅栏早已荡然无存，只留下深埋于地上的青石条。青石条每隔约 10 厘米凿有一个五六厘米深的小圆孔，而与之相对的闸门顶部亦有同样的石条，这是用来放置木栅栏的。整个石闸门已经被一种叫作蓄鬼莲的仙人掌科植物厚厚覆盖着，如果有人试图从上面爬过去，就必须将其清除掉，因为这种植物长满尖硬的刺，显然是为了防止土匪侵袭而种植的。可见，当时的木村人为了确保村子的安全颇费了一番苦心。据村人传说，1947 年有一股土匪袭击木村，来到木村附近，见木村石墙坚固，村庄围得密实、易守难攻，围住木村三天不敢入侵，只好收队作罢。木村就依靠这道石围墙，在兵荒马乱年代得以平安无事。

进了东闸门，右侧旧时是一道石块砌就的巷道，外墙厚重，用于防御；内墙略薄，与民宅相隔。石墙现在已经残缺不全，只在石闸的旁边还有一小段。越过二门后，才能进入罗、邓、廖家的大门。再越过三门，各姓氏的祖屋就一览无遗地展现在游人的面前，平平整整的石阶，一排排小青砖平房。

木村有座神奇的金石庙，坐落于村的东面。此庙始建于清道光二十六年，据说原为两进青砖，三十六条瓜桐悬梁，厅堂很宽敞；屋檐雕龙画凤，熠熠生辉。庙的四周绿树成荫，庙前有一荷塘，清静悠然。庙内有一大古钟，钟声一响，远近几十里人都能听到。1966 年金石庙被毁。1989 年，邕宁县吴圩镇二王庙农历四月初八庙会，成千上万的人参加，轰动了南宁市周边的村庄。我在目睹了盛况后深深地感觉，一个村的庙，就是一个村的神圣象征，具有无限的凝聚力，于是萌发了重建木村金石庙的念头。我回到家乡后把这个想法告诉村里的人，大家都很赞同。于是，以老人为牵头人，集资捐资建庙。现在的"金石庙"就是 1990 年重新建成的。庙的面积跟原来一样，上下两进平房，但它的建筑工艺比以前差得多了。

庙一般是供奉佛祖、菩萨的地方，可是在木村的金石庙却供奉着一块石头。这块石头是金黄色的，形态酷似一个威严的大将军，手持宝剑端坐在椅子里。石头前面立着一块牌位，上写"本佳自然威灵感应金石正位"。村中有传说若把金石搬出去抛在荒山或河流之中，夜里金石会自己回到庙里的供台上。当然这也只是传说。但这毕竟是村民们的信仰和寄托，他们祈愿金石能保佑木村风调雨顺，福祉平安。

木村离南宁市只有一二十公里，但山高路陡，几百年来木村人就过着徒步肩担的日子。记得我小学时就常跟长辈挑柴茅到金鸡火车站、沙井街去卖。20 世纪 90 年代中期，木村还不能通汽车。木村人卖西瓜要用摩托车先拉到 3 公里外的周村，才能装上汽车运去南宁。记得有一次我回家乡，路过村边的大怀江时，看见整个江面浮满四季豆、辣椒。经了解才知道，商贩的汽车进不了木村收购村民种的四季豆、辣椒，农民只能等到圩日用手扶拖拉机、摩托车拉去江西圩卖。圩日农产品集中，老板压价，四季豆、辣椒一斤卖不到一二角钱，村民连种子钱也收不回来，就将四季豆、辣椒倒到村边的河里。目睹这一切，我暗下决心，一定要组织大家修好家乡路。

这段路跨越同新、同华、锦江 3 个村的六芦、敢槐、藤梨、那杜、郭屋、同兴、华香、那匹、陆村、那胡、那敏、攀村、那汪、木村 14 个自然村，如能修好，受益 8000 多人。政府要求群众集资 40 万元，无偿奉献修路占用田地近 100 亩。为了修好这段路，我费尽心思。从 1997 年起，我和在南宁工作的同乡，跑政府、跑交通部门立项，落实修路资金，回家乡挨家串户，与村民促膝谈心，动员群众无私奉献土地和积极集资。经过三年的艰辛努力，木村迎来了一片笑声。1999 年，取得南宁市交通局投资 292 万元，修通了江西至锦江、同新、同华村四级公路。汽车可以从木村直达江西镇政府。村民们终于可以在村边地头销售四季豆、辣椒了！村民可以坐汽车上街了！看到这喜悦的场景，我心里感到十分欣慰。

木村美，美在古村落的格局，美在古树石巷，美在自然林区。但是，由于建设无规划，房子杂乱无章，道路不通，污水横流，有损文明古村的形象。1999 年，我任南宁市文明办公室副主任，分管文明村建设工作。我提议把木村列入南宁市文明示范村，以改造木村的村容村貌。但当时政府投入文明村建设经费比较少，每个文明村只投入一二十万元。这么少的钱，要完成"改厨、改厕、建沼气池、文化室、硬化道路"等任务，于是各县区都选择人口较少的村，木村人口多，自然就安排不上了。什么时候才能轮到木村建设文明村，我当时心里也没有底。到 2000 年，我想，再等下去不是办法便回家乡动员群众，"不要等，自己的家园自己建"。在政府没有补助的情况下，木村村民和在外工作人员集资 3 万元，请来勾机、推土机，新建了长 2000 米、宽 6 米的环村路。木村变美了，时任永新区区委书记肖莺子、区长肖志钢亲临木村视察，看到木村群众"不等不靠"建设古村的自觉行动，非常激动，当即提议把木村列入南宁市生态文明村建设。

2002 年，一个全面开展新农村建设的热潮在木村兴起。政府投入资金，群众出勤出力，家家户户改厨、改厕、建沼气池，人人动手美化绿化庭院。村里先后投资 20 万元，清理村前 100 多户村民的杂乱菜地，将 5 张集体小鱼塘平整为 20 亩农民广场。村民自己动手，把牛栏统一移到村边，全村共拆除旧牛栏 140 间，集资 60 万元新建牛栏 200 间，解决了"脏乱差"问题。在南宁市政府世行办的支持下，2004 年首批利用世界银行贷款 230 万元，硬化长 3500 米、宽 4 米的环村大道和村中 13 条小巷道，实现了家家通水泥路。在此基础上，开展保护古树名木、保护公共绿地、保护自然林区"三个保护"工作：围砌 30 多棵古树，请来广西大学林学院专家为木村古树鉴定并设立保护古树石牌；全村 200 多人，参加 3 天义务工活动，清理亭庙山、龙景山、敢底山、坛冒山、垒供岭乱搭乱盖的杂物房，保护公共绿地；制定村规民约，任何人不得侵林毁林，保护了坛庭岭、坛蓬岭、井表岭、六里岭、灯台岭约 2000 亩的自然林区。同时，完成六件实事：建成一栋两层楼、200 平方米的文化综合楼，重新组建山歌队、狮子队，配备锣鼓、腰鼓等一批乐器；建成一个能容纳 3000 人台阶座位的灯光球场；修复一个长 17 米、宽 11 米的古戏台；修建了一个长 20 米、高 4 米的宣传长廊；修复了 5 个进村古闸门；修建坛庭"宝鸭亭"，并铺建从村前通往亭阁的 180 级台阶。此外，沿袭木村人喜爱树木的风俗，每年开春组织村民群众与机关干部、武警官兵在木村开展"植树日"活动，在环村路种上了 200 多棵榕树、木棉树、桐油树。

木村山水美，自然环境美。2004 年木村荣获"南宁市生态文明建设示范村"荣誉称号，2005 年南宁市政府将木村命名为"古树园"，2006 年木村被列入南宁市首批生态旅游村，2007 年木村荣获"自治区级文明村"，2007 年木村与武警南宁市支队荣获"自治区级军警民共建先进单位"。

2005 年《南宁日报》做了旅游大推荐"秋游木村"，南宁电视台报道了《古树名木塑造神奇木村》后，木村来了不少游客。2013 年木村被列入第二批中国传统村落，国家投入保护项目资金 809 万元进行明清年代古屋、石板路、古闸门、古庙、石巷道、石板塘的修复。2016 年 12 月，29 栋古民居和入村东门牌楼施工已经完成，池塘改造、污水管道、公共路灯正在施工。这一项目的完成使木村古村落的韵味更加浓厚。

木村的建设和保护已引起国家的重视，并取得了一定的成绩，但也存在一些不足。一是挖掘古村落的文化意识不够。木村目前除修复一些明清年代青砖白瓦房、古巷、古闸之外，古民居还挂了几块"进士"牌匾，看不到其他古村落的古文化内涵。最近，自治区党委原常委、秘书长，自治区政协原副主席，当代著名诗人、书法家钟家佐到木村视察时说："木村、古树、古闸门就是古文化，值得保护和挖掘。"二是古村落的规划和保护政策法规不到位。列入国家、自治区级古村落名录后，政策法规应随之跟上。古村落的建设和保护是一个系统工程，涉及政府的各个部门。除住建部门外，土地资源、农林水利、文化体育等部门都有涉及。因此，这些部门都要参与，并制定出具有可行性的古村落保护法规，使古村落的历史遗产得到保护。木村目前仍有乱搭乱建新房、乱砍滥伐古树、毁坏文物古迹、毁坏自然林区等现象，但由于政策法规跟不上，无依据处罚。三是古村落的开发与利用力度不大。古村落是中国的文化遗产，也是旅游开发的重要资源。住建部门和旅游部门应尽快出台《古村落旅游开发方案》，进行古村落招商引资，使之成为旅游热点。

我是木村人，家乡的山山水水，我非常熟悉，也想对木村古村落旅游开发提出一点粗浅看法：

一是利用古民居开发"农家乐"。2016 年修缮的 29 栋明清古民居目前几乎无人居住，可配设家具、厨具、被褥，开设"农家乐"小旅店，让游人回归自然，享受明清年代的生活习俗。

二是在自然林区建 5 座观光亭。木村村背的坛蓬岭、坛奉岭、井表岭、六里岭、灯台岭五座山约有 2000 亩松林，松林下面很多豆稔果、牛甘果。建议在 5 个山头各建 1 个观光亭。木村石头多，且为金黄色，可就地取材，用石头围砌台阶、便道，把 5 个山头连成一片，供游人旅游观光。同时，开发娱乐场所、小农庄、烧烤场、儿童乐园等。

三是将小山坡建成果园。木村属丘陵地带，全村将近 100 个山坡，每个山坡 50—100 亩。现在农民种甘蔗、速生桉，年收入很低。如果招商引资，老板承包，可选取部分山坡建成果园。每个山坡种一种水果，如桃子、枇杷、柚子、黄皮果、火龙果等。

四是将小山谷建成山塘水库。木村有水田 1600 亩，还有约 1600 亩山地，2000—3000 亩的洼地，都处在丘陵地带。筑一个坝就是一个山塘水库，每个山塘水库小则 5—10 亩，多则 20—30 亩。坡上果园，坡下水库，游船玩乐，钓鱼摘采。

五是在山塘水库岸边开发旅游山庄。木村村边有大塘、敢底塘、六里塘、洗菜塘。村南面 2 公里处有六族窑水库，水面 80 亩，旁边有一片森林。村北面有中型龙潭水库，周边山峦起伏。村东的大怀江，村西的窑贵江，悬崖峭壁，流水潺潺。在这美丽的青山绿水中，开发起连片的旅游山庄，必能成为一道亮丽的风景线。

保护传统村落　留住文化乡愁

——南宁市传统村落保护纪实

文/肖志刚　南宁市城乡建设委员会村镇建设科科员

　　我于 2013 年 9 月入职南宁市城乡建设委员会村镇建设科，至 2016 年 1 月开始负责传统村落保护发展工作，虽然时间并不长，其中经历可能不足以表现南宁市多年来对于传统村落（古村落）保护发展方面做出的努力，但我还是决定尽我所能用拙笔为南宁市传统村落保护发展留下点印记。

　　我与传统村落的情缘

　　20 多年前，在我很小的时候，学校组织我们前往江南区扬美古镇郊游，我当即被有着千年历史的扬美所震撼，古镇、老街、碧水、奇石、怪树，处处是景。走在光影斑驳的古道上，感受历史雕琢的痕迹，真为古人的智慧所赞叹，脑子里烙下了深深的印记。高中毕业后，我大学的专业选择了城市规划专业，其中原因也有童年扬美古镇参观的那点烙印，希望能够学习中外城市规划、建筑发展的历史和保护发展措施。在学习过程中，我逐渐了解了建筑规划界名家、中国古村落保护第一人——阮仪三教授的故事，例如"刀下救平遥""以死保周庄"，为了让中国民族文化的传播延续，阮仪三教授以他的方式拼力保护中国古城古镇古村，古稀高龄斗志依然，令人赞叹。因此，我利用寒暑假时间前往阮仪三教授亲自动手规划并主持建设的丽江、周庄、西塘、同里等古镇及苏州古城等，感受大师的情怀和作品，感受历史留下的真实生活环境。不曾想到，我有幸能来到南宁市城乡建设委员会村镇建设科工作，更没想到我还能负责南宁市传统村落、古建筑保护方面的工作，这大概就是缘分。在工作中，我不断学习国家有关传统村落保护的知识，了解了传统村落是体现地域文化、传统习俗和民俗风情的活态载体，具有极高的文化价值和传承意义。然而由于城镇化的快速推进，极具历史文化价值的传统村落也在急速消失。因此，我明白了自己身上的担子有多重，稍不注意就会产生不可逆转的后果，只有加倍努力才能为后人留下历史的印记。虽然我仅仅具体负责南宁市传统村落保护工作一年多的时间，但有幸经历了第三批广西历史文化名村、第二批广西传统村落、第五批国家传统村落申报及传统村落规划编制、保护发展项目实施及机制创新等过程，感触良多。

南宁市古村落古建筑分布情况

传统村落，又称古村落，指村落形成较早，拥有较丰富的文化与自然资源，具有一定历史、文化、科学、艺术、经济、社会价值，应予以保护的村落。2012年9月，经传统村落保护和发展专家委员会第一次会议决定，将习惯称谓"古村落"改为"传统村落"，以突出其文明价值及传承的意义。南宁历史悠久，古代属百越之地，文化传承源远流长，尽管经历了时代变迁、战乱毁损、历史动荡，但在相对封闭疏离的乡村地区仍保留着形式多样的古村落。如江南区扬美古镇始建于宋代，鼎盛于明清，至今有千年历史，是南宁市古建筑群保留的较为完整的地方之一；又如横县笔山村的"花屋"，这座"大宅门"式的深家宅院由100多间清代古屋组成，因整座建筑雕梁画栋、工艺考究而得名，且完好保存、气势恢宏，令人赏心悦目。

根据文物部门的调查，南宁市古村落资源丰富，其中较典型的村落有扬美古镇、三江坡村、木坡村、陈东村、周家坡、下楞村、麻子畲坡、横县笔山村、新江团阳坡、西乡塘那告坡、那楼镇那蒙村等。而根据历次文物普查的结果，南宁市范围内共计发现不可移动文物540处，其中古建筑类196处，近现代建筑类146处。这些古建筑、近现代

西乡塘区石埠街道那告坡覃氏民居群

建筑分布于南宁市区及六县各处，其中规模较大的建筑群有金狮巷古民居群、那告坡覃氏民居群、周家坡古民居群、中尧路黄氏家族民居、横县笔山花屋、新江团阳民居建筑群等。

南宁市传统村落所获荣誉

早在 2003 年，建设部（现为住房和城乡建设部）开始推动中国历史文化名城名镇名村工作，并于 2003 年 10 月公布第一批中国历史文化名村。但由于当时对于文化保护的眼光较为欠缺，直至 2010 年 7 月住房和城乡建设部公布的第五批中国历史文化名村，南宁市江南区江西镇扬美村才能入选，为广西第四个入选的村落。2011 年扬美村与宾阳县古辣镇蔡村入选广西首批历史文化名村，2013 年江南区江西镇同江村三江坡入选广西第二批历史文化名村。随着住房和城乡建设部、文化部、财政部于 2012 年陆续联合下发《关于开展传统村落调查的通知》和《关于加强传统村落保护发展工作的指导意见》，部署在全国范围内开展第一次传统村落调查工作，传统村落保护发展逐渐走上快车道。在南宁市城乡建设委员会的积极推动下，各县区（开发区）开展了摸底调查，并逐级上报自治区住房城乡建设厅、住房城乡建设部报评国家、自治区传统村落。2012—2016 年，江南区江西镇扬美村等 4 个村入选中国传统村落名录，扬美村等 15 个村（含国家级 4 个村）入选广西传统村落名录。

2015 年至 2016 年初，在申报第四批传统村落的时候，除江南区、上林县申报较为积极外，其他各县区对传统村落的申报的积极性并不高，甚至有些明明历史底蕴较深厚的县区存在零申报，最终初次上报住房城乡建设部的只有 11 个村，但未能入选国家传统村落，只有 8 个村入选广西传统村落。我自己对南宁市传统村落的认识和了解也是逐步深入的，在第四批传统村落申报过程时，刚好是科室内部工作交接之际，我接手之时恰逢住房城乡建设部反馈修改意见，当时我对南宁市传统村落的布局并不太熟悉。后来我认真研究并分析其原因，认为一是基层人员的业务能力较差，报出来的基础资料水平较低，难以反映村落价值特色；二是基层人员日常工作多、任务重，部分地方政府担心申报传统村落后下达任务，无形中增加了工作量，能少报就少报；三是部分地方政府对文化保护传承的重视程度过低，往往把历史村落保护和发展让位于经济社会的发展；四是部分地方政府担心配套过高，虽然希望上级配套资金，但由于财政吃紧宁可放着不报。

2016 年 10 月，在申报第三批自治区历史文化名镇名村时，我对各地上报材料严格把关，要求各地反复修改至满意后上报，有 2 个镇 6 个村上报自治区住房城乡建设厅。最终武鸣区罗波镇、府城镇，江南区江西镇锦江村麻子畲坡、西乡塘区石埠街道那告坡等 2 镇 2 村入选第三批广西历史文化名镇名村，另有 2 个村被推报至住房城乡建设部评选第七批中国历史文化名镇名村。截至 2016 年底，南宁市共有 2 镇 5 村入选广西历史文化名村，总数排列广西第四。

江南区江西镇锦江村麻子畲坡

　　在学习过程中我了解到，在2013年底，时任住房城乡建设部村镇建设司长赵晖在介绍加强传统村落保护发展的时候说过，住房城乡建设部搞的传统村落其实是三大类型，第一类是我们原来想象的古村落，是古建筑很多的村落；第二类是可能传统建筑不是很多，但选址、传统格局具有丰富的文化要素，体现了中华传统文化的精髓；第三类是以村落为载体，非物质文化遗产非常丰富，这样就能把更多有保护价值的村落保护起来。我意识到，传统村落应该要比历史文化名村更容易申报，历史文化名村对村落的整体环境、民居的建筑年代和艺术价值要求较高，而传统村落要求相对较低，历史文化名村相当于是传统村落的升级版。宾阳县古辣镇蔡村在2011年已首批入选广西历史文化名村，这几年也不断投入建设，然而没有入选传统村落是一件极其不正常的事情。在日常走访过程中，我也了解到宾阳县古村落较多。因此，在2017年初的第五批中国传统村落申报过程中，我重点要求宾阳县认真摸底调查，尽可能多地发掘现有的古村落来申报传统村落，最终南宁市上报自治区申报第五批中国传统村落的27个村落中宾阳县就占了9个，且村屯格局和建筑保存都较好。这说明了由于过去宾阳县的重视程度不够，导致许多古村落未能得到有效发掘。

表 1　南宁市历史文化名镇名村、传统村落分布情况

县区	村庄名称	国家、自治区级称号	入选批次	入选年份
横县	平朗乡笔山村笔山屯	中国传统村落	第二批	2013 年
		广西传统村落	第一批	2015 年
宾阳县	古辣镇蔡村	广西历史文化名村	第一批	2011 年
	露圩镇库利村	广西传统村落	第一批	2015 年
上林县	巷贤镇高贤社区磨庄	广西传统村落	第二批	2016 年
	巷贤镇长联村古民庄	广西传统村落	第二批	2016 年
江南区	江西镇扬美村	中国历史文化名村	第五批	2010 年
		广西历史文化名村	第一批	2011 年
		中国传统村落	第一批	2012 年
		广西传统村落	第一批	2015 年
	江西镇同江村三江坡	广西历史文化名村	第二批	2013 年
		中国传统村落	第二批	2013 年
		广西传统村落	第一批	2015 年
	江西镇同新村木村坡	中国传统村落	第二批	2013 年
		广西传统村落	第一批	2015 年
	江西镇安平村那马坡	广西传统村落	第二批	2016 年
	江西镇安锦江村根竹旧坡	广西传统村落	第二批	2016 年
	江西镇安锦江村麻子畲坡	广西传统村落	第二批	2016 年
		广西历史文化名村	第三批	2016 年
	江西镇同江村那吾上坡	广西传统村落	第二批	2016 年
	延安镇华南村那务坡	广西传统村落	第二批	2016 年
良庆区	良庆镇缸瓦窑村	广西传统村落	第一批	2015 年
西乡塘区	坛洛镇下楞村	广西传统村落	第一批	2015 年
	坛洛镇坛洛老街	广西传统村落	第二批	2016 年
	石埠街道老口村那告坡	广西历史文化名村	第三批	2016 年
上林县	巷贤镇高贤社区磨庄	广西传统村落	第二批	2016 年
	巷贤镇长联村古民庄	广西传统村落	第二批	2016 年

南宁市传统村落保护实施情况

　　近年来，各级部门积极开拓渠道，从中国传统村落保护、特色名镇名村、民俗民居示范村及"美丽乡村"建设等方面筹措资金，开展 4 个中国传统村落的保护和发展工作，共争取到中央财政资金 1200 万元，自治区财政资金 1200 万元（其中传统村落建设800 万元，扬美村特色名村建设 400 万元），并由市城乡建委、市财政局、市规划局、市文新局共同印发了《南宁市传统村落保护整体实施方案》。

　　南宁市 4 个中国传统村落相关建设开展情况具体如下：江南区江西镇扬美村历史文化的保护发展，一是从 2012—2015 年积极推进广西特色文化名村建设，完成包括古建筑保护性维修、旅游基础设施、架空线路下地改造等 10 多个项目的建设，总投资 1942万元；二是 2014 年完成古镇保护设施建设项目，总投资 550 万；三是 2015 年完成花样村屯建设，总投资 150 万元；四是 2015 年完成水体综合整治工程建设，包括对水体污染源治理，水系贯通并形成活水，水系景观设施建设等，总投资约 3000 万元；五是2015—2016 年完成民俗民居示范村屯建设，修缮传统民居及对周边环境进行提升，总投资 200 万元；六是 2015 年实施了扬美古镇创建 A 级景区服务设施整改项目；七是2015—2017 年开展传统村落保护建设，总投资 809 万元，现约完成工程量的 75％，计划于 2017 年底完成建设。2015—2017 年开展江南区江西镇同新村木村坡、同江村三江坡传统村落保护建设，每个村投资 809 万元，现约完成工程量的 80％，计划于 2017 年底完成建设。横县平朗乡笔山村于 2015—2017 年开展传统村落保护建设，总投资 1069 万元，现约完成工程量的 70％，计划于 2017 年底完成建设。

　　除对中国传统村落的保护发展外，南宁市还注重其他古村落的保护发展。2015—2016 年，市乡村办、市文新局、市城乡建委开展南宁市民俗民居示范村建设，对破旧的传统民居进行了修缮加固，以"修旧如旧"的方式恢复其原有风貌，建设完成了 32 个民俗民居示范村及 53 个村史室建设项目，总投资 6000 多万元，村容村貌、特色民居、古树名树得到合理保护，民族文化得到有效传承，民俗民居资源得到开发利用，对南宁市古村落保护及传统文化、地方习俗的挖掘起到积极作用。例如西乡塘区石埠街道老口村那告坡的覃氏古宅、武鸣区双桥镇八桥村大伍屯的邓家大院等均为大型明清古民居建筑群落，通过修缮保护，较好地保护原有特色建筑风貌。特别是那告坡在修缮过程中，村民运用传承了百年的修建工艺，不使用现代化工具，依靠古法完成修复出了古宅原貌，随着修缮工程的逐渐完工，预示着百年那告坡将迎来"新生"，并于 2016 年 12 月入选广西历史文化名村。2016—2018 年，江南区江西镇锦江村麻子畲坡、上林县巷贤镇高贤社区磨庄、良庆区大塘镇太安村那廖坡等 10 多个传统村落列入广西乡土特色示范村建设计划，每个村投资 200 万—350 万元，计划于 2018 年建成。相信这些传统村落，在经过规划性的建设和保护发展后，将焕发出巨大的生命活力。

传统村落保护中存在的问题

近几年来，南宁市在传统村落保护发展方面做了大量工作，取得了一定成绩。但与邻近的桂林、柳州等兄弟地市相比，南宁市的传统村落保护发展工作却远远落后。原因主要有以下方面：

（一）保护意识淡薄，认识不够到位

一是部分基层干部对传统村落保护传承重视度不够，没有把传统村落保护提升到促进地方经济增长点和知名度的高度，总觉得只要完成纳入绩效考核的其他工作即可，在编报国家、自治区传统村落材料时积极性不足，担心在上报后要开展保护工作，而造成平日工作量的增加。二是对文物保护的宣传力度较为欠缺，基层群众对文保工作意义认识不足，全民依法保护文物的社会氛围尚未形成。三是传统村落周边的基础设施有待加强，特别是通村道路水平需要进一步提升，例如南宁市通向江西镇扬美古镇的通村道路条件差，道路沿线景观差，严重影响扬美古镇的发展。

（二）部分具备历史文化价值的古村落、古民居、古街道等未能妥善保护

一是有些地方基层干部和村民对传统村落和历史文化名村承载的历史文化遗产价值和不可再生性认识欠缺，不注重保护古村落、古建筑，缺乏精雕细琢、精益求精的工匠精神，在改善住房条件时，很少有修旧复旧的措施，往往采取拆旧建新、弃旧新建的方式。二是甚至有些地方为了追求现代、美观、整齐，对传统社区、乡村完全拆除，或者对古建筑、古民居进行大面积"改造"，不仅造成"千城一面、千村一面"，而且使传统的建筑风貌、淳朴的人文环境遭到不同程度的破坏，一些珍贵的乡土传统文化遗产保护形势依然严峻。

（三）文保经费不足，文保人才较为缺乏

一是南宁市目前每年财政中列支固定的文物保护经费偏低，有时古镇、古村文保工作推进缺乏必要的项目资金保障，例如中国传统村落保护市级配套资金每村仅 100 万元，还远远不够推进传统村落的整体保护，而大多数广西传统村落和其他古村落尚未有资金投入开展保护发展工作。二是民间资本介入传统村落和历史文化名村保护的政策和路径均不明晰，传统村落和历史文化名村吸引投资的能力有限。三是文物保护机构和人才队伍建设与文保事业发展的要求还存在很大差距，全市文物保护工程、古建修缮、考古、文物鉴定及修复等专业人员短缺，高层次的学术带头人和拔尖人才缺乏。

加强传统村落保护发展的对策建议

传统村落是历史文化保护中不可或缺的部分，如何保护并利用好物质文化遗产，如古村落、古建筑、古路、古桥等历史环境要素，以及非物质文化遗产的资源，并有效弘扬优秀的传统文化，实现文化、民生和经济共赢，已经成为我们必须高度重视和妥善解决的问题。现结合南宁市实际情况，提出以下对策建议：

（一）加强统筹领导，健全管理体制

目前南宁市文化、建设、规划、旅游、发展改革委等部门在项目推进中虽有协调和合作，但由于在全市层面上，缺乏更高层次的部门来统筹安排、协调推进，导致各单位建设项目比较分散，加之受专业技术人员、资金缺失等的限制，导致部分单位在开展传统村落、古建筑保护时难度较大。一是建议继续提高对南宁市历史文化遗产保护的力度，以申报南宁市历史文化名城为契机，由市政府层面设立领导小组，统筹开展全市历史文化遗产保护工作。二是明确市、县区、乡镇、村屯等多级文化保护机制，落实属地管理责任，形成联动机制。三是优先将列入各级传统村落和历史文化名村名录的村庄及周边区域纳入各级生态综合示范村进行规划建设。四是从市级层面上对乡镇（街道）等基层部门适当放宽人员聘用政策，提高基层人员工资，加强文化保护方面的基层技术力量。五是加强古建保护方面的培训力度，建立传统建筑工匠队伍，传承传统技艺，同时在南宁市高校中多设立古建保护相关专业，以扩展南宁市古建保护的后备力量，并通过制订优惠政策招募外省市优秀人才来南宁市发展，将外省市先进工作理念引入南宁市，形成文化创新格局。

（二）科学制订历史文化保护相关规划和政策

一是科学制订规划，目前南宁市已编制完成《南宁市传统村庄建筑风貌研究》《南宁市历史建筑保护总体规划》及各重点历史文化村镇保护性规划等，但依然缺乏市域层面上的乡村历史文化资源发展规划，各个具有历史文化特色的"点"协同发展的全局意识还较差，建议把传统村落和历史文化名村保护工作纳入南宁市经济社会文化长远发展规划。二是建议利用法治开展保护工作，出台南宁市历史文化保护地方性法规，使历史文化保护工作有法可依。三是建议出台南宁市乡村历史建筑保护相关政策，安排资金对自觉自愿保护古民居的居民给予一定资金奖励，严厉打击列入各级传统村落和历史文化名村名录的村庄及其周边区域的违法违章建设。四是开展传统村落和历史文化名村历史环境要素调查，形成传统村落和历史文化名村档案，并建立挂牌保护制度，对擅自乱修乱建、拆除破坏古村落、古建筑、古路、古桥等历史环境要素的部门和群众给予严厉处罚和查处。五是将传统村落和历史文化名村保护，写入村规民约，增强保护的积极性，提高村民自主保护的意识。

（三）整合现有资源，打造特色文化品牌

一是急需从物质文化遗产和非物质文化传承上，对现有资源进行整合、包装，根据地域特色着力打造特色文化品牌；二是继续积极申报列入中国、广西传统村落和历史文化名村名录，获得上级财政支持。三是建议市财政继续加大南宁市传统村落开发、文物保护的资金投入，并统筹美丽乡村建设等专项资金，支持传统村落和历史文化名村的保护与利用。四是探索依靠社会力量，借鉴国内外的先进经验和做法，积极探索古镇村开发利用的市场化运作和产业化运作模式，使社会资金成为传统村落和历史文化名村抢救保护与开发利用资金的重要来源。五是需进一步加强各历史文化景区之间，以及与其他旅游景区的协同发展。例如江南区扬美村位于邕江南岸，与邕江北岸的美丽南方片区不远，但由于缺乏过江桥梁及交通设施，另外大扬美片区的几个传统村落发展相互割裂，与周边的旅游景点协同发展较差，导致江南区扬美村虽历史悠久、文化深厚、投资较大，但游客量相对美丽南方片区依然较少。

总的来说，近年来南宁市在传统村落保护发展上有了长足的进步，特色镇村创建、非物质文化挖掘、旅游发展等方面均有突破性的进展。但由于南宁市传统村落保护发展工作起步晚、人才缺失严重、基层人员及经费有限，且部分传统村落资源已消亡或接近消亡，全面、有效抢救保护历史文化资源依然任重道远。我有幸能在南宁市城乡建设委员会负责传统村落保护发展工作，我将竭尽所能，继续积极开展传统村落保护工作，并推动文化大发展，以弘扬与传承南宁市中华文明传统文化。

我骄傲，我是笔山人

文/李雨华　横县平朗乡笔山村支书

我的花屋记忆

20 世纪 60 年代，我出生在笔山村一座老房子里，是笔山村始祖李姓的第 17 代孙。这所老房子，就是后来被很多人喜爱的文物保护单位"花屋"。那个时候的花屋，和周边很多的老房子一样，还不为世人所知。我出生的房子，在花屋众多房屋的最后面。

记忆中的花屋，很大，人很多。除了厅堂，几乎每间房里都住了人，

花屋全貌（马彪　摄）

村里的叔伯都住在这里。一到傍晚，准备煮饭的时间，大家就去挑水，湿漉漉的井水打湿了青砖路。那口井，离花屋几百米，老人们说，这口井已经有几百年历史了。

我在花屋住到了 13 岁，在这里默默看过很多次花屋的祖厅举行祭祖活动。每年的大年三十、正月初二、七月十四都是祖屋的大日子，大人小孩全都集中到厅堂里烧纸。祭祖的时候，在大堂里摆起八仙桌，各家各户摆上鸡鸭羊等祭品，上香祭拜。仪式虽然简单，但是内心虔诚又隆重。我们小时候，还特别喜欢村落里办喜事。哪家有喜事了，整个花屋主厅、四处天井、过道都会摆上桌子，家家户户都可以过来喝喜酒。那些很久没有见过的远门亲戚，也会出现在饭桌上。后来，这个喝喜酒的习俗演变成了每年的农历三月初三，和壮族的歌圩一起，成为笔山村的对外接待日。"三月三"这一天，只要你来笔山村，每家每户都会敞开家门迎客，这是我们壮家的大节日。

1981 年实行承包责任制后，花屋的各家兄弟姐妹年龄增长，人口增多，无法挤在花

屋生活，纷纷自行离开花屋到别处另建新屋，或有条件的到南宁购房。这样，花屋慢慢从热闹走向落寞。

1986年8月，我进入村委工作，自2011年起担任村支书至今。近30年的工作经历，我见证了笔山一点一滴的变化。

2009年，时任平朗乡党委书记吴春晓和曾任横县博物馆馆长雷秋江先生到平朗乡各村一游，认为平朗生态环境保持良好，拥有丰富的旅游资源，其中笔山村和黄强村还有保存完好的古村落。同年，雷秋江通过自己的努力，说服了村民，同意笔山村由他来统一打造"中国传统村落"，并开展一系列的对外宣传活动。雷秋江利用几年时间，和村里的老人一起，逐渐梳理清楚了笔山村的发展脉络，还给花屋增加了沿途的标识牌。

2012年，村里来了一名第一书记，来自市文新广局的李斌科长，驻扎在笔山村两年时间。期间，在李斌书记的努力下，笔山花屋被定为县级文物保护单位。同时，经过多方努力，2013年，笔山村被列为第二批中国传统村落。2014年，住房城乡建设部、文化部、国家文物局、财政部等四部门联合出台指导意见，提出用3年时间，使得列入中国传统村落名录的村落得到基本保护。2016年11月，中国文化保护基金会授予广西横县平朗笔山村委会第八届"薪火相传——传统村落守护者"优秀团队称号。

2014年，为推进笔山旅游开发整体推进，对笔山花屋前12.81亩土地进行流转（土地流转是指土地使用权流转，即拥有土地承包经营权的农户将土地经营权或使用权转让给其他农户或经济组织），由个人流转为村集体。

2015年，笔山村被列为南宁市村史室及民俗民居示范村，期间，建设了笔山村村史室，进行了古驿道的修复、村级公共服务中心外立面改造、新丁屋改造、副官楼修复、农户外立面改造等工程。

修复后的花屋古驿道

游客在花屋画画（农文生　摄）

花屋大门

2017 年，对花屋的老旧残房屋进行维修。

回望自己 40 多年的生活，是和花屋紧密相连的岁月。花屋从兴盛到落寞，又从落寞即将走向一个新的开始。我担任村支书期间，无数游客从不同的地方慕名而来，我利用周末及各种闲暇时间，和大家介绍花屋，介绍笔山村的其他传统建筑，他们回去以后，又带来了更多的游客。笔山村就是靠大家一点点的口口相传，逐渐有了自己的名气。

笔山村的历史

对于笔山人来说，这个村庄，是和自己血脉相连的，它的历史，融在每一个笔山人的血液中。笔山的历史经过一代代人口口相传，经久不衰。我从小就听着村里叔伯们常给我讲笔山村历史。

笔山村历史悠久，原名"诗屋山村"，民国十一年（1922 年）改为"笔山村"，成村至今已有 500 多年的历史。我很骄傲，我是一名笔山人。

明清时代，诗屋山村李氏家族历代考取科举功名达 72 人，可谓人才辈出。村内保存有以清乾隆中期建造的笔山花屋（县级文物保护单位）古建筑群、光岫宗祠、洋装楼等为代表的清代、民国建筑 20 多座，其中部分建筑是干栏式建筑。这些传统建筑都是沿石条铺设的古驿道依山而建，历经几百年风雨侵蚀，因年久失修而风化受损，部分建筑甚至坍塌，村民却无力修缮，保护状况堪忧。笔山村不仅是开放式的自然科学与人文文化博物馆，还是革命老区，这里流淌着抗日战争"笔山阻击战"壮士们的鲜血，传颂着他们可歌可泣的英雄事迹，以及保存着战场遗址。

笔山村以前为钦州水路转陆路至南宁的咽喉要塞，现存约 2 公里的石板古驿（盐）道和明清两代设置的笔山驿遗址，除了有规模庞大、艺术精湛的传统建筑，还有软水古井、抗日阻击战遗址等历史文化遗迹和以"笔山人生礼仪"为代表的非物质文化遗产。

（一）笔山花屋

笔山村的传统建筑以笔山花屋为代表。笔山花屋因以雕梁画栋、工艺精湛而闻名，始建于清乾隆丁丑年间，占地约 6000 平方米，建筑面积 4000 多平方米，15 个独立又互通的院落，共有房屋 72 间（原占地 12 亩，房 128 间）。笔山花屋为明代从宣化（现南宁市邕宁区）南迁来的始祖李尔清第十代裔孙李兆球及夫人银娜所建，因时局动荡，建筑群完工耗时 20 多年。笔山花屋是壮族"干栏式"及客家"围屋式"建筑的综合体，装饰手法明显带有晋文化的风格。

笔山花屋建筑风格严谨规整，内外均有廊道分割环绕，整体规划、布局、功能、防火、防潮、防盗、营造风格、环境经营等设计均达炉火纯青。彩绘雕刻工艺精美，图案丰富多彩、栩栩如生。外墙装饰吉祥物及花草树木、山水田园等灰雕，檐板雕饰梅兰竹菊等图案，内墙绘以彩色壁画。最具代表性的是缠枝牡丹纹灰雕窗饰花墙，彩塑绘画精美绝伦，既是艺术之载体又兼照壁之功能，可谓匠心独运，历经 200 多年风雨沧桑仍粉黛如初，古色古香，气派万千，令人赞叹。笔山花屋堪称岭南地区古民居的经典杰作。

村中还保存有白崇禧警卫营长李高厚旧居、民国时期百色专区交通局长旧居。

（二）特色历史人物

笔山人杰地灵，涌现出一批对笔山的发展做出突出贡献的人物。其中，李雁南于民国时期任百色专区交通局长，为保护传承笔山传统村貌做出不小贡献。20 世纪 40 年代，李开俊作为国民党青年军杰出人物，后来加入人民解放军，一路带军南下，清剿横县平朗乡稔歌土匪，保护笔山一代平安，是笔山发展史上的重要人物。1949 年以前，李开先作为地区武工队小组负责人，积极宣传共产党政策，保护笔山稳定发展。

（三）特色民俗

笔山村有着独特的非物质文化遗产——横县笔山人生礼仪。在横县平朗乡笔山村及其周边地区，古往今来流传着一系列独特的、极具地域文化色彩的传统民间习俗——笔山人生礼仪。该礼仪包含六项：一是出生礼。孩子诞生后分别按当天、三朝、满月、百日、周岁举行庆贺、祈福仪式。二是成年礼。男子 20 岁时举行"冠礼"，女子 20 岁时改变发式做"加笄"。三是婚礼。包括纳采、请期、亲迎等六项礼仪。四是孕育礼。怀孕礼，即施巫术祈神求子；孕育礼，有生男女"弄璋""弄瓦"之喜和认寄父母仪式。五是寿诞礼。即从 60 周岁始每整十年举办一次的寿礼。六是丧葬礼仪，有孝终、洗礼入殓、出殡、孝期等八项礼仪。

保护方案与措施

近几年，为了保护和利用好笔山村的传统文化资源，我们做了多方面的努力，主要有以下几点：

一是成立了笔山村传统村落保护领导小组，加强对笔山村的保护与建设管理，保障村落发展权益，充分实现其综合价值。由笔山村委会组织，全体村民参与制订村规民约、村民理事会章程，通过制度、章程来约束村民做好传统村落的保护。

二是加强对笔山村地形地貌、自然植被等自然环境的保护，加强对笔山村历史建筑、古树古木、遗址遗迹、传统民居等人文环境的保护，加强对笔山村历史人物、地方美食、风土民俗、地方特产等人文环境的保护。

三是笔山村委会制定了封山育林的制度，对树边的山体加以保护，加强山体绿化，建设生态林地，保护山体自然生态优势，注重保护生物多样性，保护古树的历史格局和自然环境，保护古树、古桥、古井及传统路面铺装等历史要素。

四是对村内的巷道空间、地面铺装、建筑界面、周边环境及其他形成巷道特色的要素采取保护和恢复措施。

五是继承和发扬笔山村及村域周边地区的传统民间文艺，戏曲民居文化，节庆文化，饮食文化，传统文化，传统工艺，服饰文化等非物质文化遗产，维修、恢复传统文化相关部分的建筑，设置文化展示场所，积极探索，通过举办与地方传统文化相关的活动提高笔山的文化档次，加强笔山村的文化档次，增强笔山村文化氛围。

眺望未来

笔山村自被评为第二批中国传统村落后，各项保护工作逐步推进，笔山的传统风貌被保护得越发完善。

但是，要发展村落，不仅仅是政府部门要努力，本村村民更是拥有义不容辞的责任和义务。只有村民自发努力，加上政府部门共同发力，才能让笔山的未来越来越好。从一个村支书的角度，我觉得需要做好以下几个方面的工作。

（一）成立全村的旅游发展委员会

我们需要在全村成立一个旅游发展委员会，将村中德高望重的老人、经济能人、有能力的年轻人等联合起来，集体致力笔山村的旅游开发。旅游发展委员会需进行市场化运作出谋划策，统一全村意见。如利用每年"三月三"的重大节日契机，将全村可利用的住宿、餐饮资源充分利用起来，增加旅游接待能力。培训一支高素质的旅游讲解员队伍。委员会对全村旅游发展进行统筹协调。

（二）积极争取财政的投入

立足中国传统村落，建议各级财政逐年投入对笔山花屋及其他传统建筑的维修力度，把老旧、危险传统建筑逐渐维修加固，通过"修旧如旧"的方式，使得传统建设得到良好保护。笔山村已经做好了传统村落的保护规划，但是落实保护规划需要不断进行投入。

（三）加大对传统村落的宣传

笔山村拥有丰富的旅游资源，但是一直没有得到很好的宣传。需要通过各种有效的途径对笔山村进行宣传。通过传统媒体、自媒体等相结合的方式，加强对笔山的宣传，提高知名度。

我相信，笔山的未来一定会更美好。

我爱南宁三江口

文/宋多河　广西合江古城镇生态旅游开发有限公司法定代表人

　　南宁市被列入第二批广西历史文化名村和中国传统村落名录的村庄中，有一个村叫作"三江坡"。其实，南宁市区西部左江和右江汇合成邕江之处，叫作"南宁三江口"，人们习惯简称"三江口""三江"或"江口"。"南宁三江口"有时泛指南宁三江口周边地区，有时专指左右江汇合处河畔的村庄。位于左江和右江汇合处河畔的"三江坡"，是南宁市江南区江西镇同江村民委员会三江村民小组的简称，那里古称"合江宋村""合江镇宋村"，俗称"三江口宋村"。我是当地村民，特别热爱家乡，有幸亲历那里的调查研究、奔走呼吁和保护发展项目实施等过程，感触良多。谨以此文与有意于传统村落保护、历史文化名村（街区）打造和旅游景区开发及热爱南宁三江口的人们共勉。

　　了解、发现和破解

　　1980 年秋，三江口宋村的官方名称是邕宁县江西公社同江大队三江生产队，我是邕宁县江西中学初一年级的学生。那时候人们大都使用俗称而不讲新创不久的生产队的名字。在一次中午理发的时候，一位安平凌村的理发师问我："有人说你们宋村本来不姓宋，姓朱，是皇姑坟的守墓人，怕被大清朝灭族，在朱字的右上角加上一撇改过来的。有这么回事么？"当时我还是个孩童，对家乡的历史知之甚少，既感到耻辱又不知如何回答，很难过。从此我热衷于对家乡的种种寻根问底。1986 年中学毕业后，爱好文学的我一边查阅文史资料一边搜集歌谣传说。进入 21 世纪之后，已经是作家协会会员的我更加热爱家乡，曾无数次带领各行业的专家学者回家乡调查研究，或者接待来我家乡调查研究的各行业专家学者，所以对南宁三江口有充分的了解、发现和破解。

　　明洪武元年，原籍山东青州府冀阳县（高苑县白马苑）的宋伯满"官任广西"，"致仕"前后与胞兄宋伯华和宋伯萱及众子侄在南宁城和扬美古镇安家落户。明朝初期，左右江汇合河畔的宋村与马村和大滩村一带为"南宁府宣化县西乡二图马黄宋户"，宋村、大滩和金陵村一带曾是"南宁府宣化县西乡二图宋黄林户"。传言嘉靖年间，经历思田之乱，南宁"浮屠绝壁经残燹，井灶沿村见废墟"，两广巡抚王守仁指示"燹余破屋须先葺，雨后荒畲莫废耕"，把左右江汇合河畔"左到乌江冲右到大王冲"的地盘划给宋氏家族。

还有传说王守仁死后，其门生欧阳瑜到三江口寻访先师足迹，遂与宋村子弟吟咏、分赋、联句。于宋伯满当年卜筑处与王守仁手植榕间，欧阳瑜有句"仁者无敌"，宋村子弟久思未对，却有一顽童脱口而出"宋村不败"，村人甚喜。明崇祯年间，徐霞客在《粤西游日记》中记载：（大鼓湾）"其东有村曰宋村"，"聚落颇盛"。2003 年 12 月南宁市博物馆在皇姑坟（兴陵）陵基北面发现一座明万历年间的陈氏家族的坟墓，墓志铭背面刻着"吉人卜兆　合江宋村　真龙正穴　万代昌荣"四行十六个大字，说明在徐霞客来南宁旅行之前已有"宋村"之名，此为宋村名见经传的考古实证。

明末清初，南明永历朝廷以南宁为"都"，在三江口立行宫建兴陵（皇姑坟）。宋氏家族"永历时则有宋文官居参将宋日职任都司"，与南宁三江口众乡亲子弟跟随南明朝廷上贵州云南出缅甸，不知所终。宋村造村至今，先后有宋、王、林、陆、蔡、梁、劳、黄、曾共九个世居家族居住，到了乾隆、道光年间，宋村发展成为近千人口的大村，地盘"左到乌江冲右到大王冲"和"上到岛冲下到白沙塘"。

南宁三江口

宋氏家族原来四房各支分别排字辈，从第 19 代起统一排字辈为"隆万年多福庆千古吉祥敦伦宜富贵继岁保安康"，至"千"字辈是第 25 代，如今最老字辈第 19 代，最幼字辈第 25 代，我就是三江口宋村开村始祖宋伯满的第 20 代孙之一。

宋村自古就是鱼米之乡，除了水稻，种植蔬菜也很出名。宋村种植的大蒜、香葱、芫荽（香菜）、京白菜已闻名 500 多年。发源地和主产地是宋村的"三江口香葱"，现在种遍左右江和邕江沿岸各乡镇，远销"北、上、广"等大城市，甚至空运到荷兰等国，深受欢迎。而迁居左江、右江和邕江流域及云南贵州等地的宋村人难以数计，再加上现在宋村还有近 10 户人家继承祖传蒸酒和磨豆腐技艺，三江口方圆 10 多公里的明清古屋很多出自宋村的能工巧匠之手，可想而知历来宋村村民创造了多少财富，会聚几多文明。

——我的家乡遇到衰落的危险，同时也是统筹城乡综合改革和实现新型城镇化、农业现代化的大好机遇。

民国时期，宋村和上游左江边的平凤两个自然村，官方曾经叫作金陵乡三民村，中华人民共和国成立之初叫作邕宁县十三区联江乡，20 世纪 70 年代人民公社时期，取"三江"为生产队之名，这便是"三江坡"得名之始。由于社会生产力发展，村民纷纷外出谋生，大量土地和房屋被丢荒和闲置。

2005 年南宁市部分行政区划调整，江南区和西乡塘区以左江和邕江中心航道为行政区划分界线，处于南宁三江口区域左江北岸的三江坡的行政区划属于西乡塘区，社会治安由西乡塘区负责，但村委会位于左江南岸的江西镇同江村委会的下属村民小组——三江村民小组，户籍、基层组织和社会保障等主要社会事务仍然由江南区管理，导致土地利用总体规划特别是建设用地指标无法突破，出入周边乡镇村庄的道路难以规划建设，遇到台风洪水等较大的自然灾害就被困在半岛上，三江坡面临着衰落危险。三江坡的现状和外部因素目前均难以满足群众日益增长的公共需要及保护与发展传统村落、打造历史文化名村（街区）的要求。

逐水而居是自古至今人类争取生存与发展一直遵循的基本规则。"左江南下一千里，中有交州堕鸢水；右江西绕特磨来，鳄鱼夜吼声如雷。两江合流抱邕管，莫冬气候三春暖；家家榕树青不凋，桃李乱开野花满。"元代诗人陈孚的诗句常常让人不由得想象明代以前左右江汇合河畔的景象。

从地图上看，南宁三江口左右江汇合河畔的宋村、平凤和大滩三个自然村的地形，形如一个半岛。这个半岛上，乌江冲和大王冲两条溪流连通左江和右江，把宋村和平凤两个自然村又分成一个半岛，这一区域地势大部分在 75—81 米高程，六七平方公里范围内有廊冲、赖廊冲、滩底冲、乌江冲、大王冲、山口冲、滥冲和痴湾冲等溪流，这些溪流及其旁边，多年来是荒沟、池塘和稻田。如今，在这片土地上的三江坡，不但有宋

三江坡宋村航拍图

村开村以来的王守仁手植榕、宋村明清古村落和皇姑坟（兴陵）等名胜古迹，而且非物质文化遗产十分丰富：既有儿歌、山歌、行船歌和扫楼歌等口头文学，又有美丽动人的故事传说；既有红白喜事和节日喜庆活动的节目，又有各种精美的建筑装饰、用具装饰和服饰图案。事实上，南宁三江口自古人与自然协调、平衡发展，人与人之间和谐、融洽相处，自从600多年前宋伯满携妻带子开辟三江口宋村以来，宋氏家族及后来定居或者曾经定居此地的其他家族的历代先人与周边居民互通婚姻，水乳交融，从此成为具有骆越文化遗传基因的平话人。

三江口的正月"三江汇聚·财源如水"庙会、二月"左右逢源·舞龙赐福"社节、三月祭祀祖神庙会、四月八射水狂欢节、五月端阳竞渡节、六月那芒丰收节等传统特色节日和节庆活动，传承着古老的骆越文化。再加上20年来那城建筑遗址、那合贝丘和建筑遗址、镇江楼遗址、窑窝古窑群遗址、那廊宫及周边大石铲遗址、小鼓岭汉墓和火楼岭烽火台等考古发现，证明三江口在唐宋时期是南疆军事重镇合江镇，在秦汉甚至于更早以前是骆越水城合江城，发展前景广阔。

考古权威专家郑超雄研究员曾提醒，如果考古证据能证实南宁三江口那城建筑遗址是汉代领方县的城址，那么南宁的建城历史就要往前推400年，即建城历史是2100年，而不是现在所说的1700年，意义非同凡响。

奔走呼吁

南宁三江口地处城乡接合部，左右江汇合成邕江边方圆三四公里内有宋村、平凤、大滩、那莫、皇宫、那樟、鸡龙山、那左和那卢等九个自然村，方圆10公里内则包括"美丽南方"、扬美古镇、下楞壶天岛、金陵宁村清水泉和金陵新镇区等地。我的家乡三江口土地肥沃，特产丰富，既有悠久的历史和淳朴的民风，又有丰富的物质文化遗产和非物质文化遗产。而且郁江老口航运枢纽工程于2016年12月竣工，左江、右江和邕江河面开阔，沿岸景色优美，三江口应该作为与周边区域密切相关甚至是连成一体的景区来开发。但是，生态文化资源和生态平衡是规划建设景区的主要依据；对景区文化基因和文化遗传密码的破解是策划景区的主要基石；先发现后策划，先策划后规划，先创意后设计是建设景区的主要理念。随着岁月的流逝和社会的发展，那里的生态资源逐渐被毁坏、蚕食，很多文物古迹还没有被发现或已被湮没，一些历史文化、民俗文化未能得到系统挖掘、包装和弘扬，保护与利用也面临着诸多实际问题与困难。宋村"隔山隔水"，出入周边村庄的道路尤其行走艰难，各级领导很少能来，所谓的了解、发现和破解主要依靠我们这些热爱南宁三江口的文化人。21世纪以来，我通过报纸、书刊和网络发表一系列宣传介绍南宁三江口的文章，同时，还通过网络提建议和向师友提提案、议案的形式，不断呼吁社会各界重视南宁三江口的历史和现实意义，共建南宁三江口。

2011年12月2日，我通过人民网《地方领导留言板》给南宁市委书记陈武留言，提出《将三江口宋村打造成历史文化名村的建议》（政协十届一次会议第10.1.114号提案），"自治区党委常委、市委书记陈武同志高度重视，转请市规划局、市文化新闻出版局对此进行了认真调查研究""三江口宋村基本具备申报国家历史文化名村的条件，下一步将由南宁市文化部门组织相关的专业人员进行搜集、整理、保护相关文物""对于理顺权属关系、建立管理机构、保护和开发利用等具体问题，市相关部门正在进行深入调查；市政协正在作为提案进行办理"。我的时空博客的点击量超过200万，我红豆社区中的《对南宁三江口宋村保护和开发的建议》浏览量超过2万。涉及我家乡保护与利用的《加强传统村落和历史文化名村保护与利用的建议》和呼吁由南宁市甚至广西层面来推进的《关于规划建设南宁三江口骆越水城的建议》，得到几十位政协委员的响应，在2017年南宁市"两会"上联名提出提案。

敢为人先

自从明初宋氏家族在大鼓岭东建设村落以来，宋村古村落巷巷通达左江边。历经500多年沧桑，中华人民共和国成立时，当时的联江乡宋村共有六个家族，"上七巷下三闸"。2015年，宋村中明清风格的老屋青砖黛瓦、飞檐翘壁，透出古朴的气息，特别有名的是"儒礼堂""合隆屋""亮鸿屋""齐眉居"和"大庭前"等，其中我家祖宅齐眉居处于古村落的中心位置。民国时期的织布机、清末抢花炮得到的镜屏、嘉庆年间的宋氏宗祠碑记和宋氏宗祠的香炉、30多个明清两代房屋石础……齐眉居保存的古老物件甚多，而且我的父亲宋祥年被列入第六批南宁市非物质文化遗产代表性项目名录"宋家米酒酿造技艺"传承人之一。齐眉居文化底蕴特别丰厚，我对齐眉居充满自豪感，我热爱我的家族、我的家乡。

2015年中，南宁市民族文化艺术研究院副院长、南宁市非物质文化遗产保护中心副主任梁肇佐和江南区文体局局长周艳、主任科员农肖晟等人找到我，说是每个列入中国传统村落名录的村庄将获得国家财政300万元和各级财政资金支持，为了通过传统建筑保护利用示范性项目和非物质文化遗产保护项目的实施，以点带面做好三江坡旅游开发工作，促进各级专项财政资金的早日落实，他们请我做家族成员思想工作并决定免费出租齐眉居给政府"逐步增加齐眉居维修和装饰的资金投入，努力将三江坡民俗展示馆提升为更高层次的民俗文化和历史文化展示馆"。当时，江南区政府给文体局做三江坡民俗馆的财政资金指标只有32.42万元，其中房屋修缮的资金不能超过10万元。齐眉居占地将近500平方米，单层建筑面积将近400平方米，不足10万元根本修缮不了什么，但我认为很有必要通过传统建筑保护利用示范性项目和非物质文化遗产保护项目的实施，促进家乡的保护与发展，我和村中很多掌握传统建筑建造技艺的能工巧匠也很熟，所以就答应了下来，与文体局签订协议，约定"如因三江坡传统民居开发导致齐眉居比其他面积与齐眉居相当的传统民居所得利益（指投入维修资金和房屋租赁所得）明显偏低时，有权要求缩短三江坡民俗馆在齐眉居的使用期限或者要求支付房屋租金"，亲自组织当地工匠对房屋进行修缮。

修缮房屋之艰难可想而知。中途没钱买材料，房屋修缮停工了好长一段时间，民俗馆没办法进场布展，梁肇佐知道情况后主动借给我1万块钱，布展才得以继续进行。值得庆幸的是，至2016年6月初，我举债垫资几十万元把齐眉居的部分房屋修缮得古香古色，财政资金也投入20多万元，初步建成"三江坡民俗馆"，齐眉居成了到三江坡调查研究和旅游观光的人们的首去之处。

革命尚未成功，同志仍须努力

南宁是广西首府，但由于保护与利用的工作机制和领导体制不完善，保护与利用的调查研究和策划规划相对欠缺，以及住建和文化等相关职能部门协调不够、工作信息不对称和联动效果较差等原因，传统村落保护和历史文化名村打造远远落后于全国其他地区：截至2016年底，共15个行政村或自然村列入广西传统村落名录，其中4个列入中国传统村落名录；共有5个列入广西历史文化名村名录，其中江南区江西镇扬美村列入第一批中国历史文化名村名录，三江坡正在申报中国历史文化名村。就江南区而言，这是首次有村庄列入传统村落获得财政资金支持的项目。

2016年下半年，自治区党委书记彭清华在《中国旅游报》撰文《着力打造特色旅游

名县　推动全域旅游创新发展》指出："坚持规划先行。遵循旅游发展的客观规律，加强谋篇布局，力求做到高水平规划、高标准建设、高品位发展。"虽然早在 2012 年 3 月陈武和周红波等领导到老口枢纽工地考察后就要求南宁市城乡规划管理局组织编制《南宁市三江口周边区域概念性总体规划》作为指导三江口周边区域保护和建设的依据，但是至今《南宁市三江口周边区域概念性总体规划》和《南宁市三江口周边区域（核心区）控制性详细规划》没有出台，三江口的整体综合保护改造规划设计方案没有落实，传统村落保护项目难免美中不足，各级财政资金共 809 万元的"2015 年度三江坡传统村落保护项目"便是例子。

初步建成三江坡民俗馆前后，三江坡传统村落保护项目正在采取政府采购的方式进行招投标。一般建设的设计费用大概占工程总费用的 5％，古建筑维修的设计需要勘测，项目设计的费用更高，而按招标公告所规定，传统村落保护项目的设计费用只占工程总费用的 2.03％，还包括评审费在里面，因此，三江坡传统村落保护项目设计和施工曾多次流标。当时，西乡塘区石埠街道办事处老口村那告坡的古民居保护工程的设计方案经当地名人和南宁市专家学者评审之后全由当地工匠按照传统工艺来施工，《南宁晚报》等媒体曾因此做过报道。南宁市博物馆原馆长、那告坡古民居保护工程的评委之一梁肇佐多次深入调查研究，曾专门征询我对三江坡传统村落保护的意见。我一直留意召开三江坡传统村落保护项目设计方案评审会的消息，盼望着项目早日开工。然而，2016 年10 月，我才知道：8 月份设计单位中标，9 月份施工单位中标，而中标单位做出的 2015年度三江坡传统村落保护项目设计方案中，以三江坡民俗馆为中心，修缮周围 20 多户40 多座闲置多年的民房和院落，很多巷道都标错，也没有哪间老屋维修的具体内容和工程量，齐眉居没有列入设计施工内容，更不用说村中的渡口码头、巷口闸门及祠堂庙宇等了。

全国各地传统村落保护的专项资金，普遍主要用在公共基础设施、传统建筑保护利用示范项目和非物质文化遗产保护与传承项目（包括村落历史文化、农耕文化的挖掘、整理、展示等项目）。广西传统村落保护发展遵循统筹规划、分步实施的原则，按照环境综合整治—历史建筑和历史环境要素保护修缮—基础设施和公共服务设施建设—文化内涵充实—综合开发利用的层级依次实施。2016 年第一至第三批 89 个中国传统村落要普遍完成村庄环境综合整治，修葺道路围墙，整治污水垃圾，清理杂草碎砖，围合空地断墙，实现传统村落人居环境大幅改善。我对 2015 年度三江坡传统村落保护项目设计方案提出质疑。江南区住房城乡建设局的负责人解释说，这个项目经过村委、镇级政府和有关部门同意，设计方案也经过广西几位专家评审，具体工程的工程量以住房城乡建设局下达的工程量清单为准，既然有错漏，那就改或补。后来，江南区住房城乡建设局很快指导设计单位做出三江坡民俗馆的设计方案和预算，把除文体局筹集的财政资金之外的齐眉居维修的全部费用列入设计施工内容，要求工程负责人维修齐眉居尚未开展的工程量部分。但是，当时江南区住房城乡建设局认为齐眉居的保护利用问题应该由城区政府来决定，所以工程负责人以相关手续尚未完备为由，迟迟没有开工续修齐眉居，江南区住房城乡建设局不得不向江南区人民政府提交《关于安排同江村三江坡村民宋多河祖宅（三江坡民俗展示馆）修缮资金的请示》。

落实齐眉居的修缮资金一拖再拖，但我从没有放弃过配合政府有关部门将三江坡民俗展示馆提升为更高层次的民俗文化和历史文化展示馆的努力，因为我深知文化是旅游的灵魂，政府有关部门共同关爱的文化展示基地就像太阳一样，能够给区域带来光明，吸引投资商来区域投资。

传统村落保护与发展是一项涉及多方面、多部门的系统工程，政府及其有关部门综合各方面的意见，科学编制包括新的居民住宅新区在内的整体综合保护改造规划设计方案，落实资金主要用于公共基础设施和公益项目建设上，解决疾苦，改善民生，才是传统村落保护与发展的当务之急。

目前我国各地稍大型的景区已经极少存在全额财政资金投入或者企业独家用自有资金投资建设的模式，而主要依靠筹集社会资金进行建设。任何一个景区的成功开发，都是各种资本和资源的有机有效整合。善于通过资本和资源联合运作来得到包括政府资源在内的更多的资源，是保障景区能够高效运行和可持续发展的有效手段。正如南宁大明山管委会原主任罗世敏所讲："南宁三江口能否开发成功，取决于五大因素，一是要有一个既符合南宁三江口的地理特征又符合当今时代需要的项目策划定位；二是要有实力、有眼光、有魄力且热爱南宁三江口的投资商的投资；三是南宁三江口的名人引领老百姓们看到前景后，既为这代人又为子孙后代着想而热情欢迎并真心地支持投资商；四是各级政府从规划到政策多方面的大力支持；五是要有一个组织推进南宁三江口项目的强有力的团队。缺一不可啊！"我和罗世敏等热爱南宁三江口的人士，凭借对南宁三江口的充分了解、发现和破解及丰富的阅历、经验和视野，撰写了《中国—东盟骆越水城生态旅游区项目策划创意报告书》，拟了一套政府主导、投资商投资和社会各界（包括当地集体组织和当地村民）积极参与的投资策划方案（游山玩水集团商业计划书及其附件、《关于统一规划和管理使用集体所有土地的决议》和"关于合作进行整体综合开发的框架协议"等），期望在社会各界的共同努力下，"南宁三江口，神仙也来游；骆越水城镇，文化耀五洲"。据悉，如今南宁市有关部门正在加紧研究编制南宁三江口周边地区规划，上下努力，解放思想，主动担当，善于作为，强力整合旅游资源，用智慧策划旅游发展，才能成就一番事业。2015年度三江坡传统村落保护项目只是"万里长征第一步"，保护与发展南宁三江口，"革命尚未成功，同志仍须努力"。

广西传统村落保护发展委员会专家宋志生、梁志敏及自治区住房城乡建设厅、自治区国土厅、自治区文化厅等领导一行组成传统村落保护调研组到三江坡调研时，施工单位正在继续修缮三江坡民俗馆的房屋，专家和领导们对三江坡民俗馆的楹联匾额、门前巷道和院子围墙等感到很不满意，要求江南区做足"古"和"水"的文章，突出"古文化"的特色，高起点、高标准、严要求地做好规划，以传统村落保护为契机，充分开发三江坡的旅游业。

"文化地景" 熠熠生辉

—— 我眼中的柳州市鹿寨县中渡古镇的保护

文/刘丽虹 柳州市政协文史顾问

柳州市鹿寨县中渡古镇犹如一个历史长河中的生命体，它根植、生长在特定历史、地理环境条件下而形成的"文化地景"，让它区别于水乡特色的江南古镇和民族特色鲜明的西南古镇，成为不可复制的洛江文化。由此，"文化地景"是中渡古镇地域振兴中最重要的财富。

2003年，鹿寨县行政划归柳州市以后，柳州市的媒体对于中渡古镇的关注不仅仅是旅游方面，还着眼于历史小城镇的保护。作为媒体人，我在十多年前至今，就曾多次到中渡古镇调查、采访、摄影，亲身亲闻亲历了中渡古镇在这十多年间国家重视历史村镇保护后的变化。从而感受到，中渡古镇洛江流域"文化地景"的维系离不开保护和传承。

十年前的中渡古韵十足

2005年，我第一次来到中渡古镇，这个小镇给人第一印象是古得很地道，且原汁原味。

根据资料记录，鹿寨县中渡古镇建制于西晋武帝泰始元年（265年）。镇上的民居群落始建于清代中期，整个群落一律青砖灰瓦，木质构架。当年保留着的古城门、城墙，让我们知道，中渡是距今将近2000年历史的古镇，也是鹿寨文明的发源地和西北部的经济重镇，素有"四十八弄明珠"之称。

中渡古镇历史悠久，文化底蕴深厚。由鹰山、洛江古榕等构成的自然风光，以香桥石刻、武庙及南街古民居群落、广东籍商人修建江西会馆（已毁）和粤东会馆、中渡古炮楼、文化娱乐"喊干板子"、中渡庙会等为代表的洛江文化，在区内外享有盛名，同时也是中渡古镇的宝贵遗产。

古城墙内东、西、南、北从中渡古镇建成至今，以武圣宫为核心，向四周各自延伸,形成轮辐状的完整空间形态,东、南、西、北四条街是保持明清风格的古建筑,老街的武庙、戏台周边是当时的文化、经济、娱乐中心。老城工业有木匠铺、打铁铺、银匠铺、纺织印染行业。有很多保存较好的旧商号、客栈、古民居等上百年的老建筑,这些民居仍然有主人在居住守候着它。

古镇南部中渡新街于民国三十年(1941年)开市,是保持民国风格的历史街巷,街道两边的建筑保留完好,保持着历史风貌。

当年,随意走进古镇的一家老屋,老人讲起中渡的民俗都头头是道。中渡醒狮子队是中渡民俗文化的代表,每到逢年过节,狮子队都要走街串巷,过年狮子抢青那是最热闹不过。

我们登上中渡的高处,可看到古镇内有五条保存完好的历史街巷。

中渡古镇俯瞰图

中渡老人向游客讲述古镇的往事

中渡古镇武庙

古镇每年农历五月二十八日（相传中渡城隍诞辰日）有举办庙会的习惯。在中渡的武圣庙（关帝庙）里却有着城隍的塑像。镇上的老人说，光绪十年（1884年），北京城内太和殿失火，中渡城隍前往救火，在太和殿上空出现了"中渡城隍"灯笼一对。火灭后，光绪帝念中渡城隍救火有功，赐木原一块，供奉在中渡城隍庙内。自此中渡人每年举行

中渡庙会古镇居民凌晨在武庙上香的情景

一次城隍庙会，视城隍为保吉祥平安之神。城隍庙曾被毁，重建时就把城隍请到武庙内，城隍爷和关羽爷"武文兼容"。

中渡镇庙会有一个重要仪式是城隍爷巡城。农历五月二十八日上午9点，八名轿夫把城隍爷请上八抬大轿，开始巡城。两名执锣传令兵鸣锣开道，一起开道的还有两名手持回避牌和肃静牌的卫士和一位一手拿尚方宝剑，另一手托印章的贴心侍卫，以及一位肩挑香炉、嘴里念念有词的卫士。城隍爷坐在八抬大轿上，威风凛凛巡城。尾随其后的是中渡民俗文艺队里的抬阁队，龙队、狮子队、蝴蝶、蚌壳、旱船、挺马等队列，整个巡游队伍全副銮驾，浩浩荡荡巡游全个古镇。所到之处，百姓纷纷敬香献茶，祈求平安。

2005年5月，中渡人仅用两个月的时间踊跃捐资，积极参与，把被破坏得面目全非的武庙修葺一新，重塑神灵金身，将中渡庙会重新开展起来。

中渡的庙会从凌晨开始，人们抬着全猪全羊来摆贡，锣鼓喧天，香烟缭绕，鞭炮齐鸣，灯火通明，人山人海。

古镇的老人们说起，以前年节时古戏台都有文艺演出。有时请桂林戏班，有时是当地的国乐社演出。他们所唱的是《郭暖打金枝》《辕门斩子》《三气周瑜》《孟良搬兵》《平贵回窑》《四郎探母》《三英战吕布》《狸猫换太子》等剧目。记得每当正面人物出场都爱唱："天有道定然是风调雨顺，地有道必然是五谷丰登；国有道定出那忠臣良将，家有道定出那孝子贤孙。"

古镇还有一种大家喜闻乐见的文艺形式"喊干板子"。老艺人在扬琴、长啸、檀板、二胡、渔鼓的伴奏下，沿着大街小巷清唱《贵妃醉酒》《陈姑追舟》《金莲调叔》《骂玉郎》《日落黄昏》《宝玉哭灵》等传统剧目。

乡村游给古镇带来变化

2007年6月，随着道路建设完善，柳州开通了至中渡古镇的旅游专线车，这座沉寂

中渡古码头

多年的古镇热闹起来了。这时，我再度来到了中渡古镇，看到乡村旅游给古镇带来的新兴发展。

中渡作为历史的古镇，文化底蕴十分深厚。有以古城墙、古炮楼为代表的武备文化，以摩崖石刻、武庙、东南客栈为代表的历史文化，以响水瀑布、石林、月亮山、九龙洞等为代表的喀斯特文化，以古榕码头、中码头为代表的码头文化，以中渡醒狮子队为代表的民俗文化等县级文物保护单位 14 处；有戏曲彩调及传统和家宴、"五二八"民俗庙会等市级非物质文化遗产项目；有山歌等自治区级非物质文化遗产项目。

中渡既有单点旅游，也有组合旅游，特色旅游比较鲜明。

单点旅游有 AAAA 景区香桥岩，AAA 景区中渡古镇以古民居、武庙、一方保障石刻为代表的历史文化民俗游。组合旅游除游 AAAA、AAA 景区外，还有响水瀑布、响水石林、香桥石刻等作为配套游的景点。中渡镇为此打造了中渡香桥十里旅游黄金长廊，挖掘千年庙会、和家宴、民俗婚礼等传统民俗文化，结合乡村游开发了祥和乡韵千亩荷花、梅花鹿山庄、中渡古菜园及特色旅游食品英山米粉、大乐有机茶等，让中渡一日游丰富了起来。

然而，最让游客为之倾倒的是洛江两岸的生态风光和中渡古镇青砖灰瓦的清代民居群。古榕码头、洛江烟雨、渔舟晚唱，让游客流连忘返。

古榕码头是古镇居民浣衣的地方，一条长石直升江中，不时有居民提篮拿桶到石桥上洗衣，与江水构成了动静结合的景致；每年的三月，洛江早春，大雾茫茫，两岸的绿竹、榕树、小船若隐若现，宛如仙境；大码头两岸有几十艘船，村民平时以打鱼为生，接到运输任务，便扬起风帆顺着洛江向旧街驶去，傍晚时返回结伴而行，互相帮拉纤，喊起号子，绘就一幅渔舟晚唱图。

清代民居群是中渡古镇旅游的灵魂，这里的每一块古砖、每一片旧瓦都是吸引游客的磁石。镇上有 600 多间古民居，其中近三分之一是红砖和泥砖房，或者是几种砖混合砌的墙。2009 年，古镇开始修缮，民居旁搭起了脚手架，一些原本古香古色的民居外墙被漆上青灰色的涂料。改造后，这些红砖和泥砖外墙都将被"穿"上青砖的外衣。曾有游客担心，这样改造会不会破坏了小镇的古风？因为，一旦使用现代的建筑材料，采用现代工艺改变旧有风貌，古镇很可能失去乡村旅游的原始性和真实性。

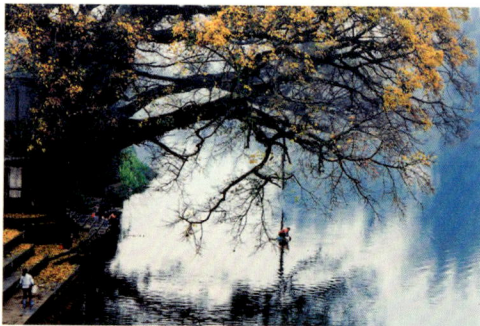

中渡春润，金叶满枝，洛江水蓝

2012 年 12 月 19 日，中渡古镇文化博物馆在中渡镇英山社区东街罗公馆挂牌成立。罗公馆亦称罗浩忠官邸，是清光绪年间清军管带罗举之于民国三年（1914 年）所建造，其子罗浩忠民国时期曾任浙江省第三区行政督察专员兼中将保安司令、广西柳州行政督察专员兼中将保安司令。走进这面积 600 多平方米的柳州市第一家古镇文化博物馆，可以看到古镇的非物质文化遗产介绍，以及民俗艺术展示和历史实物展览。

古镇打鱼人家

2013 年，中渡古镇根据《柳州乡村旅游发展规划纲要》，"按照文化历史名镇的要求，修缮古街、民居及重要古建筑，保存和恢复古镇历史风貌"。结合中渡古镇保护规划，将在古镇划出面积为 20.5 公顷的核心保护区，对保护区内历史建筑、传统风貌建筑进行保护，延续历史建筑和传统风貌建筑使用的工艺手法和建筑材料进行修缮。中渡古镇保护性修缮工作由县政府与广西汇展旅游投资有限公司签约投资 13.3 亿元建设中渡古镇保护与开发。

秀珍小城今遇岚光万里

2014 年 3 月，中国住房城乡建设部和国家文物局联合颁发的第六批中国历史文化名镇（村）名单中，鹿寨县中渡镇榜上有名，中渡迎来了特色小镇全面提挡升级的机会。

中渡庙会和家宴，厨师们当街摆灶，预先备菜

当午夜钟声响起，中渡镇的人们敲锣打鼓，扛着生猪、生羊、素食，来到武庙前，开始隆重的祭拜仪式

2015年农历五月二十八日，是中渡古镇一年一度的庙会。我参加了中渡庙会，亲历其中，重新感悟到中渡古镇历史人文。

下午时分，古镇的和家宴在准备中，厨师们当街摆灶，预先备菜，有切菜的、炒菜的、烧火的、舀汤的、传菜的，分工明确，有条不紊。古镇的主要街道，炊烟袅袅，菜香油烟中游客穿梭往返……和家宴以古镇上的东、南、西、北四条街道为场地，700多张桌上锅碗瓢盆，摆放得井然有序。夕阳西下，小镇居民开始共享和家宴。全镇男女老少欢聚一堂共度古镇自己的节日。

当午夜钟声响起，中渡镇的人们敲锣打鼓，扛着生猪、生羊、素食，来到武庙前，开始隆重的祭拜仪式。祭祀队伍在庙前放鞭炮、舞龙、舞狮子、扭秧歌，然后上香、烧纸，向神佛祈愿。祭祀以街为单位，一条街的队伍祭拜完后，下一条街的街民紧随其后。祭祀活动从凌晨持续到早上9点，几乎全民出动，整个武庙前烟气缭绕，人声鼎沸。10点后，人们把城隍老爷的塑像抬起来游街。扮演官差的人在队伍前方敲锣开路，抬阁的"金童玉女"紧随城隍老爷。还有打鼓手、秧歌队、舞狮队、舞龙队、腰鼓队、旱船、扛旗队等，都有条不紊地跟在队伍后。各家各户的居民都走出来，驻足观看。居民在家门口摆上香炉，等城隍老爷经过家门时，便恭敬地祭拜、上香。

中渡古镇护城河水车

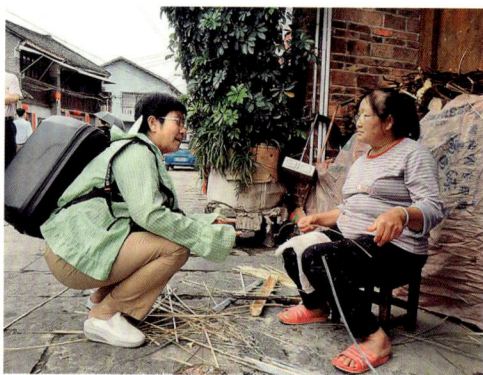

笔者在中渡古镇采访居民（杨洋 摄）

我从县政协和中渡镇了解到，有专家提出了中渡古镇"文脉修补"的规划设计理念，从中渡古镇历史发展、整体层面特色、街巷空间特色、建筑单体特色、文化特色等五个方面，对保护与开发原则与定位、旅游开发策划、保护范围划定与建设控制、用地布局及交通规划调整等方面提出了保护策略。

　　如今，中渡古镇近三年来先后投入 3700 多万元对古镇房屋的立面进行全面改造。先后建成中渡古镇护城河北街桥、西街桥、护城河水车工程，完成古镇核心区管线下地强弱电工程，污水处理站设备安装工程，中渡镇九龙大道外立面改造工程已完成 40 家。今后，还将筹划建设中渡特色小镇亲水骑行步道、开工建设响水铁矿矿山地质环境治理工程三期、中渡游客接待中心等项目，并通过引入国际房地产顾问"五大行"之一的香港戴德梁行公司完善中渡古镇的内部片区互动、外部区域联动，做好产业引导和产业链延伸，突出内涵提升喀斯特山水古韵小镇品牌影响力。

　　中渡古镇由武备文化、历史文化、喀斯特文化、码头文化、民俗文化及结合乡村游开发的祥和乡韵千亩荷花、梅花鹿山庄、中渡古菜园等农耕文化所构成的"地景文化"，经过多年的保护和传承，如今中渡古镇这颗"四十八弄明星"熠熠生辉。

丹洲明清古镇如何保护

—— 三江丹洲历史文化名村保护的现状思考

文/刘丽虹　柳州市政协文史顾问

丹洲村为一个四面环水的小村庄，是三江明、清、民国时期近 400 年的古县城所在地，历史文化底蕴深厚，古城风韵犹存，现存广西重点文物保护单位明代古迹丹洲书院、闽粤会馆、古城墙、古城楼、古城石刻地图等著名遗迹。抗战期间，包括社会学大师费孝通、著名文学家鲁彦在内的众多文人墨客、专家学者集聚丹洲，使丹洲名噪一时，由熊希龄创办的北京香山慈小抗战时期也曾在丹洲办学。

江中小岛——丹洲（梁克川　提供）

2010 年 11 月，广西公布第一批自治区历史文化名镇名村名单，柳州市三江侗族自治县丹洲镇丹洲村榜上有名，成为柳州市唯一的第一批自治区级历史文化名镇名村。

然而，十几年前我国实施春节、国庆、"五一"小长假以来，丹洲古镇在农家乐过度开发的前提下，就面临着如何保护的问题。我作为一个柳州日报专注对文史方面报道的记者，一直对丹洲的历史、古迹加以关注，通过我的多年跟踪调查和访谈，对丹洲传统村落的保护开发，有了较深入的认识和体会。

过去：农家乐"乐"掉了古村落

1995 年，我国开始实行双休制，规定每周 40 小时工作制；1999 年，国务院公布了新的《全国年节及纪念日放假办法》，决定将春节、"五一"、国庆的休息时间与前后的双休日拼接，从而形成七天的长假。

随着我国实施周五工作制及春节、国庆、"五一"小长假，柳州市周边的休闲度假开始火爆起来。尽管 2008 年，"五一"法定假期从三天改为一天，意味着"五一"黄金周被取消，但仍然不影响柳州市民们周五夜晚出行到周边乡村游玩，星期天晚上回来的休闲游。

丹洲四面环水，处于柳江河上游呈一个椭圆形的岛屿，面积 1.6 平方公里，有 230 多户人家，居住人口上千。曾经是明清两朝时期的县城所在地，遗留下许多 300 多年前的古迹。居民世代以种植沙田柚为主，岛上种植的上千株沙田柚树，有的树龄已达到上百年。正因为这样，丹洲成了双休、小长假休闲游的好去处。

自明清建制以来，丹洲明代古城就建有带着明清及民国时期风格的民居，有二合、三合、四合院，以砖瓦结构为主，也有木结构。随着时代的发展，现存的古民居相对分散，约占丹洲民居的五分之一。

2006 年时丹洲尚存的部分明清格局民居残垣

2002 年以前我们曾去丹洲采访，那时的民居仍然保持着青石板路、以福建客家民居为主的明清建筑格局。当年丹洲处于水路运输的商贾地，闽粤客商至此应该不少（这自有福建会馆为证），所以建起了群居为主的客家民居。福建会馆又名"天后宫"，按妈祖庙的格局建设，坐西朝东、南北厢楼，气势恢宏，距今已有 300 年的历史。福建民居因地制宜、就地取材、因材施工，显示了福建独特的地方建筑特色和建筑装饰手段。丹洲的旧式民居，一般人家围墙多用泥或三合土夯筑，房内隔墙用芦苇插编与泥混合，富家用砖石砌成围墙的青砖灰瓦房，用木板做房间隔，有的还建有"封火墙"即在房屋左右两端用泥砖筑成高墙，以防火御风。

在 300 多年的历史中，这些有着福建民居特色的建筑，当丹洲农家乐发展起来时，显得破落不现代了。于是，村民大量地将旧建筑推倒新建了风格与当今农村普通砖房一样粉白墙、铝合金玻璃窗的两三层楼房，与原有的青砖灰瓦房风格大异，已经看不出明清风格的古村落格局。

最能凸现古镇原味的粤闽会馆、古城墙、丹洲书院由于得不到保护已破烂不堪，东门、北门、古水池、旧民居、古码头也没有进行相应的修缮。

2003 年，柳州日报对丹洲农家乐"独乐乐不顾众乐乐"、毁古迹过度开发进行了大量的报道。

报道起源于游客对丹洲"村民拆掉古民居自建客栈，让丹洲没有什么看头"的投诉。报道中提出，丹洲古镇旅游业发展和新农村建设的加快，村民自发建设的新建建筑迅猛增多，而同时原有古建筑得不到有效的保护，严重制约了丹洲古镇旅游业的持续健康发展，加强丹洲古镇建筑的保护和恢复是从上到下都应该重视的问题。

2004 年，丹洲开发了丹洲村生态古迹旅游生态自然景观旅游，当年游客达 6 万人，带动本地消费 300 多万元。2005 年被评为全国农业旅游示范点。

2007 年，柳州市旅游局、三江侗族自治县共同编制了《丹洲旅游区控制性详细规划》。要求丹洲景区以旅游规划为准则，规范开发建设项目，使丹洲旅游开发在规划的引领下科学发展，很好地处理旅游资源保护和开发的关系。

按照规划要求，丹洲村修建了 6000 多平方米的停车场；修建了东、西、南、北四个码头，有渡船 10 艘，交通安全、便利。新建了东门湾、古龙码头、丹洲书院等公共旅游厕所。兴建了多个符合环保标准的公共污水和生活垃圾处理池，农户全部兴建沼气池，生产和生活垃圾实行无害化处理和综合利用，多年来没有发生过污染环境等问题。景区内有 300 多块各种引导标识，中英文对照，设置的公共信息图形符号合理齐全，宣教资料种类繁多。2010 年，还通过自治区"城乡风貌改造"工程的契机，进一步加强村容村貌建设，按照"修旧如旧"的原则，对景区内主要游览步道两旁建筑进行风貌改造，对部分农户加装外屋檐，安装木窗格并统一颜色，确保景区主体建筑既保持原有风格特色，又保障每一条街道体现出不同的景观特点。

2009年，丹洲被评为广西生态古城旅游村，2010年被评为广西历史文化名村并晋级国家AAAA级旅游景区，2011年成为广西特色景观旅游名村。

尽管如此，丹洲因为旅游开发而导致古迹得不到有力保护的现实客观存在。有学者到丹洲考察时看到，那些有历史特点的古民居因年久失修已经破败封门，大批古墙砖

丹洲农家建筑风貌改造（梁克川　提供）

已被拆，用于砌猪栏、菜地、围墙等。在建新砖房不少村民将古时用于救火的蓄水池用于放置石灰、堆放建筑泥沙。沿江水域，特别是洲头、洲尾还有采砂船不时在作业，噪声污染，更严重的是影响到丹洲防洪。经过多年的经营，沿岛外侧竹子遍植，成为环状防护带，但沿洲头东北西三侧植被过少，浮沙较多，水土流失时有发生，过去肥美的大草坪由于村民采石，原有的大草坪已荡然无存，替代的是茅草，使洲头景观大减色。迎客码头连同停车场设计过于现代，没有古镇味道。上岛古码头采用现代白墙护岸，与原有的古建筑风格不符，原来石板台阶又被整齐的仿石代替，停靠渡船之处筑建的水泥台已经没有古码头韵味。

现在：新起屋"屋"难回到过去

三江旅游规划划定的历史文化旅游产品由三王宫、丹洲遗址、侗族博物馆等构成，开展历史文化考察、体验游。

古时以江为路，水运成就了丹洲当年繁华，水运衰败也让它一度被外人遗忘。如今，因旅游的发展，丹洲古镇重获生机。

从2002开始，三江侗族自治县及三江镇党委、政府对丹洲的生态古城旅游进行大力宣传和推介，进一步提高了丹洲的知名度，柳州市旅游局投入70万元加强旅游基础设施建设。

2008年，在丹洲古镇，几乎每家每户都开有类似的农家旅馆，提供住宿、饮食服务。每逢周末、黄金周，岛上每天都会涌入千余名游客。

丹洲景区现有农家旅馆90多家，床位2000多张，种有柚子树500多亩8000多株，是名副其实的柚子之乡，现已成为湘黔桂粤等地无数自驾车游客的圣地。特别是周末及节假日，这里成了成千上万游客休闲度假的天堂。

目前丹洲的旅游由村里成立的旅游公司统一负责管理。但我们不难看到，丹洲的文物保护投入并不与农民的收入成正比，农民们更多地期待文物保护部门对现有古迹投入保护资金。然而，丹洲村的230户人家由61个不同姓氏的家族组成，这决定了丹洲不是以侗族文化为主导的人文生态景观地，"九五""十五"期间，三江投入旅游资源开发建设资金占同期全县固定资产投入不到1%，旅游投资资金匮乏，丹洲的非侗族历史文化保护难列上主导地位。

在旅游管理方面，农民旅游的集体收入，没有多少是可用来改善旅游条件和保护古迹的。

2012年，为采访香山慈小在丹洲办学，我们与慈小的校友上洲寻找当年慈小办学的地方。拿出照片对照，已经找不到当年的痕迹。从北京来的慈小校友说，慈小办学到如今，也就是几十年的时间，历史的印迹却看不到交汇的地方。

丹洲少文也是一个让丹洲历史文化没有底蕴积淀的致命弱点。慈小校友们想找些民国时期与丹洲有关的史料，可村里却无法提供只言片语的东西，到图书馆查找也没有。北京来的慈小校友感叹，丹洲有那么悠久的历史，却没有文化的支撑，历史已经将丹洲遗忘。丹洲古迹的保护，不仅仅是在于现有古迹遗址的保护，更应该有文字的记载和历史的传承，才是一个名副其实的古镇。

香山慈小校友还了解到，丹洲的历史并没有列入丹洲镇学校的校本课程。如何让孩子从小了解家乡，接受丹洲历史文化的熏陶，这也是一个丹洲历史文化如何传承的大问题。此外，丹洲有那么多的历史传说，编写剧本弄个戏剧、微电影也可为村民及游客增添乐趣。因为，丹洲吸引大量游客不仅仅是休闲旅游，更应该是人文与景观、历史的高度融合，从这个角度考虑，就不是旅游部门单一的事了，文化、教育、宣传等部门都应该协同作战。

思考：保古迹"迹"难留两矛盾

2014年三江做出《关于进一步加快旅游业发展的决定》，到2020年，培育农家旅馆500家以上。在此政策主导下，丹洲的农家乐还会有一个增长的过程，同时也会出现为了增加农家旅馆而忽略不计原有古民居的现象。

三江的旅游目前进入了一个

2002年丹洲开发旅游时的码头、渡船和建筑

全商发展阶段，丹洲也不例外。

丹洲一直都是由村委自发统一管理，后来村里虽成立了三江侗族自治县丹洲生态古迹农家旅游有限责任公司，对全岛的房屋建筑、项目设置、卫生环境都有着严格要求，最终门票收益向居民分红。据统计，2012 年"五一"期间，丹洲景区接待游客6500 人次，旅游社会总收入达240 多万元。2016 年，岛上居民仅门票分红一项，就有约 500 元/人。现在村上开发旅游，许多

近年扩建的新码头（梁克川　提供）

村民把房子重新装修作旅店，加上卖腊肉腊鸭等土特产，月收入近万元。加上经营餐饮住宿等服务，丹洲岛每户每年从旅游得到的收入少则数万元，多则十几万元。

渡船是上丹洲的唯一工具，虽然江上摆渡船由原来的 2 艘增加到了现在的 6 艘。但渡船条件较差，有的游客随意选择安全性更差的小船，农家旅游服务还停留在较低档次，全村还没有正规的导游，农家乐餐饮还未形成特色，村里能提供的休闲娱乐项目缺乏，除举办柚子节外，其他特色节庆活动少，深度挖掘地方文化不够，旅游安全还需加强。

作为一个工程师、景观建筑设计师，广西生态工程职业技术学院建筑工程系副主任冯光澍对丹洲的古建筑保护和修复曾提出可行性的建议：古镇建筑的保护要遵照"重点保护、分级保护、原址保护、动态保护"的原则。重点保护是指要保护古城核心区，保护古建筑古村风貌。结合丹洲具体需要，通过调查研究，丹洲古镇建筑保护就是古建在哪修缮，恢复就在哪，保留古镇建筑文化的原汁原味。

现丹洲尚存的部分明清古建筑（梁克川　提供）

　　根据冯光澍的建议，一是要对丹洲村几条主要街道与古镇历史风貌不符的现代平顶式砖混结构楼民房，进行外墙、门窗户、屋顶仿古修饰；二是开裂木柱木梁可填缝涂保护漆整旧如旧；三是雕花碑刻要拍照摄像将资料保留下来，做好原件实测描绘和数据记录，为以后修旧仿制提供参考；四是丹洲古建筑文化资源保护应建立在法律制度之上，杜绝 AAAA 景区丹洲民间管理模式的村民自发产生资源保护不利，让群众每做一事都要考虑到古城的保护，丹洲深厚的历史文化及优美的人居环境才能得以保护。

　　也有其他专家提出，要制订丹洲民居建设的中长期的规划，对剩下的古民居进行保护性修缮，力求达到"外部可穿越回到古民居特定的年代，内部符合现代旅游居住的要求。"对有新建房屋要求的，政府部门和村委结合新农村建设可作适当的补贴，引导新建屋按古建筑群恢复方向发展。

　　目前有消息传出，广西一家国际旅游股份有限公司正准备集中开发丹洲。不管最后结果如何，加大丹洲旅游开发引资力度，通过资金引入推进资源保护是丹洲古迹保护的趋势。丹洲古城古建筑多数已被深度破坏，恢复起来很不易，在这种现状下必须加强引资力度，将资金用于重点修缮项目，并融合三江旅游总体规划，用项目打造引资机会。

洲上汉族衙役游行民俗活动（梁克川　提供）

　　我们近期上丹洲，发现洲上的民俗活动竟然是汉族衙役游行和壮族抛绣球。有游客疑虑，三江是侗族自治县，丹洲怎么是汉族和壮族的民俗为主导？因为他们看不到丹洲的历史全貌，质疑是正常的。从另一个方面来看，这是对壮族文化和丹洲历史不了解的体现。应该充分对汉族、壮族的历史和丹洲的历史沿革发展作充分地了解，然后策划出一个合适丹洲旅游的民俗活动。

　　看到一片保存完好的历史古迹，拥有一本自己想了解的历史书，然后享受一段休闲的时光——这应该是游客上丹洲旅游追求的目标。

柳州市传统村落保护发展

文/廖宇 柳州市住房和城乡建设委员会村镇科科员

　　传统村落是我们农耕生活遥远的源头与根据地，承载着我们中华民族五千年的民族文明和文化内涵，传统村落是柳州市作为山水历史文化名城的重要组成部分。我作为一个传统村落保护的工作人员，在申报工作中，感受到申报的传统村落就像一本本厚厚的古书，走进那里，我们可以欣赏到充满特色的古建筑风貌，感受到淳朴的民风民俗，体验到传统的生活方式……在工业化、城镇化浪潮席卷的今天，这些传统村落正在慢慢消

三江侗族自治县平岩村程阳风雨桥

失……在注重经济发展，提高人民的收入，让人民享受现代文明成果，实现安居乐业的同时，如何注重传统文化的延续性，传承优秀的传统价值观、传统习俗和传统技艺延续性也是当下的重要命题。传统村落记载着历史的变迁和文化的繁荣，习近平总书记多次在农村工作视察中强调"要留得住青山绿化，系得住乡愁"，做好传统村落的保护工作，才能让壮族的歌、瑶族的舞、苗族的节和侗族的楼走出大山走向世界。

2012年，住房城乡建设部出台了《关于加强传统村落保护发展工作的指导意见》（建村〔2012〕184号），并在互联网上开通了传统村落保护发展管理信息系统，要求各地要高度重视传统村落保护发展工作，组织专业力量对全国现存的传统村落开展材料收集、网上申报、集中审批等工作。柳州市住房和城乡建设委员会根据有关文件精神，组织各县区扎实做好辖区内的传统村落调查统计和项目申报工作。截至2016年底，柳州市已有15个村落被列入国家级传统村落名录、39个村落被列入自治区传统村落名录。2017年柳州市继续积极指导相关县区申报第四批国家级传统村落建设计划及第五批国家级传统村落项目，力求做好传统村落的保护工作。

一

2012年柳州市刚开始启动传统村落调查时，由于当时一些村落没有重视，没有看到甜头，同时自身也对政策的把握不准，对传统村落的内涵和概念模糊，导致调查出来的资料无法反映出村落的价值特色。2013年，住房和城乡建设部再次下发了《关于做好2013年传统村落补充调查和推荐上报工作的通知》。抓住这个机会柳州市从以下四个方面着手做了详细的调查：一是从传统村落的地理位置、建成年代、建筑面积、基本形制、建造工艺、结构形式、主要材料、装饰特点以及建筑相关的历史传承、历史功能、传统活动、使用状况等。二是传统村落的历史环境包括村域环境、历史风貌、塔桥亭榭、井泉沟渠、碑幢刻石、庭院园林、古树古木、传统产业等。三是非物质文化遗产及传承人、传统生活方式、乡风民俗、传统手工艺品及食品、器具等。四是相关文献资料包括志书、族谱、碑刻题记、地契、匾联、传统村落的沿革变迁及重要人物和历史事件的考证等。在调查过程中对传统村落挂牌标识，设立保护单位，在好调查的同时做好宣传工作的同时，让村民意识到传统村落保护发展的重要意义。

在调查的同时我们也看到了柳州传统村落面临的主要问题：

一是自然破败严重，柳州传统建筑以桂北民俗建筑为主，多以砖瓦木结构，几乎家家无前庭必有后院，但是由于历史老化和修缮不足，大部分传统建筑自然破败严重；且因外出务工、外出求学、弃旧建新等导致的空宅空院不断增多，古民居闲置废弃比例增高，这些不同的原因加速了传统建筑的凋敝和损坏，使传统文化逐渐失去鲜活的姿态，传统生活逐渐褪去原味。

二是现代元素不断渗透，如三江、融水等地由于无序新建和翻建，造成新建筑与历

传统建筑自然破败严重

史建筑、乡土风貌极不协调，加上对民族传统元素挖掘不够深入。新建民居体量过高过大且与村落风格迥异没有很好的沿袭传统村落的古风古貌。尤为严重的是个别村民因老宅居住面积紧张，将老宅拆除在原址新建住房，既损坏了古民居，又破坏了古村落整体格调。

三是村民认识缺乏，大多数村民对传统村落的古民居资源的价值缺乏认识，甚至出现村民廉价售卖门窗、隔断、砖雕、石雕等现象，造成古民居重要构成元素的流失；对传统农耕生活生产用品用具等实物，随意丢弃，损坏消失，造成传统村落保护发展内涵的减少和缺失；对农耕文明的鲜活姿态传承认识模糊，造成一些民俗文化传承的断代和手工艺的消失。

四是投入不足、人才匮乏。由于传统村落保护发展是个新课题，保护开发资金力度很难得到保障，同时由于有些古民居历经数代传承，产权复杂，在修缮方面责任不明，当地村民又无经济能力修复，任其破败。更加严重的是在社会上又面临着传统工匠人才匮乏和传统建材缺失等问题，增加了传统村落保护的难度。

二

2014 年国家加大了传统村落保护力度，住房城乡建设部、文化部、国家文物局、财政部下发了《关于切实加强中国传统村落保护的指导意见》（建村〔2014〕61 号），从2014 年起中央财政按平均每村 300 万元的标准提供了 114 亿元补助资金支持中国传统村落保护。柳州在这一年也有 6 个村落被列入了 2014—2016 年中央财政支持范围的中国传统村落名单。可以说在 2014 年，柳州的传统村落保护工作才正式提上了日程。

2015 年自治区住房城乡建设厅也印发了《关于印发 2015 年度列入中央财政支持范围的中国传统村落项目建设计划的通知》（桂建村镇〔2015〕105 号）柳州市开始启动列入中央财政支持范围的第一、第二批国家级传统村落建设项目（共计 7 个村屯，其中：融水 3 个，三江 4 个）。项目计划总投资 2354 万元，开展了对传统村落核心区传统建筑的整饬改造、历史建筑的保护与修复、新建风雨长廊、传统建筑室内现代化改造、传统民居示范建设、村寨文化活动中心、排污系统建设等项目的建设保护工作。

在工作中，柳州市遵循"科学规划、整体保护、传承发展、注重民生、稳步推进、重在管理"的方针。坚持规划先行，禁止无序建设；坚持保护优先，禁止过度开发；坚持以人为本，反对形式主义；坚持因地制宜，防止千篇一律；坚持精工细作，严防粗制滥造；坚持民主决策，避免大包大揽。首先是保护文化遗产，重点保护传统村落的选址、格局、风貌以及自然和田园景观等整体空间形态与环境。

三江侗族自治县林溪镇高友村

如三江、融水的侗族、苗族文物古迹、历史建筑、传统民居等传统建筑，修复吊脚楼等传统建筑集。保护古路桥涵垣、古井塘树藤等历史环境。保护风雨桥、鼓楼等非物质文化遗产以及与其相关的实物和场所。其次是改善基础设施和公共环境结合"美丽广西"活动的持续深入开展，进一步整治和完善传统村落内的道路、照明、供水、垃圾和污水治理等基础设施。结合侗族、苗族连片木质结构传统民居的建筑实际，继续深化巩固村寨防火改造工程成果，进一步完善侗族、苗族传统村落的消防、防灾避险等必要的安全设施。进一步整治传统村落文化遗产周边、公共场地、河塘沟渠等公共环境。接着是合理利用文化遗产，充分挖掘社会、情感价值，延续和拓展使用功能，使侗族、苗族传统村落的物质与非物质文化遗产在村落里互相融合，互相依存，共同构筑侗、苗传统村落文化与审美基因共存的独特整体。深入挖掘苗锦、坡会、风雨桥、鼓楼等非物质文化遗产的历史科学艺术价值，深入开展研究和教育实践活动。加快挖掘传统村落文化遗产的经济价值，大力推动传统村落发展传统特色产业和旅游业。最后，建立保护管理机制严格执行传统村落保护发展规划，制定传统村落保护发展的扶持政策措施，鼓励村民和公众积极参与。建立健全传统村落保护发展的规章制度，建立档案和信息管理系统，实施预警和退出机制。

三

2017年柳州市传统村落保护发展项目累计完成投资1829万元，完成投资率为77.7%。通过中央、自治区、柳州市以及村民和社会的共同努力，柳州市列入中国传统村落名录的已经达15个（融水苗族自治县拱洞乡平卯村，四荣乡东田村、荣地村，安太乡新寨屯，良寨乡国里屯，杆洞乡乌英屯；三江侗族自治县丹洲镇丹洲村，独峒镇高定村、林略村、岜团村、座龙村，林溪镇高友村、高秀村、平岩村，梅林乡车寨村）且文化遗产均得到基本保护，确保受保护的传统村落具备基本的生产生活条件、基本的防灾安全保障、基本的保护管理机制。柳州市抓住此次机遇，结合目前正在实施的"乡土特色建设示范"、"中国历史文化名镇"工程。这将为柳州市做好传统村落保护发展工作提供更好的平台。虽然柳州市的传统村落保护工作取得了不俗的进步，但是从长远看还是需要做好以下几点：

一是完善保护名录。柳州是一个多民族相聚而居的地区，居住有壮族、汉族、苗族、侗族、瑶族、回族、仫佬族等少数民族为主，大多数村落均保存有较多的以少数民族建筑为主要特色的木楼建筑，具有一定的历史价值、艺术价值和文化价值。针对多民族的特点，柳州市会继续开展补充调查，摸清传统村落底数，全力将以前没有调查到的、有重要价值的村落申报中国传统村落。在发掘的新的传统村落的同时对已经列入名录的村庄，做好村落文化遗产详细调查，按照"一村一档"要求建立中国传统村落档案。及时登陆中国传统村落保护管理信息系统，登记好村落各类文化遗产的数量、颁布、现状等情况，记录文化遗产保护利用、村内基础设施整治等项目的实施情况。统一设置中国传统村落的保护标志，实行挂牌保护，做好巩固。

二是制定保护发展规划。科学制定规划，规范保护开发。制定好传统村落保护发展相关规划，充分发挥规划的引领作用。妥善处理好改善村民生产生活条件与保持传统村落整体风貌、延续传统生活的关系；注重坚持一村一策、一宅一策的原则，结合传统村落周边人文与自然环境、地方特色等，因地制宜制定保护措施。对还未编制保护发展规划的村庄要按照《城乡规划法》以及《传统村落保护发展规划编制基本要求》（建村〔2013〕130号）抓紧编制和审批传统村落保护发展规划。对已编制保护发展规划的村庄，配合自治区住房城乡建设厅、文化厅、文物局、财政厅组织的技术审查。涉及文物保护单位的，要编制文物保护规划并履行相关程序后纳入保护发展规划。涉及非物质文化遗产代表性项目保护单位的，要由保护单位制定保护措施，报经评定该项目的文化主管部门同意后，纳入保护发展规划。

三是加强建设管理。成立传统村落保护发展相关领导机构，对柳州市的传统文化和地方文化进行全面研究，深入挖掘，打造品牌，为传统村落保护发展打好基础。规划区内新建、修缮和改造等建设活动，要经乡镇人民政府初审后报县级住房城乡建设部门同意，并取得乡村建设规划许可，涉及文物保护单位的应征得文物行政主管部门的同意。严禁拆并传统村落。保护发展规划未经批准前，影响整体风貌和传统建筑的建设活动一律暂停。涉及文物保护单位区划内相关建设及文物迁移的，应依法履行报批手续。传统建筑工匠应持证上岗，修缮文物建筑的工作人员应同时取得文物保护工程施工专业人员资格证书。

四是项目实施情况检查制度。市住建、规划、财政、文化等部门将联合实行定期检查和不定期抽查两种检查机制。开展各项督察活动，对发现的问题及时通报县政府及有关部门，并督促有关方面落实整改措施。县政府职能部门要切实履行对传统村落保护发展的监督管理职能，对违反保护要求或因保护工作不力、造成传统文化遗产资源破坏的，提出警告并进行通报批评；对在开发活动过程中造成传统建筑、选址和格局、历史风貌破坏性影响的，发出濒危警示，并限期进行整改，情节严重的，会同有关部门依法查处，确保传统村落保护发展在法制的框架下依法实施、有效推进。

五是培养引进人才，做好人才支撑。传统村落蕴含着丰富的传统文化和地方民俗元素，在制定规划和研究、保护、开发、利用等方面，需要各类专业技术人才。应采取派出学习培训等方式，着力培养本地研究型专业人才，还应从外地引进相关专业人才，通过对柳州市传统村落深入研究挖掘，在规划和保护开发利用中凸显柳州市的地方特色和优势，避免千村一面的弊端。

六是加大投资预算，保护持续投入。财政应不断加大对传统村落保护发展相关项目的支持和投入力度，并确保财政投入的连续性。鼓励企业、社会团体和个人积极参与传统村落保护发展项目，实现利益共享。

对传统村落保护是新时期地方可持续发展以及对于人民居住环境建设关注的重要问题。挖掘传统村落文化特色，延续精神个性、有利于促进农村建设，构建和谐社会。随着社会的不断转型，保护传统村落以及处理好传统村落保护与发展之间的关系就变得更加迫切，传统村落的保护工作面广、线长、点多，是我国文化遗产信息量最大也是最后一块阵地，既是挑战也是机遇。

亲历桂林传统村落保护区发展的兴衰与荣耀

文/周开保　桂林古建筑学会会长

偶然缘起

结缘传统村落保护，是源自一位朋友的诉说。

30多年前，听一个来自平乐县青龙乡下盃村的朋友说，在他生长的村落，古建筑保存得很好，很精美。作为考古生，刚进入职场没几年，在好奇心驱使下，我计划利用周

阳朔郎梓村鸟瞰效果图

阳朔郎梓村现状

六的下午出发，星期天下午返回。

我记得是一个初夏时节，天气乍暖还寒，时而阵雨时而晴，下午4点从桂林搭班车到平乐榕津，再从榕津乘班车往青龙乡。那个年代，交通极不便利，到达乡镇一级的班车，每天基本上是两趟，进村只能步行。到达村里已是晚上7点多，在一家农户家里，草草吃了点青菜打汤，外加两碗白米饭，便在这家农户的堂屋竹椅上过了一晚。

第二天一大早，我沿着下盂村的小巷一路探望，在村中的西北角，一面水塘四周由卵石路环绕，与卵石路环绕而筑的是青砖马头墙式的古民居，一座翟氏宗祠正大门对着水塘，后靠一座高耸的山峰，细看下盂村的民居建筑，活脱一个安徽西递古村的再版，它的秀美，强烈地撞击着我的心扉。我在想：这么边远的山村居然有这么完美的古村落，那么当时在桂林地区范围内，应该有很多这样的古村落。

从此之后，我到每个县，都会找当地文管所的同行打听，每每打听，县里的文物部门都会告诉我三至五处古村落。比如恭城莲花乡的朗山古村落、龙虎乡的实乐古村落、西岭乡的杨溪古村落、阳朔的白沙旧县古村、遇龙堡古村、高田的朗梓古村、龙潭古村、兴安漠川乡的榜上古村、白石乡的秦家大院、灵川的江头古村、长岗岭古村……粗略统计，近30年来利用工作之余自费深度调研的古村落达40多个。

铁心结缘

精美的桂林传统古村落，唤醒了我的探寻梦，要想做好桂林传统村落的调查研究。我运用自身学考古的优势，首先是入村调查研究该村的历史沿革，再结合整个村的建筑布局，建筑式样判断一个村的发展递进关系，然后对整个村的平面布局进行测绘，从而分析一个传统村落的规划选址理论及整村的营建思想。对保存完好的精美建筑，我会有选择地测绘一些建筑组群的立面、剖面，甚至包括对一些精美的门窗、门簪进行实测。

我印象最深的是测量灵川县灵田乡的迪塘古村。这个村位于灵田乡一个很偏远的山区，虽说离桂林的直线距离仅40多公里，但是在当年来说，每天只有上午两趟班车经过这个村，下午两趟班车回桂林路过该村。早上8点发车，10点到达迪塘村，从进村开始工作午餐就是自带的干粮和一壶凉开水。由于这个村落太大，时间跨度从明代至民国的建筑都有，因此，我利用周末时间进村调查，用了三个周末时间测量也没测完。第四次进村是一个晴和的秋日，我约了一个摄影师傅，再次进入迪塘古村，为了保证第二天晚上不赶班车，有更多的时间做测绘，我们当天骑自行车进山，第二天工作到傍晚，我

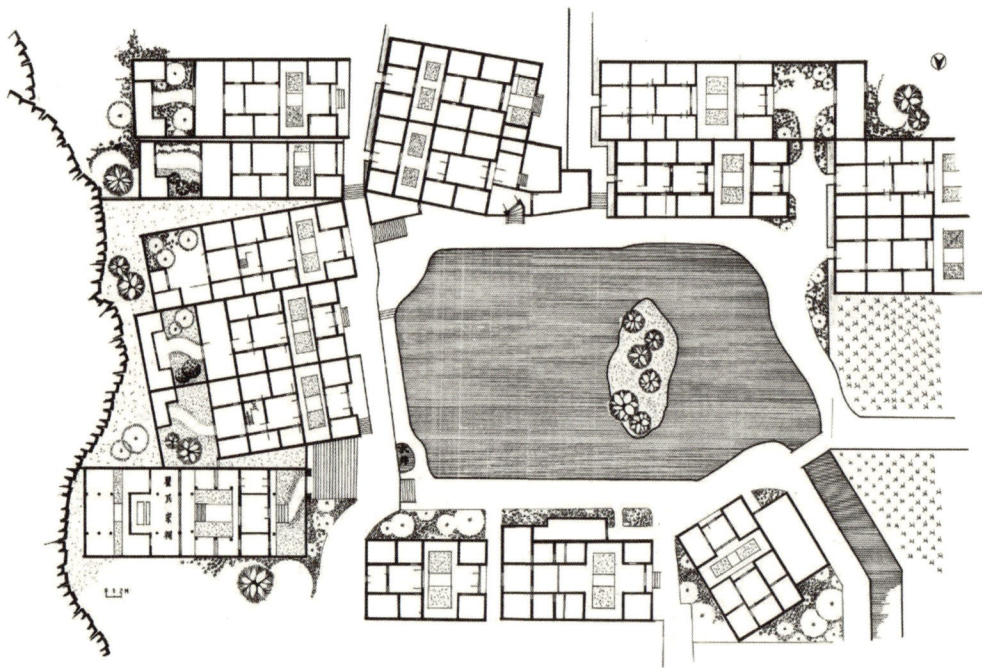

恭城豸游村一座精美的门楼因年久失修导致坍塌（平乐下盂村实测手绘图）

们才恋恋不舍离开迪塘村，结果还没出勃岭坳，我的自行车胎就漏气了，推着不能骑的自行车，且不说要找个修车摊，一路上想借个打气筒都找不到人家。趁着月色，我们硬是推着车步行回到市区，到市区时已经是晚上 12 点多了，整个人被土坷路上的黄尘裹上了厚厚一层黄土。

在那个物资匮乏的年代，不论去哪个地方调研古建筑，基本上都是一篇野外调查的苦难史，其艰辛的程度，是现代田野工作者们难以理喻的，更何况凭借一己之力，利用工休节假日做调查研究，没有一定的毅力，很难完成 40 多个传统村落的调研。

见证衰败

从 20 世纪 80 年代开始，我不论到哪个传统村落测量，农民依然是日出而作，日落而歇地居住在古宅中，古宅漏雨会有人自行检修，我每每都是在惊讶于古宅的精美，感叹古代工匠的智慧，偶尔会提醒当地的住户，注意防火，好好保护这些古民居等等。从 20 世纪的 80 年代至 90 年代，传统村落虽然没有刻意进行保护，但村中的古宅除了因不慎遭遇火灾外，大多是因山洪，地质灾害等自然因素导致古宅、古村落的损毁。

兴安秦家大院一处民居内院

灵川迪塘村的轿子楼

105

10 年前拍摄的全州沛田村依然完好

10 年后拍摄的全州沛田村已呈颓败之势

完整的村落格局，精美的古建筑，成为我研究桂林传统古村落的第一手资料，通过了十余年的调研，我在《桂林日报》《桂林晚报》《南国早报》等报刊上发表了数十篇介绍桂林传统村落的文章，最受读者推崇的有《迷人的古镇大圩》《旧县村里古迹多》《留公村三色潭之谜》《湘桂古道上的长岗岭村》……

有了在报刊投稿的信心，我抓紧时间整理收集来的调研资料，把文稿按一定格式进行统稿，把测绘的传统村落按一定的比例画出硫酸纸图，并对桂林传统村落的形成、发展以及建筑特色，文化成因都加以分析，写出了《桂林传统村落形成源流考》《桂林传统村落建筑的艺术魅力》，作为《桂林古建筑研究》一书中的概述。

随着改革开放的不断深入，居住在深山中的古村居民加入到外出打工的大潮，他们看到了广东福建一带因改革开放之后富裕起来的村民住上了宽敞明亮的洋楼，这一部分人在拼命打工的同时，也拼命积累资金，率先富裕的村民回乡，扒掉旧宅建洋楼。到20世纪末，这股扒旧宅建洋楼之风愈演愈烈。我目睹了阳朔旧县传统村落在改革开放之初，先是拆雕花精美的神龛，门窗卖给古玩贩子，到最后把青砖大瓦房拆毁建了座二层的洋楼。

古建筑屋面的修缮做现代工艺防水处理，外露能看到的地也要做到修旧如旧的原则

2005，我去资源调研中峰乡锦头村时，村中有 10 余栋古民居保存完好。10 年后的 2015 年我再次进村时，只有三栋古民居得以保存。其中一栋还被拆除了一半，正在挖墙基建新楼房，对于一位痴迷于传统村落保护的社会人士，我只能用痛心疾首形容当年目睹的现状。

见证传统村落的衰败，说起来都是锥心的痛。

在全州沛田村，在我第一次进村调研时，整个村落保存十分完整，村中有自明代至民国近 500 多年来兴建的青砖大宅院，该村为唐氏家族衍生发展而来，村中人才辈出，其中有康熙皇帝赐封的"将军第一"唐正发，有才华横溢的翰林院博士唐一飞，还有民国年间的全州县县长唐杰英的桐荫山庄。就是这样一处名门望族的精美古宅，2015 年去回访时，全村已有三分之一的古宅坍塌。三分之二的古宅多数人去屋空，屋内蛛网密布，院内杂草丛生，这种现象，基本上是桂林地区范围内 80％的传统村落的真实写照。中国社会进入到 2000 年之初，老百姓生活日益改善，他们也迫切地希望改善自身的居住条件，拆旧宅建洋楼成为古村落中的一股主流，别说是传统村落遭遇如此厄运，就连有些列为文物保护单位的古村落也难逃这一厄运。

亲历复兴

2012 年 4 月，国家四部委下发了《关于开展传统村落调查的通知》，对传统村落保护有了相应的举措，李克强总理在中央城镇化工作会议上提出的要"让居民望得见山，看得见水，记得住乡愁"这一建设发展思路，为传统村落的保护提速指明了方向。

2014 年我作为桂林古建筑学会会长，受聘于桂林市住建委召集的桂林传统村落保护专家委员会专家之一，主要对桂林 11 县 6 城区的传统村落保护方面的规划、设计，以及施工等方面的工作进行评审和现场指导，遵照修旧如旧、合理利用、有序开发的原则，对桂林传统村落的申报、修缮进行指导，很多传统村落的修缮在我们力所能及的指导下，修缮水平有了显著进步。

在进村指导中我们发现，有的施工

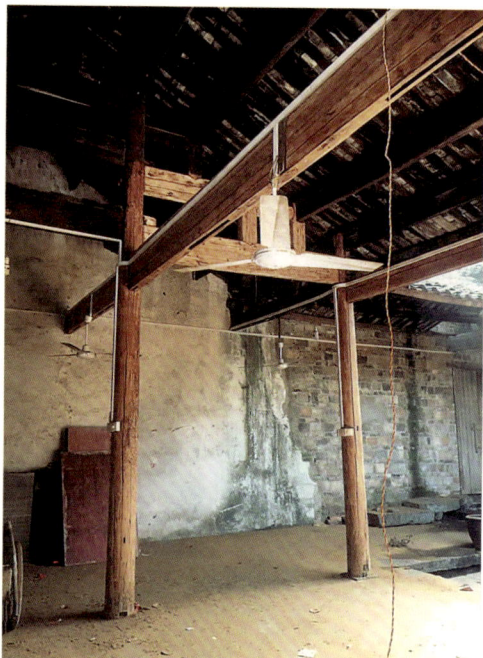

灌阳月岭村唐氏宗祠内翻修后已无历史沧桑感

队把原本完好的木梁木柱用鸟刨刨去已经风化的老皮色，有的施工队把室内的梁架，木柱刷了三遍铁红调和漆，他们误认为彻底翻新就是最好的"保护"。

还有的传统村落在修石板街时，全是用方正的大理石锯料，做成标准工字型铺装，典型的现代工业化施工效果，与传统村落的风貌格格不入。在专家委员会的指导下，我们到传统的村落保护施工现场进行认真讲解，一一纠正了施工队伍中存在的谬误。

为了更好地指导桂林传统村落的保护工作，2014 我带领桂林古建筑学会的专业人员，利用我做了 30 余年的调研成果，为市政府编辑了一本《桂林古村古镇》一书，共计 40 余万字，200 多幅照片。2015 年，针对传统村落保护修缮中的工艺技术的缺乏一本施工指导方面的资料，我遵照市住建委的安排，组织桂林古建筑学会的专业人员，编辑整理了《传统村落古建筑保护技术导则》，对传统村落的修缮，有了可供指导的工作手册。

以管窥豹，可见一斑。传统村落的保护在我的亲历，亲见，亲为中，见证了桂林传统村落保护的兴衰与荣耀。

中国传统村落保护能有今天的荣耀，乃国之大幸！

重拾湘桂古道的明珠

——广西桂学研究会桂北古村落调研报告

文/广西桂学研究会广西古村落调研团，陈宪忠、王秋红执笔

依据习近平多次关于"乡愁"的指示，广西桂学研究会拟定编写《广西古村落史料集成》的大型丛书。为了更好地完成该项艰巨任务，组成以会长潘琦为顾问，副会长吕余生为团长的 14 位专家学者等成员的调研团，对桂林市的叠彩区、灵川县、兴安县、全州县、灌阳县、恭城瑶族自治县的近 20 个古村落，进行了从 3 月 14—18 日为期 5 天的田野考察，车程 753 公里，深入村庄、农户、古道，召开当地学者专家座谈会、翻阅文献资料、通过摄影、摄像、录音，搜集大量资料，初步建立自治区、市、县、乡镇多层次的合作研究机制，取得了阶段性的成果，为全面完成丛书这一任务奠定了良好的基础。

桂北传统村落的历史背景及其意义

中国传统村落（俗称"古村落"）是指民国以前建村，建筑环境、建筑风貌、村落选址未有大的变动，具有独特民俗民风，虽经历久远年代，但至今仍为人们服务的村落。这是我们调研的对象。

（一）桂北传统村落形成的历史背景

桂北意为广西东北部。地处与湖南交界的岭南地区。我们这次调研的区域正是出于该地区与湖南相通的重要交通节点上的古村落。因此桂北古村落因湘桂古道而产生、而兴衰。为此，我们将把桂北古村落的研究与湘桂古道的研究结合以来。桂北因交通位置十分重要，所以成为我国重要的移民地区。公元前 221 年，秦始皇修筑灵渠时期，前后用了四五年的时间，动用军队和民工数百万。当年参加建秦城、建灵渠的军队兵卒，本地人称之为"陡军"，意为建设秦城和灵渠、修筑"陡门"的军队。"陡军"中的大部分人屯兵戊关，留在了当地，娶妻生子，繁衍生息。从此开启了桂林大移民的历史。中原地区的民众沿着湘桂古道陆续进入岭南地区。还由于桂北地区是重要的军事战略要地，

军事行动也带动了大量移民进入桂北。从而一拨一拨的移民沿着湘桂古道在桂北建立了星云密布的古村落。据全州县志记载，全州县的骆、毛、丁、樊、盘、蓝等姓的居民，"原籍多系湘、赣、宁、浙等省，始迁时代大多在宋元"。明清时期，桂东北地区南段的恭城也有大量外籍人口流入。易、杨、万、潘、严、容、毛、明、麦、康、罗、江、赖、朱等姓，多是这一时期由湖南、广东、江西、福建等地迁入。

（二）桂北传统村落保护和开发的背景

一是落实习近平总书记的重要指示。早在 2013 年 7 月，习近平在考察鄂州市长港镇峒山村时就做出了"古村落要保护好"的指示。随后。还有过与此相关的多次重要指示。特别是近几年来多次就"乡愁"话题做出重要阐述，充分显示了十八大以来中央领导对古村落的高度重视。

二是国家政策的大力支持。越来越多的中央部门参与了中国传统村落名录的评审工作，并用不同方式出台对传统村落保护和开发的政策。2015 年 7 月 31 日，国家文物局副局长宋新潮率队，来桂林市开展传统村落文物保护专项督察。希望桂林探索出传统村落文物保护的"桂林模式"。

三是农村经济发展夯实基础。习总书记反复强调："农村要留得住绿水青山，系得住乡愁。"保护传统村落就是保护了农村经济赖以为系的基本条件。

四是桂北农民的积极性提高。近些年来，在一系列支农惠农政策的支持下，桂北农民得到了实惠。传统村落的保护和开发更加关系到农民的切身利益，而且是一种十分明显的倾斜政策，农民更加容易看到这一政策带来的利益，因而在实际运作的初期就得到绝大多数群众的理解和欢迎。

（三）桂北传统村落保护和改造的意义

传统村落不仅具有历史文化传承等方面的功能，而且对于推进农业现代化进程、推进生态文明建设等具有重要价值。

其一，有利于在农村全面实现小康。全面实现小康关键在农民的小康，而生活在传统村落的农民遇到难题更为突出。对此，我们要建立三个重要的认识：一是传统村落是广大农民社会资本的有效载体。传统村落是众多地方方言、风俗、手工艺品、传统节庆等非物质文化的有效载体，可以成为经济社会发展的宝贵资源，破坏了这些资源，就等于切断了传统文化传承的一条脉络。丧失了文化传承和社会资本，在某种程度上比丧失经济资本和自然资本的后果更加严重。反之，利用好这些宝贵财富，有利于当地农民全面实现小康。二是传统村落是维持传统农业循环经济特征的关键。传统村落使农民能够就近就地进行耕作，能够适应当地的气候，能够把当地的土壤、地质和耕种技艺有机结合起来，培育出许多独特的具有地方风味的传统产品。三是传统村落是发展乡村旅游、创新农村农业发展道路的基础。凡是坚持保护传统村落、发展农家乐的农村，农民的收入增长都快于其他地区。这些地方已经可以超越"村村点火、户户冒烟"的工业化初级阶段，直接以农家乐和乡村旅游来引领绿色农副产品的栽培和生产，实现第一产业和第三产业相随相伴，走出一条绿色的、可持续的农村农业发展新道路。这些致富新道路的开辟都必须基于传统村落，没有传统村落的保护利用，创新发展道路无从谈起。

其二，有利于当地的文化繁荣和精神文明建设。传统村落体现着当地的传统文化、建筑艺术和村镇空间格局，每一座蕴含传统文化的村落，都是活着的文化遗产。保护和挖掘这一资源将是一笔不可多得的财富。

其三，有利于建设美丽广西、生态乡村。传统村落反映着村落与周边自然环境的和谐关系，体现了一种人与自然和谐相处的文化精髓和空间记忆。我们提倡循环经济，在某种程度上说就是要向传统的农耕文明学习，从原始的生态文明中汲取经验和智慧，为美丽桂林、生态乡村的建设开辟一条新路子。

其四，有利于建设广西旅游强省。乡村旅游是旅游的重要内容，而发展乡村旅游就要保护好传统村落。吸引大批游客到农村旅游，使当地农民收入持续增长。桂林的古村落都是沿着湘桂古道分布的。这个特点可以跟"一带一路"联系起来。仅仅这一点就有很强的号召力。而银杏树也是沿湘桂古道分布的，如果我们将这些传统村落用交通联系起来，会成为一条旅游黄金路线。特别是，我们可以推出一系列徒步旅游的线路和项目，就可以成为低碳旅游的经典和品牌。

其五，有利于在城镇化中统筹城乡发展。传统村落不仅有美学价值，而且对完善新农村规划、提高城市建设水平都是有益借鉴。在城镇化仍然会保持快速发展的历史时期，抓紧摸清传统村落的基本情况，加强传统村落保护，避免因错误的观念、短期的开发利益等各种原因破坏传统村落，使传统村落在传承历史文化、保障国土安全、振兴旅游业、促进农村地区可持续发展等方面发挥重要作用，无疑是一项十分重要的工作。

其六，有利于促进少数民族事业的发展。不少少数民族没有文字，没有精英文化，只有民间文化。他们现在的所在地往往就是他们原始的聚居地。他们全部的历史、文化与记忆都在世代居住的村寨里。村寨就是他们的根。如果传统的村寨瓦解了，这个民族也可能就名存实亡。

桂北传统村落的基本状况

（一）数量和分布

在国家住房城乡建设局批准的前四批传统村落中，广西有161个，其中桂林就有86个，占比达到53.4%。其中：灵川12个，阳朔6个，龙胜20个，临桂区4个，兴安6个，平乐4个，荔浦1个，灌阳12个，永福1个，恭城16个，雁山区2个（见附表：桂林的中国传统村落名录村落名单）。全州、资源两县和秀峰、叠彩、象山、七星四区仍然是空白。在第五批申报中，全州县奋起直追，报了 47 个，其他各县区也有所进展。

以上数据仍然不能足以反映桂北古村落的概貌。因为这一项目的获批与当地领导的重视和前期工作的技术等多种原因有关，从区域的分布和时间段的分布来看也极不平衡。

其实，桂北古村落的遗存还有很多，且分布广泛。因为湘桂古道是一个呈现为蜂腰状的交通体系，桂林北部各县都有多条与湖南相通的古道，它们汇集于兴安、灵川、桂林，然后分成"漓江—桂江—珠江—梧州—广州""漓江—相思埭—洛清江—柳江—西江—西南地区"的两条通道。桂北古村落就分布于这个体系之中。桂林有 1.8 万个村屯，分布在湘桂古道中的古村落不计其数。有待于我们进行长期探讨。

（二）价值分析

传统村落的保护和开发具有广泛的价值：文化价值，包括建筑文化、商业文化、交通文化、戏曲文化、民俗文化、宗教和民间信仰文化等；美学价值，包括木雕、石雕、砖雕等雕刻艺术、绘画摄影艺术、演艺、民间手工艺等；经济价值，文物观赏及衍生品价值、旅游价值、产业融合价值、规模经济价值等；生态价值，生态环境、低碳经济、生态产品等；社会价值，村风民约、家教家风、开放包容等。随着传统村落的保护开发工作的深入展开和工作的创新，其价值和功能还会有进一步的扩展和升华。

（三）损坏分析

从我们的考察过程来看，可以毋庸置疑地说，桂北地区的传统村落也在快速消亡之中，情况岌岌可危。一是由于历史性老化的原因，传统村落中半数以上古民居建筑破败不堪，无法修复。二是大量年轻劳动力外出务工，导致的空心村现象加速了传统村落的凋敝和损毁。三是一些传统村落由于外出打工的村民见识了城市宽敞明亮的高楼大厦和方便快捷的现代生活，于是想急切改变居住条件，无序地新建与翻建住房，造成新建筑与历史建筑、乡土风貌极不协调，破坏了传统村落的古风古貌。四是一些工程项目和过度旅游开发导致盲目拆旧建新、拆真建假，村落被"开膛破肚"等。五是大量从属于传统村落的民间文化、非物质文化遗产几乎后继无人。传统村落的灿烂多样的历史创造、文化景观、乡土建筑、农耕时代的物质见证等遭遇到泯灭。

（四）保护和利用的有利条件

一是生产条件的改善和生活水平的提高激发了村民保护和开发传统村落的积极性。二是文化的复兴和繁荣激发了学术组织和学者对传统村落的研究和策划。三是旅游业的飞速发展要求乡村旅游必须将传统村落作为最重要的内容。四是科技手段的现代化为传统村落的保护和开发提供广阔的空间。五是包括政府、投资商、旅游者、志愿者在内的社会主体，提高了对传统村落的关注度，使传统村落的保护和开发获得更加广泛和丰富的资源。

桂北传统村落的保护和利用成就

（一）高度重视

政府高度重视传统村落文物保护工作，通过健全机构，加大资金投入，认真抓好传统村落文物本体抢修，加大文物安全、消防、防雷等工作力度，进行风貌改造，实现可持续发展。灌阳县成立了由县领导挂帅，住房城乡建设局牵头，文化、财政等部门参与的全县传统村落保护工作领导小组，统筹全县传统村落保护发展工作。与此同时，该县利用标语、会议、电视等载体，大力开展《文物保护法》等知识宣传教育，提升广大干部群众对传统村落保护重要性的认识和参与保护的主动性。并在每个村落确定一名村级联络员，承担保护监督和建设项目实施监督的职能，可随时向县领导反馈情况，提出意见。全州建立了传统村落文化资源保护领导小组，实行保护责任追究制，将传统村落文化资源保护纳入政绩考核。加强政府主导，明确职责和义务，实行分类保护与分级管理。

（二）申报名录

灌阳县委县政府把中国传统村落名录的申报工作，作为一系列工作的突破口，予以一以贯之的高度重视。在三批中国传统村落名录村落名单中，桂北批批榜上有名，第一批就得到3个，第二批也得到了2个，第三批更是依据获得6个，比前两批的总和还多。第四批再获1个。兴安、恭城两县继续努力，第四批中都分别获得4个。龙胜更是不甘落后，从1个跃升为20个，成为桂林乃至广西国家级古村落最多的县。当前各县区将进一步总结经验，争取在第五批申报中再获得一些村落进入该名录。全州在2016年住房城乡建设局联合相关部门对全县18个乡镇60多个传统村落进行了调查摸底，甄选了47个历史悠久、环境要素保护完整、文化传承淳厚的村屯，申报第五批中国传统村落。

（三）规划先行

灌阳聘请具有高资质的规划设计单位编制保护发展规划，合理划定核心保护区、建筑控制地带和风貌协调区。为确保"一张蓝图干到底"，编制中广泛征求村干部和当地群众意见或建议，进行多层次的科学论证。2013年，灌阳县邀请国家和自治区传统村落保护发展专家实地考察和指导，制定了《灌阳县传统村落保护发展整体方案》，将传统村落保护发展纳入全县发展的"大盘子"。

（四）项目启动

灵川县委、县政府高度重视文物博物工作，先后设立健全了灵川县文物管理所、桂北民俗博物馆、长岗岭商道古村生态博物馆、江头古民居博物馆、八路军桂林办事处灵川县路莫村军需物资转运站纪念馆等五个机构，落实了编制、人员。2014年5月8日全国国保单位传统村落整体保护利用工作会议后，县政府立即成立了由县长为组长、分管副县长为副组长的灵川县江头村和长岗岭村整体保护利用工作领导小组，成员由相关部门和乡镇主要领导组成，相关乡镇也成立了领导小组，负责统一领导、指挥和组织、协调、监管。灌阳依托乡村古民居较多的特点，将"古村落古民居保护"融入"清洁乡村"工程，加强历史文化遗产的保护，一批"艺术气息浓厚、生态环境优美、旅游产业发展、乡风文明先进"的主题艺术名村和特色旅游名村正在形成。他们采用"分类实施"的办法，以居住为主的村落，重点改善人居环境、完善基础设施和公共服务；以旅游发展为主的村落，侧重完善旅游服务设施，坚决杜绝破坏性的建设和开发。近年来，该县在争取国家和自治区传统村落保护补助资金 2000 多万元的基础上，一方面将小型水利建设、文物维修、新农村建设、农村产业发展、乡村旅游示范点建设与传统村落保护发展有机结合，整合各类资金投入超过了 2000 万元；另一方面在城镇维护费中确定一定比例的传统村落保护经费，并逐年加大投入。对涉及民生建设的项目的，发动群众捐资、投工。对具有市场开发前景的传统村落保护项目，鼓励社会资金融入，形成了多元化的投入格局。兴安县文物局编制完成了《榜上村古建筑维修保护工程设计方案》，已得到国家文物局审批立项，将获得国家文物局 600 万元古建筑保护修缮资金，用于对榜上村 15 栋古建筑的保护修缮工作。2013 年 3 月，乡人民政府请桂林市建筑设计研究院编制完成了《白石乡水源头村历史文化名村保护规划》、制作了《白石乡水源头村中国传统村落档案》，明确了水源头古村保护范围及保护措施和发展方向。

（五）创新模式

经过几年的实践，目前，灌阳县已探索出保护和开发传统村落的两大模式。

——推行"村民自保、私保公助"，即鼓励扶助村民依靠自身力量"自保"，明确要求所有者不能随意拆毁，在住建、文物部门指导下负责维修、管理和使用，政府适当给予补助维修经费，并履行在乡土建筑的使用、管理、开放、展示和处置等方面的义务。

——试行"产权转移、公保私用"，即对于产权人村民无能力承担修缮经费的，可将"产权转移村集体"或由政府"收购产权"，垫资修缮乡土建筑，产权人享有看管居住权，以后村民有能力可以回购产权；村集体利用旅游收入、信贷资金维修集体所有建筑，补贴经济困难的村民或者垫资抢修乡土建筑，村集体对修缮好的乡土建筑享有相应的权益。

（六）文化旅游

桂北将美丽灌阳清洁城乡活动与古民居古村落的保护结合起来，与新农村的建设结合起来，与休闲农业和乡村旅游发展结合起来，注重保留农村的历史文脉，把传统村落培育成为传统文明和现代文明有机结合的特色文化村，生态文明村，休闲旅游村。一批"艺术气息浓厚、生态环境优美、旅游产业发展、乡风文明先进"的主题艺术名村和特色旅游名村正在形成。他们选择有较高价值的历史文化遗产进行重点打造，坚持在保护中开发，在继承中创新，保留历史风貌，传承特色文化，完善设施功能，推动乡村旅游。

桂北传统村落的困难和问题

传统村落的保护和开发，无论中外可资借鉴的村落保护的经验都极其有限，已经成为三农工作的新难题，必然会存在相应的困难和新问题。

一是存在问题。在干部意识方面，对传统村落的保护和开发的意义缺乏高度，信心不足，积极性不高。所需配合的相关部门也缺乏动力；在群众意识方面，富裕起来的村名心中向往的是现代化的洋楼别墅，缺乏对老宅的价值认识，大多数老宅被废弃，老街巷破败凋零；在社会意识方面，社会对传统村落的保护意识虽非常强烈，但是缺乏科学的认识，误把传统村落同与"古建筑""文物保护单位""非物质文化遗产"混淆起来，不知道对"传统村落"的保护是分成不同层次的。还有人不懂得传统村落也是要发展的，对融入现代生活生产方式的元素很不理解。

二是工作方法问题。不恰当的工作方法主要有：要么过激，大拆大建、集体搬迁；要么顺其自然，无所作为。

三是技术问题。许多传统工艺几近失传，难以修旧如旧。面对大量古村落的建筑，技术人员远远不能满足实际的需要。特别是古建材料已经难以找到，想要恢复也"巧妇难为无米之炊"。

四是资金问题。当前的事实是，多数传统村落仍旧遗存的村落，几乎都是贫困的村落。依靠自身的实力保护传统村落几乎没有可能。资金使用的方向也有问题。已上传统古村落名目村落，获得的保护资金，用来修路、做门楼及其他基础设施工作，没有真正起到保护古建筑的作用。

五是基础设施问题。公共服务设施的建设迟缓，普遍没有公共厕所、道路标识、游客服务中心和活动场所。信息化程度很低，在网上，桂林的国传统村落几乎找不到完整资料。

六是生态环境问题。河道、水渠被污染、乱搭乱建严重、公共场所被挤占或者废弃、古树被挤压、粪便没有无害化处理等。

七是与现代生活的矛盾问题。旧屋保护与村民要建房子有矛盾。传统村落确实需要保护，但历史上留下来的村落都是适应以前生活环境、达到当时需求的。但现在生活改变了，环境不一样了。要保护传统村落，政府方面必须要有相应的政策来保证否则没办法保护下去。比如，现在家里有小车、摩托车，还有其他电器，对原来的房子就必须进行改造，重新建房。如果是按现在的政策规定，是拆旧房，重新修建。

八是制度问题。房子的产权不明晰对维护有较大的的影响。土改时，老房子一般都分给穷人，真正留在原主的凤毛麟角。基本上一座房子分了三四份。有钱的人到其他地方去建房子，对原住的那部分不去维修，但他又不愿意放弃。

对传统村落保护和利用的建议

（一）全面调研、摸清家底、统一认识

尽管全国性的村落普查已经初步完成，但桂北地广村多，山重水复之间可能还会有一些富于传统价值的村落，没有被发现与认知，更细致地搜寻有待进行。对已经确认的传统村落，也还要详细登记，并做好责任人的确权登记。组织相关人员进行全面研究，并做出图片和文字的描述，以便建立档案。

（二）统筹规划

将传统村落的保护和开发列入"十三五"规划的重大项目，并做出专项规划。以"分类施策、分级推进"的办法分阶段完成传统村落的保护和开发的目标。

（三）地方立法保护

建议自治区、市两级人大加快制定《传统村落的保护和开发条例》，做到全区一盘棋，做到有法可依，统一推进传统村落的保护和开发。

（四）公共服务与市场作用紧密结合

桂北各县经济实力较弱，必须同时利用政府和市场两个方面的力量才能实现传统村落的保护和开发。

首先要解决的就是交通问题。比如：虽然灌阳刚刚开通了高速公路，但是，从桂林进入灌阳仍然需要绕道进入。要发展灌阳旅游，必须修建从兴安高尚接入兴阳公路为起点，经兴安白石、漠川进入灌阳的西山瑶族乡，到达灌阳县城的高速公路或者高等级公路。同时，由于灌阳地形狭长南北两端近百公里。因此，必须实现县域交通公交化，才能促进灌阳经济发展，同时也有利于满足游客的需要。其他古村落也有类似的问题。

其次是大力发展公共服务，组建旅游公共服务中心，在旅游通道和景区设立完备的旅游标识。特别是要高度重视高标准旅游厕所的建设，在等级标准和分布密度上达到桂林旅游的平均水平。加快传统村落的垃圾无害化处理。优先实现信息化建设，尽快解决互联网在传统村落的"最后一公里"问题，加强传统村落的网上传播功能。

再次，要培育和完善旅游市场，形成健全的灌阳旅游业态。组建旅游公司，培养导游队伍，引进和培养高端旅游人才，培育旅游市场主体，鼓励和培育传统村保护工程产业的发展。

同时，推进乡村旅游产业有地政策的落实，建立乡村老宅的转让机制，将传统村落的保护和开发与全面深化农村改革结合起来。

（五）统筹实施文化与生态建设

要充分认识文化与生态是传统村落的两大优势。生态是文化的基础和载体，文化是生态的反映和高级境界。

桂北的传统村落文化既有古代建筑、农耕工具等物质遗产，又有桂剧、彩调、傩文化等非物质文化遗产。我们要特别注意保护和传承非物质文化遗产，高度重视扶持和培养非物质文化遗产的传承人。我们要更加宏观地看待传统村落的保护和开发，以湘桂古商道为载体，完整地将古商道的元素与传统村落融合起来。通过适当地保护和修复，将青石古道、古驿站、古河道、古码头等与传统村落组合成为一个完整的系统。建议政府支持对湘桂古商道的研究，并将这个研究与古代海上丝绸之路的研究结合起来，从古代海上丝绸之路的起源、动因和演变的角度进行深层次多视角的研究，揭示桂北地区古商道的历史本质以及与传统村落的必然联系。

桂北地质形态多样，生物物种丰富，森林河流密布，空气质量优良，十分有利于生产和居住。保护好桂北的生态，就是保护了传统村落赖以生存的环境。还要特别强调的是，要特别注意保护银杏等古树及森林，营造优美的视觉景象，为古树挂牌立碑，立法设立古树保护制度，让古树成为传统村落的历史见证，维护和创造黄金般美丽的湘桂古道标志性的美景。

将生态与文化的结合，就是要大力弘扬生态文明。要建立传统村落保护的村规民约，用老百姓喜闻乐见的方式宣传保护生态，树立良好风尚，创造良好的旅游环境，引导游客文明旅游，培育灌阳传统村落旅游的金字招牌。

一场没有硝烟的战斗

——蒙山县传统村落保护发展工作纪实

文/关盛富　蒙山县住房和城乡建设局村镇股股长

　　蒙山县传统村落分布广泛，内涵丰富，具有一定的历史、文化、科学、艺术、社会、经济价值，它是各个时期各族人民与自然和谐相处的见证，是各民族创造历史智慧的结晶，是极富民族特色的遗存，是一笔宝贵的物质和精神财富，能够传达出蒙山县传统文化的基本精神及其深厚意蕴，表现了蒙山县传统文化的价值系统、民族心理、思维方式和审判理想，记录并表征了蒙山县传统社会的哲理思想、宗法观念、环境意识、思维特征。我作为一名村镇工作人员，有幸参与到这一场没有硝烟的战斗。

　　早在 2012 年我就代县政府草拟并下发了《蒙山县人民政府关于印发蒙山县开展传统村落调查工作实施方案的通知》，或由于认为规模不大或由于工作之间的冲突等原因，蒙山县的传统村落申报工作在 2015 年前都是零申报。2014 年 4 月，自治区住房和城乡建设厅连续下发了《自治区住房城乡建设厅转发住房城乡建设部关于抓紧做好第三批中国传统村落推荐上报工作的通知》（桂建村镇〔2014〕18 号）、《关于组织参加全国加强传统村落保护工作电视电话会议的预通知》、《关于全国加强传统村落保护工作电视电话会议的补充通知》以及自治区住房和城乡建设厅　文化厅等部门联合下发的《住房城乡建设部、文化部、国家文物部、财政部关于切实加强中国传统村落保护的指导意见》、《转发住房城乡建设部文化部财政部关于公布第一批列入中国传统村落名录村落名单的通知》等文件，经过一系列的学习认识对传统村落的重要性进一步认识：一是蒙山县传统村落具有丰富的文化内涵，记载着蒙山县各个世居民族悠久历史的农耕文明、璀璨的民族文化、卓越的建筑艺术，保护发展好传统村落就是保护、继承和发扬这些优秀的民族传统文化，记住乡愁思绪，使我们进一步凝聚人心和民心，增强民族自豪感和自信心形成促进地方发展的强大动力；二是传统村落是维系散布在各世界各地同胞的文化之根，是连接家族血脉、传承族群文化的重要载体，是各地同胞寻根问祖的归属地，也是

梧州市蒙山县长坪瑶族乡六坪村一角

他们的维系家乡的重要桥梁和纽带；三是保护发展好传统村落是促进农民增收的重要抓手，蒙山县传统村落或依山或傍水，村落自然古朴，民风浓郁，是休闲养生、旅游度假的理想场所，蒙山县正大力发展旅游业，结合发展农家休闲游、生态游、文化游等带动蒙山县农村经济，促进农民增收。重要性形成共识后，在大家心中有强大的无形压力，也产生涌动一股强劲的冲劲，认为须倍加努力做好传统村落保护发展工作。

2014年秋季，随着《关于做好广西传统民居补充调查的通知》（桂建村镇〔2014〕41号）文件的下达，大家对传统村落申报感到更大的压力，技术力量及知识面都不够用，需要不断学习，更新知识。这时候，《关于举办广西传统村落规划编制及档案整理培训班的通知》（桂建村镇〔2014〕44号）文件的到来，蒙山县按《关于做好第四批中国传统村落申报工作的紧急通知》文件要求派人去培训学习，由于限制1人参加，培训学习后，效果跟不上需求。直到《关于组织参加2014年传统村落保护发展专题培训班的通知》（桂建村镇〔2014〕49号）文件的到来，使我们心中一亮，县、镇、村三级人员都能够学习培训，经领导同意，我发通知给各乡镇，要求各乡镇积极派人参加。理想是丰满的，现实是骨感，由于地方财力有限或其他原因，蒙山县到最后只有 2 人能够参加学习（我亦在此之外），这给满腔热情的大家泼了一盆冷水。

在当时蒙山县各乡镇正进行机构改革，"四所合一"正在推进，机构是成立了，可是人员没有落实，乡镇的规划建设工作处于"半离合"形状，而全县负责村镇工作的村镇股只有我 1 人，举步维艰。虽然热情受到冷却，但不影响我对此工作的推进，毕竟这场战斗还没有正式开始。

2015 年 4 月中旬，自治区住房城乡建设厅下发《关于做好第四批中国传统村落申报工作的紧急通知》蒙山县传统村落申报工作正式开始，一切都是那么紧锣密鼓地进行：一是按《关于做好第四批中国传统村落申报工作的紧急通知》文件要求，我马上通知各乡镇人民政府按要求做好做申报工作；二是同时密切联系县文物管理所，请他们协助做好申报工作；三是通过各种渠道找到有关传统村落申报的材料，认真学习。

自治区住房城乡建设厅是 2015 年 4 月 13 日下发《关于做好第四批中国传统村落申报工作的紧急通知》文件，文件要求到 4 月 17 日前报送申报名单到市，4 月 23 日前由

梧州市蒙山县新圩镇壮村村村联山屯室内景

梧州市蒙山县新圩镇六桂村毛竹坪屯远景

市汇总名单报自治区住房和城乡建设厅，由于文件到我手中时已经是 4 月 16 日了，我只有通过电话快速联系各乡镇人民政府领导，建议积极申报并落实名单报到我处。到市要求的时间，才有 3 个乡镇报送 5 个村的名单上来，经多次催促，各乡镇提交的名单达到 22 个村，经请示市级业务领导，认为"申报范围太广，应分侧重点，分批次申报"，再经与各乡镇人民政府及县文物管理所领导商量反复推敲并经县领导同意最后报送 15 个村名单给梧州市住房和城乡建设委员会。申报名单落实好时已经是 2015 年 4 月 27 日。

按《关于做好第四批中国传统村落申报工作的紧急通知》文件要求，2015 年 4 月 30 日需要上交传统村落调查登记表。传统村落调查登记表主要是需要填写村落基本信息、传统建筑村落选址和格局、承载的非物质文化遗产及人居环境现状五项内容，每项调查指标里都要求阐述清楚，并需要按要求现场拍摄的相片、收集资料等佐证材料。由于各乡镇工作人员基本上没有培训学习过，也由于时间太过紧，任务重的，提交到我手上的传统村落调查登记表质量比较差，于是我将在手头上的各种材料与他们共同学习，修改完善。在这过程中，需要大量的时间与群众走访调查，由于对相关文件要求不太熟悉，走过许多弯路，或为了一个建筑构件背后的寓意得多次与群众了解；或是为了一个相片，跑到各山顶找拍摄点。经过多次修改、报送，到 2015 年 5 月 20 日，传统村落调查登记表基本上能够定下来。

2015年5月18日，也就是蒙山县要求各乡镇报送 PPT 申报制作文件的时间。《关于做好第四批中国传统村落申报工作的紧急通知》文件要求制作申报 PPT 包括"村落的地域和民族特色、选址、格局、建筑、非物质文化遗产等内容，无格式要求"。各乡镇陆续提交到我手中，与传统村落调查登记表质量一样不理想，我得认真对照调查登记表的内容、格式等一份一份进行审查，许多材料还要添加。记得，为了对非物质文化遗产方面进行佐证，我得从我结婚的录像、相片中提取材料加入里面；得从摄影协会的朋友手中找蒙山县饮食文化，加工制作过程的材料；得从父老乡亲手中找蒙山县独特的舞筛文化相关材料；等等。由于我是全县唯一的工作人员，时间紧、任务重、要求高，此时已无休息时间可言，我只能采取"5＋2""白＋黑"连轴转的工作方法，摸爬滚打连续作战。这场战斗已经进入白热化，越是难度高，我越是感到越刺激，终于在《关于做好第四批中国传统村落申报工作的紧急通知》文件要求的，在2015年5月30日前报送将所有的材料按要求整理、分类、汇总、打包、报送。

自治区住房和城乡建设厅分别于2015年6月10日，6月16日下发《关于修改上报

梧州市蒙山县新圩镇壮村村联山屯一角

梧州市蒙山县西河镇福垌村村民

第四批中国传统村落申报材料的预通知》、《关于修改上报第四批中国传统村落申报材料的预通知》（桂建村镇〔2015〕45号）中，对蒙山县积极申报第四批中国传统村落进行赞扬"从推荐数量来看……排在前3位的县分别是龙胜各族自治县、蒙山县和三江侗族自治县"，同时指出申报材料存在的问题，明确了修改重点内容：一是对照登记表将所缺资料补齐，各地申报资料普遍出现环境分析图、选址格局分析图、格局结构图、村落肌理图、传统建筑和历史环境要素分布图、村落文献资料缺项等问题；二是调整PPT文件的编排顺序和内容，使PPT文件与村落信息登记表的内容和顺序保持一致，各板块图片要与主题相符，方便评委审查；三是应选择具有代表性的照片，包括全貌、建筑外廓、细部以及历史环境要素等，尽可能齐全、完整、清晰，照片要标明对象、部位、时间、地点和反映主题等，文字简洁，重点突出；四、材料整理归档不规范，调查表和PPT文件标题不统一，未按照××市××县××乡××村××屯整理，申报材料必须县、乡（镇）、村各一个文件夹建档，方便评委审查，并于2015年6月22日前报送材料到自治区住房和城乡建设厅。这就要按照中国传统村落申报模板重新开始，与原来的要求"无格式要求"按照我在网上搜查的历届申报成功的格式进行编排制作的有出入，这使得各乡镇工作人员有些情绪了，我使出浑身解数劝说，再加上自己对照上级的审查意见认真进行修改。

经自治区住房城乡建设厅复审，认为蒙山县推荐第四批中国传统村落只有 4 个村；经重新整理修改，将 15 个村申报材料上报；经自治区住房和城乡建设厅三审，蒙山县推荐第四批中国传统村落增加到 7 个村；经自治区住房和城乡建设厅四审，蒙山县推荐第四批中国传统村落审定为 5 个村。为了能够申报成功，我常 500 米的家不回，在办公室啃方便面，或到不远的快餐店就餐；为了能够申报成功，我曾几度在办公室熬夜到天亮……

天道酬勤！2016 年 10 月 24 日，自治区住房城乡建设厅、自治区文化厅、自治区财政厅、自治区国土资源厅、自治区农业厅、自治区旅游发展委《关于公布第二批广西传统村落名录的通知》（桂建村镇〔2016〕85 号）文件中公布蒙山县西河镇福垌村；新圩镇六桂村毛竹坪、壮村联山村（屯）；长坪瑶族乡六坪村、三妹村 5 个村列入第二批广西传统村落名录。2016 年 12 月 9 日，住房城乡建设部等部门《关于公布第四批列入中国传统村落名录的村落名单的通知》（建村〔2016〕278 号）文件中公布蒙山县长坪瑶族乡六坪村列入第四批中国传统村落名录。我欢乐的泪水迸出！

感觉自己已经在路上了！但我知道这场战争远没有结束，根据《住房城乡建设部等部门关于公布第四批列入中国传统村落名录的村落名单的通知》（建村〔2016〕278 号）文件要求，最迟 2017 年 2 月 20 日前将申请文件连同村落档案、保护发展规划和项目需求表报至住房城乡建设部（村镇建设司）、财政部（经建司），年底就要放假时才收来的文件，没有多少时间留给我，马上联系长坪瑶族乡人民政府及时开展工作，多方联系有资质的设计单位，可是设计公司根本不能在 2017 年春节前开展工作，设计公司在过年后，即 2017 年 2 月 3 日才开始上班，留给我的时间仅有 12 个工作日，要在这 12 个工作日内完成需要 2 个月才完成的工作，工作艰辛程度可想而知！经过努力，终于如期报送相关材料。

我深知，蒙山县的传统村落保护发展工作，任重道远，现在才是战斗的开始。在新形势下打好传统村落保护发展这场没有硝烟的战斗，我要利用科学理论指导，创新方式方法，立足长远，着眼整体，着力解决规划方案编制，妥善处理文化与生态、保护与发展的关系，着力破解各种因素制约，为传统村落保护发展工作奉献自己的力量，把蒙山县打造出美丽宜居、幸福的"乌托邦"。

在保护中寻求发展　在发展中强化保护

——苍梧县石桥镇培中村古村落保护情况记述

口述/朱卓锦　培中村党委书记

整理/朱裕先　苍梧县诗词学会会长

　　　熊式光　苍梧县诗词学会副会长

　　培中村潘姓古村落在我们本地很有名声，在我尚未担任村支书之前，县里的文物管理部门都经常深入村里调查摸底，并宣传一些保护的相关要求了。我是 2011 年 6 月开始担任培中村党总支（现在改为村党委）书记的。上任伊始，在县文物所专业人员的指导下，我对本村潘姓古村落的历史做了一定的调查，通过与潘葆庄、潘沃钤两位老人的多次交谈，逐步了解这个古村落形成的过程。潘葆庄，现年 83 岁，是一位东安著名的民间雕刻艺术家。潘沃钤，现年 75 岁，是石桥一中的退休教师，是冠有"东安圣人"雅号的潘葆芬先生的二公子。这两位古村落后人对他们祖辈的创业历史都比较了解，并保存有一定文字资料。在摸清古村落的历史之后，我觉得这个古村落的形成和发展过程对我们当代人打造建设新农村很有启发意义，于是，结合我的岗位职责，我与村党委、村委会一班人逐步构想出了"在保护中寻求发展，在发展中强化保护"的基本思路。

古村落形成的历史与人文价值

　　有着 200 多年历史的培中村潘姓古村落，位于 207 国道 3114 公里旁边的苍梧县石桥镇培中村，背靠仄岭（该山岭属于萌诸岭—大桂山的余脉）。此处山环水抱，堂局开阔；仁立村前，目之所及，尽是良田。再前面不远，便是苍梧名胜——龙岩风景区。潘氏先人潘业播于乾隆年间中式武庠生后卜居于此，可谓独具慧眼，此处自然条件可谓得天独厚。

　　培中古村落主要由护城水塘、城墙、城门、岗哨楼、民居、祠堂、学堂、古井、桅杆等单元组成。古村落原有城墙围绕，俨然一个小城堡。其中村左、村右以及村前的城墙为青砖墙，村后的城墙为夯土墙。村前以及左右城墙共有九个城门，每个城门之间以水塘与外界隔开。城墙紧贴水塘的边沿而建，所以水塘就具有护城河的作用。此外，护城水塘还是村民蓄水养鱼、灌溉作物的实用设施，并兼顾了建筑风水学上的需要。并且，村中一切排水排污，也都往这些水塘里倾注，一物多用，体现了培中先人的智慧。清末民初，时局动荡，每遇兵匪为患，则九门紧闭，易守难攻。所以，向来世外喧嚣，此处则相安无事。可惜的是，除了后山城墙还有部分留存之外，其余城墙以及护城水塘均不复存在了。岗哨楼位于城堡的四个角上，均系 2.5 层，现已不存。祠堂、学堂均毁于 1975 年左右。水井废于 20 世纪 80 年代，因为那时流行比较方便的人力空气压缩泵抽水，人们逐渐在自家院落（天井）内打井，所以自古使用的公用水井便自然而然地消失了。该古村落曾有二人在清朝期间高中了功名，在朝为官，所以，村里立过两个桅杆，桅杆夹的四条柱石尚在，那是富贵的象征。据说在封建时代，只有高中功名的家族才有资格立桅杆，过路客人见有桅杆的地方，是文官的要下轿，是武将者要下马，一来表示尊重，更重要的是，万一有桅杆的村落有官职比自己大者，就会招来不必要的麻烦。

　　目前的古村落，保存完好的只有古色古香的古民居 14 幢。

　　"这些古宅最难能可贵的是将兄弟们团结起来，屋连着屋，屋屋相通，大家生活在一起，和谐共处，互相谦让，极尽天伦之乐。"潘沃铃老师这样说。潘沃铃是潘业播的七世孙，在他心里，古宅不仅仅是他们的安居地，更是他们的心灵归属。他说："古村落的居民都是潘家祖先潘业播的后代。业播定居培中后，业播长子汉辉于乾隆年间授登士郎（秀才的优秀者，属候补官，需要有空缺，才能补上为官，正九品）；次子汉宾高中嘉庆年间进士，名题雁塔。这些古宅都是业播公的子孙建造的，最早的是清朝嘉庆年间建造，最迟的是民国二十一年（1935 年）建造。不管建于哪朝哪代，哪年哪月，建设者们都严格按照祖宗定下的规划，不逾矩。经过四五代人的努力，终于建成布局合理、整齐美观、功能完善的潘氏村落，鼎盛时期约 500 丁口。"

　　培中村原有古民居 30 幢，至今保存完好的有 14 幢。一幢幢雕梁画栋的古宅相互连接着，纵横有序地错落在现代化的水泥楼房中，每一幢古宅都按乾巽兼戌辰的分针（坐西北向东南）呈"井"字形布局。也就是说，古村落按"西北—东南"走向的主村巷四条，按"东北—西南"走向的主村巷也有四条。配合村巷走向的还有排水排污的渠道网。排水排污网除了户外的明渠外，还有贯穿于民居横廊与天井地下的暗渠。暗渠一般在天井处留有一到三个渠口，上面覆盖大青石板。下中雨的时候，可以听到暗渠中"叮咚"作响的流水声。古村落中的主巷道本是平整笔直的鹅卵石路，路基用青砖砌成。可惜的是，近年来推进村道硬化工程，百年古巷已被水泥新路所覆盖，再也看不到那历尽沧桑、踩踏得滑溜光亮的鹅卵石巷道了，着实教人有些许遗憾。

　　最令人击节称赞的是古民居的防盗防匪设施。古村落中的每一幢房子不但墙体很厚，而且都有射击孔（炮口）。包皮墙体 1.2 米以下者均镶嵌花岗岩或石灰岩石条。墙体有三层青砖的，也有四层青砖的，最厚的一幢竟为五层青砖！在这五层青砖里面，中间一层是不施砖浆的防盗层，如果有人想从外面挖墙洞进入，那么这层没有砖浆胶结的青砖就会源源不断地塌陷下来，自动把盗洞封闭。人们抚摸着被岁月风雨剥蚀得失去光泽的墙体，想起古人的智慧和匠心独运，便会肃然起敬！

古村落建筑规模虽然普遍不大，但注重装饰。不仅注意外表美，更注重内在美。现存 14 幢民居，建筑格局基本一致，均为六开间两层楼四合院，主建筑深两进，前面是天井和门楼，天井前面还有一进底厅。由于建筑物是古村落的主体，因此作为装饰构件的木雕、石雕、灰雕、壁画和题诗遍布于民居之中，尤以木雕和灰雕居多。这些装饰，不仅给古建筑添上了五彩缤纷的绚丽，还寄托着主人的心愿和祈盼。人们走进一幢幢古民居，在前庭、后院、厅堂、天井之间驻足，领悟前人对"五岳朝天，四水归堂"的向往；在随处可见的院墙壁画题字前流连，感受"以思乃身"、"耕读传家"以及"疏影到窗梅得月，清阴笼席竹含烟"的古朴教化。尤其值得称颂的是，培中古村落"亦耕亦读、耕读传家"的风气甚为浓厚，多数古宅题书无不围绕着这种思想。如"耕可养身，读可养心""教子两行正路，惟读惟耕""垄亩躬耕兴祖业，砚田勤护慰先贤"等。正是这些无声的壁画、题书和雕饰，使整个古村落的居民在 200 多年来始终浸润于浓厚的中华优秀传统文明氛围之中，起着潜移默化的教化作用，对整个培中村来说也是一个激励、一种鼓舞、一种鞭策。据不完全统计，培中村自清乾隆至光绪年间授职登士郎 1人，岁进士 2 人，庠生、监生 26 人（属于潘业播及其子孙者 18 人，占培中全村考取功名总人数的 62%）；民国二十五年，出生于培中古村落的潘葆芬与石桥街的梁高年在中山大学附中高中毕业后直升中山大学，成为石桥镇乃至东安乡在"废科举，兴新学"之后跨省进入国家的高等学府深造的先驱，誉满乡邻；1981 年、1985 年、1989 年高考，苍梧县的理科状元都落在培中村，其中有 2 人是潘家子弟；近年来，古村落的后人，乃至整个培中村更是人才辈出，不胜枚举！

培中古村落的发展和形成过程具有明显的规划性、前瞻性，道路纵横有序，水系来去畅通。从文化生态角度看，培中古村落与培中自然环境具有制约、适应、再现和选择关系；从文化景观角度看，培中古村落承传了中国传统文化的内向型气质、和谐型风格和伦理型内核；从文化整合角度看，培中古村落是培中潘姓族人总体经济实力和东安人诗礼传家思想观念的外在表现。古代村落的存在，实质上是苍梧县先人物质生活和精神生活的重要见证，是"凝固的史书"，是"活化石"。

2015 年苍梧县石桥镇培中村列入广西传统村落名录。

古村落的保护与发展规划现状

从培中村潘姓古民居形成的历史来看，属于典型的耕读传家、以文兴家造就的结果。我们村党委（过去属于党总支部）和村委会对于古村落蕴藏的历史密码做过认真挖掘和研究，并结合当前本村发展的总体规划对古村落现存古民居的保护采取了相应措施。2011 年，村委会就对古村落的古民居进行了调查盘点，并且对各户主做了摸底沟通和必要动员，要求他们尽量保护好。如潘锦江户、潘汉奎户，他们于 2006 年开始就逐步筹集资金正准备在故居旧址上拆旧换新建设新居，村委会知道后主动上门劝说他们另选地址建新居而将故居保护好，经过细致的思想工作，使他们明白：古民居实属自己祖上流传下来的非常珍贵的历史文物，并且在目前已属稀有。潘锦江、潘汉奎听了动员，思想豁然开朗，潘锦江说："保护好故居是对祖上奋斗历史的景仰和尊重，也是我们后辈子孙的一份责任。"于是，他们便主动做通家人的思想工作，另选地址建了新居。

对旧居的文物保护意识比较强的还有周棠户（该户属于解放初期土改政策分得的地主屋居住），该户一家三代长期居住于"东安圣人"潘葆芬祖上的旧居里，对旧居里的各种装饰物保存很好，如潘葆芬的书房，书柜，书桌，古镜灯，古椅，古床都没有任何的损坏，特别是，那个书房位于二楼，那里的地板介砖经鉴定为德国进口的地砖，现在都完好无损。新世纪以来，该户也另选地址建了新居，而这个保存良好的旧居正好被我们村委布置为村史展览室。

由于村党委、村委会有了相应的故居保护措施，村民们也有较强的保护自觉性，使这组古民居得到了有效的保护。

由于古村落蕴藏着深厚的历史文化底蕴，我们便着手规划开辟整理了一间村史展览室，利用曾经享有"东安圣人"美誉的潘葆芬先生的旧居作为展示厅，展厅总面积 350 平方米，将古村落的"进士匾"，古代中了功名人员的佩剑，还有古床、古椅子、八仙桌，古书架，农耕时代的纺车，古石磨，脚踏碓，糠箕，米落，箩斗，研船，风炉，旧茶具，葵扇，麻蚊帐，以及过去农家生活常用现在已经退出当代生活场景的各类旧用具，包括犁耙等等都展示出来。

培中古村落的诗文传统也在桂东地区久负盛名，我们村党委于 2011 年就做出了"诗词文化兴村"设计，并着力组建培中诗社，由"东安圣人"潘葆芬的亲子潘沃铃先生牵头担任诗社社长。我们借助石桥镇创建"全国诗词之乡"的东风（石桥镇于 2009 年在广西第一个荣获"全国诗词之乡"称号）认真发动和培育本土诗人参与诗社建设活动，共发展了本村社员 30 多人，诗社活动搞得有条有理有文有路，共出版了《培中诗词》9 期，发表诗作 1000 多首。培中诗社作为一个村级诗社在中国诗坛上还是非常少见，更由于我们努力传承和发展了本村历史传统，诗词水平也颇有高度，引起了广西诗词学会和中华诗词学会的关注。广西诗词学会会长（原广西政协副主席）钟家佐老先生曾多次亲临本村诗社指导工作。在钟老的引线推荐之下，中华诗词学会的多位专家也从首都北京赶来我培中参加了与当地农民诗人的联谊交流活动，特别是中华诗词学会副会长兼《中国诗词社》社长梁东先生对我们这个村级农民诗社给予了高度的赞扬，还在参观的现场泼墨挥毫写下了七律一首：

何处熏风燕子斜，芳菲故郡浅深花，

新翻杨柳千山韵，漫饮瓜芦六堡茶。

热土春秋驰铁骑，流金岁月走银蛇，

苍梧又绿人间景，诗在桥头百姓家。

培中诗社配合我们村党委保护古村落文化传承发挥了积极作用，并且办得有声有色，2014年被广西文联命名为"广西诗词村"，广西诗词学会会长锺家佐老先生还专门为我们村题赠了"诗词村"三个大字的墨宝。

苍梧县政府对全县的文物管理保护工作非常重视，2008—2010年，县文物管理所组织了一次大规模的文物调查，对全县的古迹、古村、古桥、古屋、寺庙、宗祠进行了实地采集，共新增县级文物保护单位50多处，其中我们培中村古民居就是这次普查中被列入保护单位的。县文管所专家曾10多次深入我们村古村落现场，走访村中老人，了解古村落形成的历史过程，并多次与我们村委会领导班子成员交流沟通，建议我们村委会牵头动员群众增强文物保护意识和责任。我们村党委及村委会在县文管所的指导下，认识到培中村古村落是祖宗留下来的一份珍贵遗产，它不仅具有观赏价值，更具有精神激励的能量，它是培中人耕读传家，奋斗不止的历史物证。我们有责任将它保护好，并要将这种奋斗创业精神传承到我们现代人中来。于是，我们把保护措施与村的发展总体规划结合起来，制定了围绕古村落的保护与历史文脉传承的全村总体发展规划，还通过多种渠道招商引资对规划逐步推进实施。

目前，本村已争取到上级财政拨款150万元对古村落旧居的雕龙画凤以及诗文雕刻进行修旧如旧的修复。还通过多方牵线搭桥吸引了著名企业家梁国坚（20世纪70年代曾在我们培中大队当过知青插队三年）对本村以古村落为亮点的旅游兴村项目的投资。2016年5月，以梁国坚为法人代表，注册资金为2000万元的"梧州市培中古镇投资有限公司"成立，该公司以"发展古镇生态旅游，培育和扶持智慧农业"为主要项目内容。目前，该公司已经启动的具体业务有：以古村落前面的田园为主，根据农事季节变化而打造的"千顷稻浪"、"万亩菜花"工程已经初步收到实效。还有以古村落背后的青山为主的"九龙山森林绿道风景区"工程正在逐步推进，已开发进山土坯路8公里，硬化路2.5公里，投入资金250万元。还在207国道进村的路口建造了一座古色古香的宏伟巍峨的古村落牌坊，投入资金100万元，进村牌坊大门已于2017年5月竣工通行。"东挹袍岭莲峰，雨露滋荣，水秀山青藏福祉；北接九龙文脉，云烟挥洒，地灵人杰谱新篇。"这是牌坊新大门的对联。

我们村古村落的保护结合着本村大发展总体规划一起正在逐步推进。在村党委和村委会的带领下，全村群众对"在保护中寻求发展，在发展中强化保护"的总体思路有较好认识和理解，参与的自觉性和积极性都很高。我们全村群众对这个以古村落为亮点的大建设充满了信心和希望。

百年古城谢村的前世今生

文/李彬　岑溪市归义镇谢村村民

阳春三月，走进岑溪市归义镇谢村，一座有 400 多年历史的古城映入眼帘，漫步进村，纵横交错的古巷连接着东、南、西、北四座城门，鳞次栉比的民居、商铺伫立两旁，高低不一，屋檐内雕梁画栋，山水花鸟壁画栩栩如生，精致悦目，让人流连忘返。古城历经数百年的风风雨雨，昔日之繁华早已不见，但透过一座座高墙大院，仍可感受到深厚的历史和人文气息。

发现古村落沉睡几百年的宝

谢村，顾名思义，谢氏先到村。据谢村谢氏族谱记载，元泰定年间，谢氏祖先二九哥择地，这里水源充足，土地肥沃，气候宜人，前临义昌江，后依九龙山脉，地理位置和自然条件非常适宜，便在此定居开基。到明、清两代相继有甘、高、杨、李等 36 个姓氏迁至此，后成为岑溪最大的村庄。

谢村离归义镇近在咫尺，离岑溪市区仅 5 公里。村辖面积 12 平方公里，人口 5438人，其中 90 岁以上 20 人。进村道路 5 公里，全部水泥硬化。公办小学 1 所。玉林至广州高速公路从这里经过，现代泽仁物流城也坐落在谢村境内。

据 2007 年自治区文物局和文化厅专家到谢村进行普查登记，考察鉴定为明崇祯年间建筑（水磨青砖长 28 厘米，宽 13 厘米，厚 7 厘米，属明代青砖规格）。据梧州电视台《走进梧州历史》栏目 2011 年 6 月 8 日报道，与清顺治九年（1652 年）岑溪县知县走避谢村办公有关。据此分析推断，应该是明末清初建城，至今已有 400 多年历史。目前谢村东、南、西、北四城门保存完整，十字街、古戏台、高大夫庙、高氏张外祖祠、谢家祠、李家祠、杨家围屋、高致嵩故居、高家大院、保泰楼、晓初楼、县令办公旧址、三圣庙等较有特色的古建筑保存良好。

古城街道拾级而上，有曲径幽深，还有平缓坦荡。户户相通，家家连接，形成一座"大迷宫"。从防盗、防匪而言，可算是固若金汤。严密的防护设施，使谢村人生活安定，家业兴旺，外患无忧。

谢村山清水秀，古韵雅致，还是一个英才辈出的地方。清康熙年间的廉正三品官、两浙盐运使高熊徽即为谢村人。

清康熙五十六年（1717年）高氏建祠缅念，刘罗锅宰相题为"高大夫庙"，并亲笔题书"官声传两浙、文献重三文"之格木雕刻对联。高大夫庙于2011年被岑溪市人民政府列为文物保护单位。

抗日战争南京保卫战中为国捐躯的高致嵩将军也是谢村人。高致嵩故居2015年被岑溪市政府定为国防教育基地。

中央电视台军事频道《东方之子》栏目曾专题报道的激光陀螺专家高伯龙院士，高空物理学家高志祥教授，生物学专家、主研高产优质杂交水稻专家高菊博士后等，都是谢村人。

为古村落开发利用"挖宝"

谢村古城颇具岭南西洋建筑的风采。一座座古老的宅院，讲述着一个个历史故事。为了弘扬中华优秀传统文化，传承和发展美丽广西，营造清洁、宜居、和谐、幸福乡村，打造特色名村，开发乡村休闲旅游业，为谢村传统古村落的开发利用，我做了不少工作。

谢村东、西、南、北四座城门，建于明万历十四年（1586年）

高大夫庙，始建于清康熙五十六年（1717 年）

2007 年，我在本村一间来料加工的灯饰厂任发货员。一天我在《广西日报》上看到一篇《清代古城旧貌现岑溪》，才知道原来谢村是一座古城，从此我对谢村的历史就很感兴趣。谢村每天有摄影爱好者来拍摄，我曾问过他们拍这些旧屋有什么用。他们诚恳地回答我，谢村原来是座古城，大部分大屋宅院都有壁画，来拍摄是探寻这里的历史文化，挖掘古代历史文化经济底蕴。我听了深有感触。我是谢村人，责无旁贷应该宣传谢村，从哪开始呢？经过思考，我认为应从资料方面做起，于是便每天关注报纸新闻，有否有报道谢村古城的信息，终于在 2007 年 4 月 28 日《西江都市报》看到《谢村古城今犹在》的报道。这是我第二次看到谢村古城的讯息，便把这两张报纸精心地收藏起来，作为我宣传谢村的材料。

从报刊找资料很有限，为更深刻了解谢村的历史和人文故事，我又开拓了新的渠道，自己向本村较大的姓氏借族谱找资料。我分别借了谢氏族谱、高氏族谱、胡氏族谱、杨氏族谱、张氏族谱、李氏族谱和《岑溪市志》。我把所有名人轶事全记录下来。除了借阅族谱资料之外，我还采访了本村 20 多位 80 岁以上德高望重的老人，向他们了解本村一些习俗、宗教、祖训、民约、节气俗例、婚丧礼仪等方面资料。由于对高致嵩将军、高伯龙院士的信息了解甚少，我又与高伯龙院士之堂侄高志远共同在网上搜索有关资料来充实。我和志远有共同把谢村宣传出去的想法，我们的目标一致，合作起来很有信心，也很愉快。他搜资料我作整理，他拍照片我写文稿，还经常一起去游山览景。

2011年6月初我俩被邀请参加梧州电视台《走进梧州历史》栏目，在谢村拍摄专题片两集"古城沧桑和高家四杰"，我充当群众演员与主持人陈文静对答提问，讲解历史故事。自此之后我俩合作更加紧密。

为加强宣传谢村古城的力度，我俩在2011年8月16日晚搞了一个大型音乐晚会，晚会观众多，宣传效果好，向村民宣传保护谢村古城，让更多的人了解谢村古城。我俩负责总策划，村委会及一些热心人士负责筹款。晚会很成功，梧州电视台、岑溪电视台现场拍片报道。这个晚会策划上、资金筹集上都很顺利，赞助单位又很热情支持，给我们保护古城带来了极大帮助。通过梧州电视台、岑溪电视台报道宣传、网站介绍，区内外不少游客慕名而来观光，梧州文联摄影家协会也组团来此拍摄（文联主席罗金陵带队，我讲解），他们将图片、视频放上网，帮助我们宣传。

2012年5月1日我俩又策划成立谢村乡亲联谊会，得到了岑溪县人大常委会原主任谢光天、岑溪市人大常委会副主任谢

清代县衙旧址（明崇祯年间）

梅的大力支持，他们分别在成立大会上讲话，并参与保护谢村古城具体工作。

同年重阳节，我俩以谢村乡亲联谊会名义搞一个慰问全村70岁以上老人（包括外出工作老人）活动，送上慰问金、慰问品，晚上开晚会共同欢度"九九"重阳节，谢光天讲话，号召广大父老乡亲热爱谢村，保护谢村，传承谢村民俗。村党支部书记钟浦雄作了《如何保护谢村古城》的讲话。

2014年国防科技大学领导和记者到谢村采写、拍摄老科学家高伯龙教授的成长史，我与志远一同参加采写和拍摄，当时我正在写作《九龙神韵》，这段经历正好给我送来宝贵材料。该书于2014年出版。

2014年12月，我受谢村村委会全权委托，编写《谢村传统村落调查申报》材料，于12月15日送交岑溪市住房城乡建设局。于2015年3月14日接文，广西第一批传统

晚初楼（清末时期）

村落保护名录公布，谢村榜上有名，编写材料的我功不可没，我万分高兴，但又感到压力重重，高兴的是成功地为村里做了件好事，人家称我为"谢村通"；有压力的是给我日常多了一项无报酬的工作，人家叫我"傻仔"。

无论如何，十年来，各级领导考察谢村古城或是要谢村古城的材料，每次都少不了我；新闻媒体要材料、拍摄也少不了我；有团体到谢村旅游观光，同样也少不了我。十年来，我不计报酬，为谢村百年古城的保护开发做出了应有的贡献。

努力让古村落向社会"献宝"

从我们收集谢村古城的资料和谢村的地形地貌，已发现谢村蕴藏着风水地理文化、建筑文化、历史政治经济文化、田园空间文化、风俗宗教文化等五方面文化要素。为传承中华优秀传统文化，促进谢村古村落的保护和发展利用，谢村党支部、村委会在驻村第一书记马天宝指导下，多次召开党员和村民小组长会议，专题讨论如何保护古村落现存古建筑、古树、护城河、九龙山、古戏台等，挖掘整理历史人文资料，还向政府及文物管理部门做了书面报告，得到上级党委、政府和有关部门的重视，特别是梧州、岑溪两级政协领导的高度重视和关注，政协委员也为其发展利用想办法。2015年由归义镇政府、岑溪市住房城乡建设局委托广西南宁市美通规划设

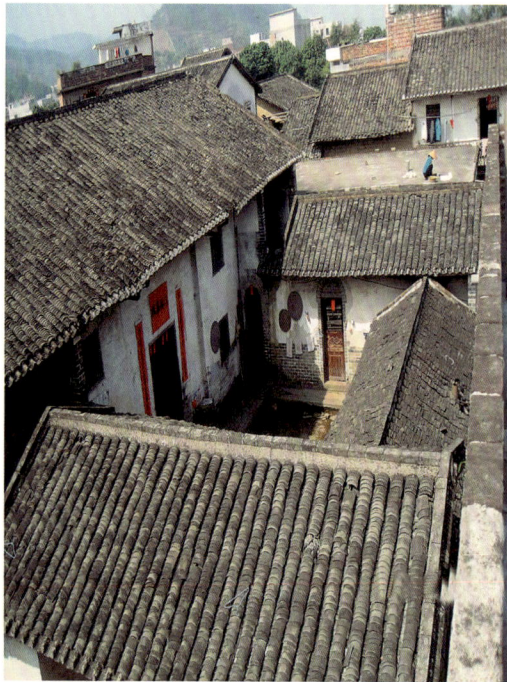

高伯龙旧居（清末）

计公司做出具体保护与发展规划方案。市住房城乡建设局邀请广西建筑设计专家、考古专家、历史学专家、文物专家等等进行了专题评估，归义镇政府分管领导、村委会主任和我一起参加了评估会。

我们在驻村第一书记马天宝的指导下、帮助下，抓住建设归义镇为"全国特色强镇"的机遇，开发谢村为特色旅游基地，争取政府专项资金的扶持。

我们以保护谢村珍贵的文物古迹历史建筑物、古树为重点，深入挖掘历史文化内涵，注重自然山水原生态功能，体现谢村的人文景观、自然地貌、风俗文化、人居文化的协调性，做到保护与开发、整治与利用的有机结合，最终使谢村成为具有独特文化魅力和地方特色的广西特色传统村落。

2016年，由马天宝、高宝年牵线，"九龙山庄"落户谢村，投资800万元，面积40多亩，集养殖、休闲、度假、旅游、娱乐、食宿于一体，现已营业。村公路两旁农田也合理安排种植火龙果和百香果，面积100多亩，旅客可以随意采摘。

谢村历史厚重，人文丰富，景观独特，我们真诚希望各级政府能重视谢村古城的建设，把谢村建成全国特色旅游乡村，期待古城展新姿，谢村明天会更好！

北海市合浦县曲樟乡璋嘉老村陈氏宗祠
保护略记

文/陈燕　北海市规划局村镇科

　　北海市合浦县曲樟乡璋嘉老村于 2016 年 12 月 9 日被列入第四批中国传统村落名录。我作为当时第四批中国传统村落申报的工作人员，经历、目睹、亲闻了合浦县曲樟乡璋嘉老村成为第四批中国传统村落名录的过程，他的历史和现状，历历在目难忘。

　　广西北海市合浦县曲樟乡璋嘉老村是广西北海市合浦县偏远山区、革命老区和合浦水库库区，是举世闻名的爱国将领陈铭枢和著名抗日英烈陈前故里，曾为抗日革命老区——中共地下党广东省六万大山地委机关所在地。该村地处北海市合浦县、钦州市浦北县、玉林市博百县的结合部，是"鸡鸣三州县"德地方，东北面与博百县的松旺镇、菱角镇山水相依，西边与本乡山心、井山村委连接想通。璋嘉村委老屋村地处大廉山峡谷的心脏部位，四周山环水绕，聚水藏风，是典型的山多盆地，因形状像古代帝王御用的玉器"圭璋"而得名。村民世代自称"小天府之国"与四川盆地的"天府之国"媲美。

　　曲樟乡璋嘉村委拥有 3 个客家土围村寨较为完整保存的现状，陈氏宗祠是保存最为完好、最大规模，最为古老悠久的老屋村土围寨。该宗祠的建设规模宏大而富有历史文化特色。宗祠巍峨辉煌，檐角饰在屋顶如龙似凤栩栩如生，青瓦、青砖包裹着的古木房梁经久不朽，依然坚固非常。厅堂内除安放观音菩萨、土地神和陈氏列祖列宗灵牌外，还有清朝总理各国事务大臣陈兰彬巡察璋嘉村陈氏宗祠和山水人文的楹联点评、清光绪皇帝嘉奖海南守将陈才业戍守琼州宝岛的功勋牌匾、陈兰彬、陈才业和陈铭枢的官封牌匾，还包括著名抗日英烈陈前（陈致中）照片、生平简介，解放军高级将领杨成武上将为陈前作烈士证明的信函、共和国中央人民政府毛泽东主席签名颁发追授陈前为革命烈士的证件、地方各级民政部门和乡、村纪念陈前烈士殉国七十周年仿碑记挽联等丰富文存的陈前烈士生平事迹展览厅（室），足见该宗祠内存的红色人文历史非常显著显赫，堪为北海珠乡重要的爱国主义和革命传统教育基地，历史传承着璋嘉红色文化精神的独特个性和内涵。

该祠堂依山傍水，背靠大廉山主脉，前倾旺盛江水库，文武曲水交汇于门前，山雄水秀，一派高山流水的天然情韵。年宵五节，寻根祭祖，客家恳亲的传统民俗文化活动使祠堂充满生机和活力，历久弥新，传承客家人的历史情结，表达客家世代生生不息，团结上进和追求幸福的美好理想。因此，宗祠无疑是客家人的精神圣土或圣地，在客家村落居于心脏和主脑的地位。

周边民居、村落星罗棋布，依山傍水而居，虽造型大小有别，然循中国古代"天人合一"哲学理念合理布局，体现人与自然、人与社会和谐发展的规律，把中国民间风水文化贯穿在客家人日常生产生活中去，从客家土围寨的门楼，祠堂座置、民居朝向、池塘布设，先人墓葬等固化景观可以看到《道德经》、《易经》、《百宗经》等古代经典文化的渗透和影响，也可以从客家年宵五节拜神礼佛、祭祖恳亲和平常红白事等风俗习惯中去发现古代农业气象时令对客家生产生活，尤其是生、老、病、死有着不可忽视的循环联系和影响，深刻而形象解释中国风水文化的内涵和形局，把神秘的深奥的风水文化保存在客家人世世代代的生活中，组合了璋嘉村独有的"天、地、人"合一的和谐景致。

璋嘉陈氏宗祠位于广西壮族自治区合浦县曲樟乡璋嘉村委岐山背村，祠堂为硬山顶砖木结构院落式建筑，坐北向南，占地 500 多平方米，面阔三间，依山递高共四进，前有半月形水塘，第进均设木制屏风或中门，为清代典型的南方客家宗祠。璋嘉陈氏人才辈出，爱国名将陈铭枢最为著名。璋嘉陈氏宗祠所处的合浦县曲樟乡地处亚热带季风型海洋性气候，长年高温多雨，日照长；周围环境为大山，地处山脚坡地。璋嘉村老屋陈氏宗祠为开基祖宅，陈其霈八世祖为开基祖宗。居址为从东而西下而来的岭岗龙脉的龙嘴处，也叫卧龙。坐东南朝西北水口，有左右五道山脉关拦"人"字水局，既取聚水旺财的风水玄机，也有仰望始祖陈念邦始祖公墓地凤凰山的情意。背枕岭岗龙山脉和大廉山主脉，左挽东面夹圳溪水从坑尾村沿岭岗龙左侧相伴而行，绕东门至堂前，右牵东北面担水坑溪水至堂前与夹圳交汇后合流西去，形成"文武曲水"汇局，昭示家族旺发人丁，文武并举，富贵双全。陈氏宗祠从门前广场、台阶拾级而上建构四进座祠堂，加左侧正门楼算五个进座。祠堂广场围墙下面有月牙形池塘叫龙鲤池，紧连正门楼右侧。此宗祠形制连叠四进座，表明家族有人在朝廷为官，风水仅次皇帝家庙（祠堂）风水格局形制。

1993 年合浦县人民政府把璋嘉陈氏宗祠列为县级文物保护单位，这说明璋嘉的陈氏宗祠有一定的历史价值。

大约是清康熙初年（约十七世纪六十年代），陈其霈公砍树毁林，披荆斩棘，平整屋基，挖割茅草，用原始工艺搭建草堂，非常简陋，只有一进，面积窄小，这就宗祠的前身。同时在祠堂的两侧再搭几间茅草房，从次安居下来，安居后便把此地取名为璋嘉；若干年后遭火灾烧毁，后来重建是"泥砖墙瓦面屋，二进，甲山庚向，上下横过五间"。至清乾隆十九年（1754年），陈其萧的后代觉得那间泥砖墙瓦面屋的祠堂陈旧了，便"该立乙山辛向兼卯酉分金，往省择日去旧更新"重建"竖正四进，左右直屋二座，费繁工竣越三秋而落成"。这次重建的祠堂规模大，工程繁，所以耗资多，历三年时间才建成。陈其萧公的后代又于清嘉庆十九年（1814年）丙寅年庚午时开始再第三次将祠堂重新修建。清同治年间，陈其萧公的后代看到陈氏宗祠堂不但"不足以壮观瞻"且"恐风雨飘零久有倾倒之患"，因而又"合族共议请郁林州达朝堂吉取同治七年戊辰"即1868年二月二十九日丁未日亥时开始第四次重新修建。这次重新修建的陈氏宗祠仍"依旧基址"，但"饰以火砖"（原是泥砖墙，重修换上火砖），比原来的泥砖墙更牢固、结实、不易倾倒。并砌垣塘涂丹腰，瓦檐墙眉添壁画。壁画里的山水人物，奇花异草，鸟兽虫鱼，村落人家，小桥流水，桨橹风帆，五彩缤纷，栩栩如生。四进屋脊均有雕塑。屋脊两端塑的龙头凤嘴翘起凌空；脊身雕的一、四进为双龙戏珠，二、三进的为双凤朝阳，工艺精巧，形象生动，活灵活现。还有一些神态各异的神话故事人物及飞禽走兽、花草等浮雕嵌于其间，玲珑剔透，栩栩如生。第一进厅有土筑神檀、木质香案祭台等，厅前沿有栅栏。第二、三、四进厅后面均有屏风。案台、祭台、栅栏、屏风等均涂红漆。第四进厅大门两侧墙壁上悬满清朝政府授予璋嘉陈族贤人学士功臣的各类荣誉头衔牌匾。门首悬挂一块刻有"陈氏宗祠"四个大字的匾额，朱底金字，笔力雄浑，金光闪闪，灿然炫目。

经过这次重修的陈氏宗祠，建筑坚固，工艺精湛，雕梁画栋，古朴典雅，富丽堂皇。虽然"规模如故"但比以前的"庙貌焕然一新"更加明丽壮观。

清咸丰、同治年间，进士、钦差大臣广东吴川人陈兰彬此前于同治丙寅年（同治五年，1866年）厦来到廉城大邱书院落成庆典仪式后来到璋嘉参看陈氏祠堂，璋嘉的族老趁机请他为陈氏宗祠撰写对联。他回去后即写就一副门联曰"家声传颍水；庙貌壮廉湖"道出璋嘉陈族的祖源，赞扬陈氏宗祠的雄伟壮观。重修的陈氏宗祠便将陈兰彬派人送来的石刻门联镶嵌在大门两侧，绿底红字，与门首的"陈氏宗祠"四个红底金字的牌匾相互辉映。

陈氏宗祠此次重修后更是常年香火不断。逢年过节，祀奉祖先的人们络绎不绝。平常时日族中人的大庆喜事，婚联嫁娶，吹吹打打，鼓乐喧天，鞭炮连连，有时还请来戏班搭台唱戏。全村男女老少簇簇拥拥，热闹非凡。到了1910年发生了一起官府派遣陆军攻打璋嘉村的事件，整整一个多月的战斗，新屋场和岐山背两条村庄荡然无存（后来重建了），而老城虽然弹痕累累，遍体鳞伤，但还是依然耸立，陈氏宗祠未受到大的破坏，得以较好的保存。直到二十世纪四十年代新中国成立之前，经历了清朝的覆没，民国的更替，将近百年的风雨吹打侵蚀以及天灾人祸的袭挠，陈氏宗祠虽然已显得有些陈旧，但其风姿犹存，依然那样古典雅致明丽壮观。

璋嘉陈氏宗祠经历了几百年，付出陈其鼐公历代子孙无数心和代价，经过数次的改旧更新，建筑起来蔚为壮观的陈四宗祠，实属中华古文化艺术遗产，颇具历史价值，十分难得。遗憾的是后来遭到破坏，里面摆放着的工艺精细、雕刻精美的列祖牌位，还有香案、栅栏、屏风以及里里外外的各类牌匾、楹联、壁画等，全都荡然无存，现在所见的门联、长联字体形迹多是 90 年代小修时仿制的。到了 20 世纪七、八十年代，这座陈氏宗祠只剩下一个破烂残缺不堪的外壳，令宗亲们捶胸顿足，十分痛心。时逢国家改革开放以来，人们的认识逐渐提高，到了九十年代，乡中有识之士仗义牵头发起募捐，欲把这座历史悠久，古朴典雅、明丽壮观的祠堂修复原貌，但由于资金有限，杯水车薪无济于事，只是小修小补，工艺也不比以前，以致这座古色古香颇具历史价值的陈氏宗祠未能修复，实为憾事。

璋嘉的陈氏宗祠至今已有 300 多年的历史。主体建筑保存基本完整，祠堂后墙被拆后新改复建，瓦面灰雕破损严重。2016 年 12 月 9 日，璋嘉老村被列入第四批中国传统村落名录后，在国家和自治区有关部门的支持和帮助下，现在已开始了新的保护发展进程。

山岚海韵话古风

——防城港市传统村落保护工作纪实

文/韦佐　防城港日报社编辑、记者，防城港市作协常务副主席

黄虹源　防城港日报社编辑、记者，防城港市作协会员

防城港市入选中国及广西传统村落名录有 4 个：防城区大菉镇百里村那厚组（入选第二批中国传统村落名录），上思县平福乡平福村、港口区企沙镇簕山村、东兴市江平镇巫头村（入选广西第一批传统村落名录）。

各传统村落现状

防城区大菉镇百里村那厚组

2017 年 6 月 12 日，天气晴朗，我们一路驱车来到防城区大菉镇百里村那厚组。

我们进入村寨看到的第一个建筑，是一个当道的寨门。往里 10 多米的墙右侧拐角处，有个炮楼，站在上面望下看，将八方尽收眼底。

寨门两边贴着的红底对联已有些残缺。"那是今年过年的时候贴的，每年过年我们都会贴对联，这是我们的传统。"百里村村主任唐道光告诉我们。这副对联的内容不曾变过，上联是"那室书香垂百世"，下联是"厚园色景壮千秋"，这是一副藏头联，两个字连起来就是"那厚"。"横批"为"祯祥第"。

听闻，在清代道光六年（1826 年），唐家祖先唐明佳从广东廉江迁到那厚落户。唐明佳初期建的是泥砖屋，但一场水灾把房子夷为平地。重建时，唐明佳靠平日担红线做的小本生意，节衣缩食，买火砖和上等木材，请上 30 多人帮忙，持续修建 3 年，才建起如今那厚古民居的规模。

"那厚城占地 12 亩，而唐氏宗祠占地 2 亩。"唐道光说，"宗祠是传统的客家围屋结构。"

宗祠按照传统居民构建，设有宗祠正殿、二殿、门楼以及二十多间住房，其内部巷道纵横交错，地面用石子铺砌，并高有排水沟渠，四周建有围城，四角修有炮楼、碉堡

等。

那厚古民居至今近 200 年历史，历经战争年代，破坏严重，加上长期没有全面保护修缮，传统村落民居大多残破不堪。有人居住的房间还比较好。但近几十年来，不少民居已空搁置，村民或外出长期打工，或搬迁到镇街、城里。不少古民居房顶损坏，墙体残破，房间裸露朝天，经日晒雨淋，杂草丛生。

2015 年，那厚古民居入选第二批中国传统村落名录后，各级政府开始着手进行修缮和保护。

上思县平福乡平福村

2017 年 6 月 13 日，晴。我们来到了来到了入选广西第一批传统村落的上思县平福乡平福村，探访这个藏在十万大山深处的清代古村。

平福圩是平福村的中心区域。刚进入平福圩，我们就看见一棵巨大的榕树，它苍老古朴，盘根错节，枝繁叶茂，临街的根须交叉缠绕着，似是两扇敞开的大门欢迎远方的来客。

上思县文物管理所所长王善初告诉我们，平福圩建于清朝乾隆年间，原称"新圩"，民国时期为了纪念从这里从走出去的民族英雄刘永福，便把名字改为"永福圩"。中华人民共和国成立后，"永福圩"再次改名为"平福圩"，并一直沿用至今。"平福"二字取自圩头大门楼上的石板横额，其上刻着"心平福至"四字，历史可追溯至民国时代。

走进圩内，我们发现平福圩与一般传统村庄有些不同。圩内两排民居依据地形整齐地相对而建，上排房屋与下排房屋隔有过道。而过道中有个阶梯式落差，落差大约两米多，村民上下串门需走自砌的小梯。

"平福圩是客家人迁移到广西与当地人融合的典型村落。"王善初介绍。走进平福圩，我们发现很多村民都建起了新房子，在新建筑群中还保留有一些古建筑。如，保存着较完整的粤东书院、文武庙、古码头、古商铺等。平福圩是上思县保存文物古迹较多的村庄之一。

"这家房子的主人姓李，祖上曾是刘永福的管家。"退休教师叶德龙指着一座两层古建筑向我们介绍。这座古建筑的大门已改装过，由木门变成了绿色铁门，主人家已经离开平福乡，出外面工作生活，留下房子交给亲戚照看。堂内有天井，墙壁上还养殖着好几株已开出花苞的昙花，看得出负责照看的亲戚很尽心维护房子。天井处还有一口保留完好的景观水缸，主人家曾用来养金鱼。

港口区企沙镇簕山村

2017 年 6 月 14 日，雷电和大雨敲打着簕山村新旧的建筑、房前的海滩、屋后的古木。在这个电闪雷鸣的天气里，我们来到了簕山村。

当日上午停了电。簕山村综合服务楼一间会议室内，仅靠着一只电瓶的临时照明，座谈的空间显得有些幽暗，往昔的岁月仿佛正因此得以穿越。

牛路村村支书苏学冰告诉我们，簕山村只是一个自然村，属港口区企沙镇牛路村管辖。70多户，近300人，其中李姓260多人。村民世代以"耕海"为生。如今，村里最为古老的建筑，要数现今仍然得以保存的李姓古堡。簕山村的李姓，祖籍陇西。开创簕山村的祖太公大约在明朝时期便扎根于此。当时的建筑仿照河北刘庄、李庄的格局，依八卦之玄理修造。村子大体方形，一圈围墙，高丈许，东西南北4个大门，4个岗楼。村庄前一片辽阔的海滩，在岗楼上视野开阔，可居高扼守。但海风暴雨长年侵蚀，如今仅存东门岗楼。岗楼上有一座占地约30平方米、两层高的小砖楼，二楼上有枪眼。岗楼所用青砖大方厚实。

村内有四条街巷，曲折回旋如迷宫，不会走的，能进不能出，如走死路。因为村庄地处偏僻，易受匪盗侵扰。如此布局，完全出于防卫需要。现今，围墙已毁，但其走向仍可辨认。

簕山村人最自豪的，恐怕还是他们的远祖。如今香火供奉的祠堂里仍有副对子：柱史家声远，青莲世泽长。"柱史"是战国时楚的官名。李耳曾任过此职，而李耳则被唐朝皇帝奉为先祖；"青莲"即诗仙李太白的号。

港口区文体广电新局党组书记、副局长覃万欢告诉我们，簕山村是广西沿海地区现存较完整的古渔村之一，也是北部湾沿海渔村历史发展变迁中一个颇具代表性的缩影。但就文物点、文物保护单位而言，在整个港口区，数量还是较少的。因此，颇具特色的簕山村，特别是李姓古堡，很值得关注。

覃万欢认为，簕山村李姓古堡建筑为"四进式"。在民间，普遍认为"三进"已是大户人家，而李姓古堡则是四进，可见当年李姓人家曾经的显赫。

簕山村之古，除了古堡，还有成片的古树。簕山村地属亚热带季风气候，阳光充足，雨量充沛，气温温热。湿热的气候孕育出一道独特的原生态森林海滨风景线。这里，有上千年的银叶榕、车辕木等珍稀品种40多种。如银叶榕，全国目前仅存51棵，簕山村就有5棵，其中最老的已有1400多年。

簕山村的车辕木有连片的近百亩。车辕木形容高古，经历沧桑，一年四季不落叶，隐天蔽日，阻风挡雨。村里的老人称，车辕木因木质坚硬而耐腐，千百年前，古人大概是用它制作车辕，故得名。在全国沿海，如此大片的珍稀树种早已不复存在，而簕山村人却世代保存下来。

东兴市江平镇巫头村

2017年6月9日，雨天。我们来到了东兴市江平镇巫头村。

走在村里，巫头村村支书、京族人阮爱兴向我们说起京族的历史。大约16世纪初（据《京族史歌》里"年号洪顺三年间，先祖漂流到福庆"的记载，即1511年），京族的祖先迁居京族三岛（即巫头、山心、万尾），从此以耕海为生，从而成为我国唯一以海洋为生的少数民族。同时，东兴的"京族三岛"也是我国少数民族——京族唯一的聚居地。20世纪六、七十年代，围海造田后，原来的三座岛已连在一起。如今的京族，已成为全国最富裕的少数民族之一。

京族博物馆负责人、京族独弦琴演奏家苏海珍介绍："作为传统的京族民居建筑，不说过百年的，就是五十年的，在巫头村或其他京族村落也几乎绝迹。"

巫头村的京族居民和万尾、山心村的京族村落一样，早被第五代钢筋混凝土楼房和第六代别墅房所替代。就在村委办公楼跟前，一列排开的几户人家，都是高昂、阔绰的现代别墅建筑。这些"大户"人家，一家仅建筑面积超过三百平方米的。

苏海珍说，第五、第六代之前的京族民居，由经历了第一代茅草房、第二代木柱竹篱笆茅草房、第三代木楼、第四代条石瓦房的演变。

进入巫头村，大多有年份的民居建筑，房龄多为"80后"或"90后"。村巷有些窄小，那是数百年来一直沿袭所形成的。如今，村巷下已安装地下排雨水管道。趁着大雨停歇间隙，村民们在清除淤泥。全村绝大多数聚居民居的生活用水，已集中到污水处理。

行走在村巷，我们看到很多民居的前院新建了石条围墙。1米多高的围墙，底部由石条堆砌，顶部由约三十厘米的竹条交叉摆放成渔网状，竹条的底部还堆放了小石子。"这是由东兴市政府投资建设的石条围墙，是我们京族的特色。"阮爱兴说。

在巫头村巷深处，我们还能看到数间低矮的小石条瓦房，淡褐色的石条数十厘米长、十多厘米高，灰白的三合土沟的缝，古朴、庄重。小石条瓦房只是伙房，伙房后则独立一株苍劲的古树。而在另一处偏僻的、狭窄的小巷里，一间小石条房门窗豁开，空荡、荒芜，已处于被废弃状态。

虽难遇古建筑，巫头村的古树却随处可见。一棵棵数人或一个成年人才能合抱的古树，或散落于村巷间，或集合于村头巷尾，房前屋后。像全国稀少的国家一级保护植物"膝柄木"，在广西沿海，屈指可数，可在巫头村就有好五六棵。还有一种被当地人称之为"南方苹果树"的"拉提树"（当地人音），巫头村还长着数棵，最大一株，3人才能合抱。

因为巫头村坐落海边，几百年来，村民们对于林木的保护意识一直很强烈，久而久之，许多树木就存留下来。阮爱兴说，他从小就知道村里订下有关禁止乱砍滥伐的"村规民约"，其中有一条：凡偷砍或擅自砍伐树木的，每斤罚款10元，而且是连枝带叶一起过秤。此外，砍树者还要在露天电影放映时，在全村男女老少面前公开检讨。阮爱兴还记得，村里就有人被罚款和检讨过。20世纪80年代，偷砍一棵小树，被罚几十元，相当于一名基层普通职工一两个月的工资。因要受重罚，此后村民们极少有人再胆敢砍树的。

京族三岛 3 个行政村，每个村都有一座哈亭。巫头村的哈亭是巫头村民过哈节时祀祖先、祭神灵和民间娱乐、议事的公共场所，是专司"唱哈"的亭子，是巫头村最重要的标志性建筑。和民居建筑一样，哈亭也历经数代演变为现代钢混结构的宽敞楼阁。粗圆红柱，弯翘亭角，屋顶双龙戏珠，亭内雕龙画凤，古朴典雅，别具特色。哈亭结构为一正厅加左右两个偏厅，两偏厅可容三四百人。

1962 年 2 月，中国文联副主席、戏剧家协会主席、国歌歌词作者田汉及其夫人安娥（著名作家、诗人）到"京族三岛"（巫头、山心、沥尾）考察、采风，写下了"正是钦州春播愁，北风时雨到巫头。沙田薯秀称先进，浅海帆多占上游。织网林中亏汝力，弹琴月下待郎求。哈亭可惜清规在，欲唱情歌不自由。"表达了不能自由"唱哈"的遗憾。直到 1980 年 7 月，京族三岛才全面恢复了一度停止的唱哈节（即哈节）。

规划、保护和开发

防城港防城区大菉镇百里村那厚组

那厚古民居虽已破旧，但仍有一些村民舍不得离开这里。他们常住在这里，也为这栋老宅子增添了不少烟火气。

今年已经 76 岁的唐进光就是常住老房的其中一人。他前些年在老屋旁边盖起了新房子。房子盖好了，他照样在老房子里住。他说，住习惯了，舍不得离开。除了他，还有好几位老人居住在老房子里。

"那厚组没入选第二批中国传统村落名录前，是我们唐氏族人在维护管理。入选之后，政府投入了不少专项资金修缮村子。但日常维护还是我们族人负责。"唐道光向我们说起了那厚古宅的"保护史"。

那厚古民居的"保护史"很长。其中，不能不提 1950 年的"那厚战斗"。当年，国民党军长张瑞贵的小老婆韦秀英曾盘踞于寨子里。战斗打响后，解放军的尖兵部队立即包围那厚村。

那厚村四角建有炮楼，后山筑有碉堡，部队几次冲锋，都无法冲入。直到后续部队赶到，用炸药炸掉村前围城，才从缺口冲入，摧毁了韦秀英的"司令部"。那厚之战，解放军共歼敌 50 多人，击溃匪众 1000 多人，但也牺牲了一名副连长及 13 名战士。解放军战士们用自己的鲜血保护了老百姓，也保护了这片古建筑。

当年，村里大搞"破四旧"，而作为清朝建筑的唐氏宗祠变成了目标。那时的唐道光还小，很多事都是长大后听大人口述的。"破四旧"那天，十几个本家人过来，先把位于城墙外祖公唐明佳认的义母的家庙给拆了，又想冲去宗祠闹。幸好，那时在中学当老师的唐顶光和唐道光的父亲及时赶回来。他的父亲在村里还些威望，那些闹事者才不敢乱来。

那厚组入选第二批中国传统村落名录后，当地政府有计划将那厚组这一传统村落打造成景区，要在唐氏宗祠的后山建造景区的配套景观路。村民得知后，纷纷同意硬化村路。村里有 50% 的村民都无偿让地，身为村主任的唐道光让地最多，共让了 1 亩多的土地。

防城区政府很重视对传统村落的保护和开发。防城区大菉镇百里村那厚组修缮与整治工程已于 2016 年 9 月开工，截至目前已完成唐家宗祠主体、文化陈列室、历史炮楼及遗址陈列室等房屋的旧墙修复、瓦面清理和更换木梁等修缮，已完成总工程的 70%。现阶段正进行村庄大院整治、历史围墙修复重建等施工，预计 2017 年 8 月竣工。据了解该笔工程款是由自治区财政专项补助资金 150 万，农发行专项贷款资金 200 万。

防城区住房城乡建设局还准备组织实施村庄周边房屋立面改造、基础设施建设配套等工程建设，以达到村庄周边的整个村落风貌协调统一，提升传统韵味。目前，该项工程已经完成地形测绘及初步规划设计编制。

上思县平福乡平福村

平福圩保存比较好的古建筑，一般都有人负责打理。在临街的古商铺里，有一户人家房门大开，房子主人是一名姓曾的理发师。曾师傅今年 76 岁了，他和老伴一起住在老房子里。他说，从他记事起，他就住在这里了。我们走进他的家参观了一下，房子与家具都很旧了，但有人常住，比起李家古宅，多了一份烟火气。

"这家房子是平福圩保存得最完好的古建筑啦。"叶德龙指着临街一户挂着"荣和"牌匾的房子说。这是一家两个铺面相连的房子，主人家姓何。推开门，房子的女主人正在里面做手工活。她见有客人来访，忙起来欢迎我们。

一入门，就知道叶德龙所说"保存得最完好"的意思了。确实，比起李家、曾家，何家的房子保护得更好。从内房的布置，可以看得出这户人家以前应该算是大户人家。房内分为两层，一层是大厅和房间，房门上的木雕花纹还清晰可见；上层是阁楼，现在用来存放杂物。

这户人家保护古建筑的方法很特别。为了保留自家的古铺面，他们在盖新房子的时候，并没有拆除老房子，而在老房子后面的空地上另起新房。新老两栋房子连接起来，临街的老房子变成了前厅，还保留有房间，摆放一些传统的生活用具，老房子与新房子相连的过道变成了玄关，放置替换的鞋子……经主人家的改造，他们变成了拥有新旧两种风格的复合型房子。

上思县政府和平福乡政府十分重视对传统村落的保护和开发。2015 年成功申请列入广西第一批传统村落名录，2015 年争取专项资金 30 万元投入粤东书院的修缮，目前粤东书院的门楼已修缮完成。

为了进一步保护或保护性开发好平福村的传统资源，2015 年平福乡党委政府已经制定了《上思县平福乡平福村传统村落保护发展规划》（2015—2025 年）。《规划》以保护平福村珍贵的文物古迹、纪念建筑物、历史街巷及整体环境为重点，在继承历史文脉、延续文化传统的基础上，更加深入地发掘出平福村丰厚的历史、文化内涵，重点保护好村落环境风貌、格局和文物古迹，完整充分地展示村庄特色，增强魅力，促进当地文化与经济同步发展。

簕山村古渔村

古村、古树、古渔猎是簕山村"三古"特色。为突出"三古"特色，发展乡村旅游。近几年，各级政府、各方筹集建设资金近 4000 万元，进行簕山古渔村的保护式的旅游开发。完成了乡村道路、村内环道、防浪海堤、观潮广场、停车场、综合服务楼、村庄风貌改造、邀月台、月云海亭等项目建设。

村支书苏学冰告诉我们，簕山村村民除了靠海水养殖，还发展了旅游业，建起了农家乐、农家旅馆。簕山村成立了簕山村民理事会和旅游公司，形成了"村民自主、资源共管、利益同享、理事会管理、公司化动作"的经营管理模式。如今，每年客流 15 万人次。2009 年，簕山村人均收入 4600 元，2016 年已增至 1.28 万元。

簕山古渔村定期举办"与浪共舞"观潮节，并结合渔业季节，组织开展围网捕鱼、挖沙虫、耙螺、捞海虾、观潮、岛礁探险等丰富的旅游体验活动。如今，簕山古渔村已成为"全国休闲农业和乡村旅游示范点"、"自治区城乡风貌改造二期工程科技示范村"、"广西特色旅游名村"。

传统村落之东兴市江平镇巫头村

2006 年，经国务院批准，京族哈节被列入第一批国家级非物质文化遗产名录。2011 年，京族独弦琴艺术作为传统音乐，被列入第三批国家级非物质文化遗产名录。京族哈节、京族独弦琴艺术成为防城港市乃至广西少数民族节庆文化的一大品牌。巫头的哈亭，已成为巫头村村民的文化娱乐中心。只要天气晴好，村里的"哈哥"、"哈妹"们到汇聚于哈亭跟前，摆开桌椅，放好音响，置上茶水瓜子，或放声唱哈，或下棋打牌，其乐融融。

为进一步保护或保护性开发好巫头村的传统资源，2015 年当地政府部门已经制定了《东兴市江平镇巫头村传统村落保护与发展规划》。《规划》将传统格局和历史风貌较为完整、传统风貌建筑集中的地区划为核心保护范围，以巫头村哈亭、灵山佛寺、京族文化长廊、文化活动基地、戏台所在区域及周边民为中心，进行重点保护。

而在《东兴市城市总体规划 2012—2030》中，政府部门将山心、巫头、金滩景区、万鹤山湿地公园规划京岛组团，主要发展京族风情旅游，大力发展国家文化旅游，建成东兴试验区国际旅游基地。

目前，各项保护项目正在推进之中。

灵山县大芦村保护纪实

文/颜忠宝　灵山县佛子镇大芦村旅游区办公室主任

2002年春,我到大芦古村参观旅游,大芦村深厚的楹联文化和优美的古村风光深深地吸引了我。我自愿申请到大芦景区当讲解员,经过一个星期的努力终于可以上岗,以后每逢节假日和"五一""十一"黄金周,我都要到大芦村当讲解员,乐在其中。2006年8月,佛子政府成立大芦旅游办管理大芦景区,终于实现了我长期在大芦村工作的梦想。十多年来我不但从事景区管理工作,更是坚持在导游第一线。每一天都是新的开始,每一天都是新的起跑线,寒来暑往,春夏秋冬,我始终坚持着自己的导游梦想,作为大芦古村景区办公室主任,每个节假日都是我最忙碌的时候。无论是领导考察,旅行社踩线,活动接待,还是团队参观,散客旅游,我都会认真做好,特别是大芦村评中国历史文化名村、全国重点文物保护单位、中国最美休闲乡村的时候,我都会把大芦古村的文化之美,历史之美,完美地展现给评审组。

2004年自治区政府拨款620万元对大芦村进行生态乡村建设,该项目由县政府牵头,镇成立领导小组和大芦村委会组织实施,重点用于在榕树塘和黄关塘中间的空地建一条新村,安置了大芦村九队和十队的村民,用于黄关塘永吉路的征地和混凝土路面的建设、沼气池建设和村中绿化带建设。通过该项目建设,搬迁安置了双庆堂的群众。通过规划减少了很多违章建筑。

大芦古村开发建设资金的来源主要靠项目资金和财政拨款。特别是2010年以来利用自治区城乡风貌改造项目的机会,县委、县政府、建设局、国土局、财政局、文体局、林业局、农业局、环保局、水利局等10多个部门积极筹措资金建设大芦古村,四年来共计投入资金2673万元,其中,2010年投资487万元,2011年投资564万元,2012年投资819万元,2013年正在建设的大芦村国家历史文化名村基础设施项目投资803万元。投入的资金主要用于镬耳楼修缮、东园别墅生活场景复原、李子园道路硬底化、景区池塘清淤、农田水利设施建设、房屋外立面改造、拆旧屋、征地、建厕所、新形象门楼、古牌坊市场、垃圾池、污水处理池、绿化带、新游客服务中心的征地建设等。其中房屋外立面改造涉及农户210多户，主要是对古建群周围颜色不协调的楼房进行外立面改造，使其和古宅颜色协调。群众的思想是复杂的，并不是每个农户都按你的要求给你改他们的房子颜色。所以镇政府把大部分的镇干部都抽调到大芦村搞动员、统计工作。镇书记任总指挥，把镇干部分成五个小组、每个村干部带一个组进村入户做思想动员、每户外立面改造面积。然后汇总上报建设局，使工程队能顺利开展工作。经过一个多月的奋战，终于完成了外立面改造。其次。游客服务中心30.5亩的征地工作也是一个难点。当时征地任务落在我和村干部的身上，刚开始征地工作进展顺利，但到了后面有10多户群众不肯签字，严重影响项目进展，由于时间紧任务重，为了面对面给村民分析目前形势，做好动员工作，我和村干部采用"白加黑"拼劲，每天往那几户村民家里跑，耐心劝说。但是这几户村民似乎是铁了心，不但不领情，有的还跟我们吵闹，甚至指着鼻子骂我们，有的干脆是铁匠把门，人不知溜到哪里去了，打电话也没人接。我们不气馁，白天找不到人，就晚上打着手电筒去，有好几次直到深更半夜才回家。功夫不负有心人！在"一而再，再而三"的解释动员下，有的村民终于"动心"了，陆续签了协议。看到功夫没有白费，我感到很高兴，游客服务中心和停车场的建成，为大芦村创 AAA 和 AAAA 景区奠定了坚实的基础。

作为景区导游，我是这样介绍大芦村的：相传在很久以前，天宫里举行了一场非常盛大的宴会——蟠桃会，各路天兵天将纷纷云集在王母娘娘的蟠桃园内饮美酒品仙桃赏莺歌燕舞，景象好不热闹。而此时太上老君的府上，由于贪玩的牧童忘了关门，一只神牛偷偷从天界下到了人间。神牛游过了烟波浩渺的大海，翻过了白雪皑皑的高山，走过了荒无生机的沙漠，终于来到了一个树木葱茏、溪水潺潺、百花争艳、百鸟争鸣的地方，于是畅游其中乐而忘返。等太上老君赴筵回去后不见神牛便派牧童四处寻找，牧童下到人间发现神牛正在嬉水玩乐，任凭怎样召唤也不肯再返天界。神牛说："天界虽好，但太过于寂寞，倒不如这山清水秀，鸟语花香的地方。我愿留在这里为此地的人民造福。"牧童听后只好返回并向太上老君汇报，太上老君按照天条将神牛永久打下人间，但念及神牛以前的贡献，又将那个地方点化成壤肥苗壮，鱼鲜果香的村庄，村口的池塘为神牛浸水休息之地。从此这个地方便被称为"眠牛地"——广西灵山县大芦古村。

大芦村位于灵山县城东郊8公里处。村内地形起伏平缓，村周围零星分布的土丘虽不高但显得玲珑秀丽，与村中的池塘、古树、古建筑相互呼应，相得益彰。古建筑群是典型的岭南建筑，前面有榕树塘、黄关塘、清湖塘三个塘，后面是按天上北斗七星布局种植的七棵古�树，左边为海拔500多米的高峻的六巫山，右边是低缓玲珑秀丽布满荔枝树的谷包岭、菜园岭、金鱼岭，正所谓"前水后山、左高右低、左青龙、右白虎"的风水布局。清代横州诗人吴必启曾这样描述大芦村的风光："宅绕清溪耸秀峰，松林鹤返晚烟笼。小楼掩映斜阳外，半亩方塘荔影红。"大芦村就是在这样美好而又严酷的自然环境中形成了自己独特的楹联文化。

大芦古村是经自治区住房城乡建设厅、自治区旅游局联合规划、设计，县政府批准开发建设的文化生态旅游区。旅游区主要由一系列人造湖分隔开的明、清10个建筑群镶耳楼、三达堂、东园别墅、双庆堂、蟠龙堂、东明堂、陈卓园、杉木园、富春圆和劳克中公祠等古建筑组成，古建筑占地总面积22万平方米，保护面积45万平方米。大芦古村主要以楹联文化闻名，现保存有305副古对联，内容以修身、持家、创业、报国为特点，1999年经广西民间协会评审，被广西楹联学会和广西民间艺术协会授予"广西楹联第一村"称号。另外，2005年大芦古村被国家旅游局评为"全国农业旅游示范点"；2007年被国家建设部和国家文物局评为"中国历史文化名村"；2011年被自治区人民政府以及自治区城乡风貌改造工作领导小组办公室定为"广西特色文化名村"；2013年被国务院核定为第七批全国重点文物保护单位。因为拥有特色的古典建筑、古雅的楹联文化和特色的古树景观而获得2014年中国最美休闲乡村。

除了前面的眠牛地的来源和景区概况，我重点还是围绕大芦村的古建筑、古楹联文化和古树景观还有优美的风水布局介绍给领导和游客。

据当地族谱的记载和口碑资料，大芦村氏原在山东即墨劳山，依山而得"劳"姓。自隋朝入中原寓居山阴。南北朝时期，下居松江，明嘉靖年间，劳经迁居大芦村，成为大芦劳氏的始祖。

大芦村楹联文化的形成离不开灵山县深厚的民族文化底蕴。正因为灵山历史悠久，开拓较早，劳氏祖先才会在宋末元初迁至钦州，这样才有了产生大芦村楹联文化的前提。大芦村产生楹联文化的另一个重要原因，是钦州灵山一带自古以来就重教兴学，加上被贬的官员文人在当地传播中原汉文化，所以促进了大芦村文化的发展。清代，被誉为"南海明珠"、"岭南三子"之一的冯敏昌就与大芦村有不解之缘，并在该村留下了墨迹"积善之家必有余庆，资富能训惟以永年"。

一是大芦村独特的楹联文化。大芦村楹联的内容繁多复杂，涉及天文、地理、历史、生活等多方面。共保存有明清两代创作的对联305首，大芦村的楹联，从内容上可分为祖籍联、春联和其他联三大部分。有福禄寿喜联，平安吉祥联，迎春接福联，心愿祈望联，孝悌报国联，安居乐业、勤俭持家联，劝学长志、修身养性、乐善好施联和天伦礼仪、和睦相处联8种。大芦村的楹联内容除了以修身、养性、持家、报国为主，蕴含了浓厚的儒家思想外，还在一定程度上反映了另一种文化形态——宗教信仰。

除了楹联以外，大芦村古建筑群的门上、厅堂和门楼上，至今还悬挂着匾额17块。大致可分为居室标记匾、诰封匾、题赠匾、御赐匾四类，均是清朝时期的文物。这些大小不一的金字牌匾，单从其所处位置，也能大概分出题赠人的身份、地位的差异。"万岁爷"提的御赐匾，高悬厅堂，以炫耀家世名望。两广总督、巡抚、布政使、学政使等政要的贺匾，布置在前门楼和祖屋第一进及"官厅"这些显眼的地方，装潢门楣。古宅的匾额依附于建筑物，充分体现了其艺术装饰及文化价值。明、清两代，大芦村劳氏呈请朝廷恩封，准赠的有78人，考授文武生员的有102人，出仕做官的有47人。

二是规模宏大的大芦村明清古建筑群。大芦劳氏祖先自明朝嘉靖年间迁至大芦村后，创业守承，建立了镬耳楼、三达堂、东园别墅、双庆堂等十个群落，其中三达堂，劳氏祖居镬耳楼、双庆堂三个院落均为东南朝向，平衡紧靠，组成一个民居区，三个院落之间有内门相通。东园为一个院落，坐东向西，自成一个民居区。两个民居区几近相望，中间有数个池塘相隔。大芦村古建筑群，规模之宏大，气势之恢宏，功能之齐全，保护之完好，生态环境之优良，规模水平之高，民俗文化积淀之丰富，为环北部湾地区所罕见。

三是特色的古树景观。大芦村建筑多依山而建，层层叠落，房屋前面是数口宽阔而相连的池塘，临水是树龄三至五百年的荔枝树。寓意红顶当头。还有按照天上北斗七星布局种植寓意为"笔墨"的古楷树，象征着文章的古障树。古楷树和古樟树两种树的寓意合称"笔墨文章"，希望大芦劳氏子孙多出读书人多当官。古树婆娑，婀娜多姿，犹如摆放在青砖绿瓦古建筑前的一座座盆景，环境极为秀美。古村周围是一片片田园，稻浪起伏；稍远处则是圆丘小岭环围，各种果树竞展风姿。整个古村的风貌显得优美、和谐，极具典型的荔乡田园特色。

四是与楹联文化并存的大芦村独特的风俗。大芦村除了拥有保留至今的明清时期的古宅及楹联，还有一些独特的习俗、节日。农历七月十四日是我国民间的中元节，岭南一带叫"鬼节"。这一天几乎家家户户都要宰鸭、榨米粉，而独大芦全村皆食素，吃茄瓜粥，以示不忘祖训。这一习俗是从明朝大芦劳氏第四代祖劳弦传下来的。

在大芦村，最热闹的节日是农历八月十八的庙节，又叫"岭头节"或"跳岭头"，这是灵山县内的一个民间节日，有戴面具的祭祀性民间舞蹈。来客中牵男带女，老老幼幼，非常热闹。而在这一天，无论认识与否只要你进到一户人家，定能得到热情招待。

此外，大芦村也有很多动人的传说和故事。其中十三太的故事就是我们灵山人家喻户晓、耳熟能详的。我会根据游客不同的需求进行介绍。

在历史上，大芦村经历过多次劫难，特别是解放战争时期、破四旧立四新、大炼钢铁、文革等时期，在灵山当地，很多古宅都被拆的面目全非，古树很多都被砍去炼钢。大芦村的古宅、古树都安然无恙。这些都是大芦村群众用生命保护下来的。

20世纪90年代，灵山县委、县政府、县文联、县旅游局等相关领导来到了大芦古村，特别是县文联的领导经过十多年对大芦村族谱的研究，对群众的走访，对大芦村历史文化的汇总，编写了大芦村楹联精选、大芦历史简介和大芦古村的导游词，为大芦旅游区的成立奠定了文化基础。

1999 年，在县委、县政府的关心指导下，县旅游局、县文联、佛子镇政府以及大芦村委会对大芦古村开展旅游景区筹备建设，在管理人员配备、环境整治、古宅修缮、道路修建等方面做了大量的工作，并于同年 10 月 1 日正式成立旅游景区对外开放。在景区成立开放初期，得到了自治区领导的大力支持，自治区党委政府的领导曹伯纯、李兆焯、刘奇葆、陆兵、潘琦、丁廷模等都亲临大芦村考察指导，当时分管旅游的自治区副主席袁凤兰四次进入大芦村指导景区建设工作。其中曹伯纯书记考察后在古宅内亲笔题词："人杰地灵"四个字。李兆焯主席说出了自己最欣赏的对联："惜食惜衣不但惜财兼惜福，求名求利须知求己胜求人。"刘奇葆书记也提出了自己喜欢的对联："有典有则，是训是行。"这首对联的出发点（依法办事）跟我们十八届四中全会的精神（依法治国）是一致的。

为深入贯彻党的十八大、十八届三中全会、中央一号文件和习近平总书记系列讲话精神，进一步推进生态文明和美丽中国建设，农业部于 2014 年开展了中国最美休闲乡村和中国美丽田园推介活动。灵山县农业局梁秀菊股长到大芦村搜集资料，我将自己手中掌握的能够反映大芦村古建筑、古楹联和古树景观的特色的资料和图片交给梁股长上报自治区农业厅，再由自治区农业厅上报农业部，经过农业部专家和学者的多次反复评审，于 2014 年 11 月 11 日入选国家农业部发布《2014 年中国最美休闲乡村和中国美丽田园名单》，灵山县大芦村成为全广西唯一入选"中国最美休闲乡村——特色民俗村"名录的乡村。这项殊荣的获得，包含着大芦劳氏祖先创造的深厚历史文化的积淀，包含着一代又一代劳氏子孙的传承和保护，包含着现在大芦村群众的辛勤创造和汗水。包含着政府深深的关怀！大芦村创中国最美休闲乡村，不是一蹴而就的。而是大芦劳氏家族经过 500 多年辛勤努力打造而成的。

2015 年在县政府和佛子镇政府的支持下，大芦旅游景区极力配合上级部门搞好大芦景区创 AAA 工作，终于在 2015 年 12 月 30 日通过了国家 AAA 级景区的验收。2016 年大芦古村国保单位项目工程第一期投资 1600 多万元对东园别墅进行维修，第二期工程将投入 2600 万元对富春园、陈卓园、蟠龙堂进行维修，获得国保单位，使大芦村古建筑群得到了有效的保护。2017 年县委、县政府成立了灵山县传统村落保护中心，是全区第一个县级传统村落保护中心，可见县委县政府对保护全县古村落的决心，我相信在县委、县政府和保护中心的工作人员的努力下，大芦村等古村落将得到更好的保护。

大芦古村从开发前的默默无闻到现在的声名远播，其中得到中央电视台、广西电视台、香港的凤凰卫视及台湾、海外的媒体关注，并在网络上广为传播，吸引了国内大江南北、港澳台地区和美国、加拿大、澳大利亚、以色列、新加坡、越南、日本等国家的学者专家、游客前来采风考察观光。另外，刘奇葆、曹伯纯、彭清华、李兆焯、丁廷模、陆兵、袁凤兰等领导也曾莅临视察，从而提高了灵山乃至钦州的知名度。从这个角度来讲，大芦村走旅游开发这条路是正确的，大芦古村的社会效益无可估量。今天的大芦村，正乘着灵山县创广西特色旅游名县的快车，为把自己打造成国家 AAAA 级旅游景区而不懈努力奋斗！

把"根"留住 不忘乡愁

——平南县大鹏镇大鹏村石门屯客家山庄保护纪实

文/严昌雄 平南县委党校教师

中国传统村落是我国几千年农耕社会文明的历史记录，是中华传统文化的传承纽带。随着当前工业时代的不断深入，属于农耕文明的传统村落日渐凋零，甚为惋惜。如何保护好传统村落，成为当前社会关注的重要课题之一。

听说平南县有四个村（屯）入选广西第一批传统村落名录，我早就萌发要去一饱眼福的念想，但由于各种原因，一直没有成行。直到 2017 年 4 月中旬，平南县政协文史和学习委员会李主任找到我，提到自治区政协正在开展《广西传统村落保护纪实》一书的史料征集工作，问我是否愿意出一分力，我当即表示同意。李主任详细向我介绍了平南县入选广西第一批传统村落名录的四个村（屯）的基本情况，建议我去考察并写一写大鹏镇大鹏村石门屯，因为石门屯的情况比较突出。

从李主任的介绍中获悉，石门屯之所以入选广西首批传统村落名录，是因为在石门屯里，有一座占地 100 多亩、有 200 多年历史的李氏客家山庄。是平南县最具地方特色、历史最悠久，至今保存最完好的客家传统村落，属比较大型的岭南客家古建筑群。

5 月 8 日，风和日丽，我自驾车从平南县城直奔石门屯。接待我的是大鹏镇初中的退休中学高级教师李忠华，他是石门屯李氏客家山庄的后人，70 多岁，退休赋闲在家，专门负责李氏客家山庄的日常事务，非常热情好客。我向他说明来意后，李忠华老师先介绍了石门屯的基本情况，然后带我进村参观。我们边走边看，李忠华老师边介绍，他口才非常了得，对石门屯的情况了如指掌，娓娓道来，如数家珍。

客家传统 岭南风貌

石门屯距离平南县县城大约 50 公里，是从平南到达大鹏街区的必经之地，如同进出大鹏镇的一道门户，故得名"石门"。这里居住着李、潘、严三姓族民，潘姓族民住在村头，严姓族民住在村尾，李姓族民住在村中央，人口以李姓族民居多。

  李氏客家山庄坐西南向东北，长约 500 米，占地 100 多亩，是由四座传统客家围龙屋组成的古建筑群。其中，中间那一座围龙屋规模最大，是五堂六横三围龙的镬耳楼，另外三座都是三堂两横一围龙的镬耳楼。规模最大的那一座围龙就叫"李家祠"。

  李家祠居于整个山庄的中央，建于清嘉庆后期，至今已有 200 多年的历史。主祠占地面积 20 多亩，建筑面积约 8000 平方米，共有一院、三门、五座、八廊、200 多间房。整体布局严谨有序，规模宏大，装潢别致，富丽堂皇。

  李忠华老师先带我从前门进入李家祠。李家祠前门门额上写着"余庆门"三个大字，门口刻着一副五言对联："金星辉吉宅，狮子望楼台。"经过前门，里面是一个宽约 2 亩的大院子，院子右边是一口宽约 100 平方米的小池塘，四周用水泥栏杆围起来，池边竖立着一块大理石，上书"墨池"两字，寓意后代能多出读书人。

  穿过院子中央，便进入李家祠的主体建筑：一连五堂的镬耳楼，五堂之间以天井相隔，下堂进深小，为门厅，门额上刻着"李家祠"三个金色大字，门两边刻着一副对联："道德家声远，文章世泽长。"中堂包括二、三、四堂，都是大厅，是李氏家族平时议事与进行婚丧等活动的场所。上堂为祖堂，堂中央供奉着李氏祖先的牌位，牌位神台前面用木雕镂花装饰，美观而肃穆。从古时保留下来的烛台和香炉仿佛提醒着后人，这里曾经是如何的香火鼎盛，也显示了李氏是名副其实的诗礼簪缨之族。祖先牌位屏风上刻着"陇西堂"三个金色大字，两边立柱上刻着一副体现李族家风的长联。上联："系本陇西，溯先代，曰道德曰文章曰规矩楷模，世皆留名，穆穆焉千秋如见"；下联："业开龚北，望尔时，为父子为夫妇为伯叔兄弟，各尽其份，雍雍乎一体同亲"。对联工整，意义深远，为族中才子李翘云所作。

李家祠的上、下堂两侧都有卧室，中堂两侧都有花厅或卧室。六横位于五堂两侧的横屋，堂屋与横屋之间都是以天井相隔，周边又以走廊相连。

李家祠具有独特的客家建筑风格。屏风和瓦檐是木条拼花或木板雕花，这些雕花格子多采用格木、楠木等名贵木材做成，形态万千，有方形的，有菱形的，有六角形的。在一些厅堂墙顶与瓦面结合处，还保留有不少壁画，多以吉祥物为图案，雕刻的梅兰菊竹、龙凤祥云、仙鹤麒麟等，千姿百态，形象逼真，虽经 200 多年的风雨，色彩早已黯淡，但精湛的雕刻技艺至今仍令人啧啧称奇，叹为观止。斑驳脱落的图画似乎也见证了200 多年的风雨沧桑。

在李家祠的左右两侧，分别排列的三座房屋都是三堂两横一围龙的客家围龙屋，建筑风格和李家祠差不多，特别之处就是：靠近李家祠左边的一座中堂大厅的中间挂有一副清朝政府于同治五年授予的刻有"怀清济美"字样的忠节牌匾，字体及花边为浮雕，工艺十分精致；靠近李家祠最右边的一座在围屋的四周多建了四个炮楼。

精心保护　百年不倒

李氏客家山庄是传统的客家土楼，除了李家祠是青砖瓦木结构外，其余的都是典型的土坯瓦木结构，从清嘉庆二十年（1815 年）至今，虽历经 200 多年的历史沧桑，仍然

清朝政府授予的忠节牌坊

错落有致、保持原貌而不倒。依现代人看来，在当时的人力因素、建筑材料和建筑水平下，这几乎是不可能的事，但是客家人却创造了一个实实在在的奇迹，留下一个谜。为了揭开这个谜，笔者经过对李氏客家山庄认真的调查和考察，并请教了李忠华老师，找到了一些谜底。

一是务实的"客家精神"，从精神因素层面确保了山庄的建筑质量。李忠华老师说，"客家精神"，其实是"中华精神"演绎。李老师把"客家精神"归纳为八条：百折不挠、锐意进取；艰苦创业、奋斗求新；爱国爱族，精诚团结；崇文尚武、器重名节；敬老爱幼、继祖崇宗；勤俭持家、乐善好施；追求革命、主持正义；为人忠诚，耀祖光宗。李老师自豪地说，"客家精神"在建筑李氏客家山庄的过程中得到了充分的体现：客家人器重名节、主持正义，不做对不起后人的事情，所以努力建造最好的房子；客家人相信报应，认为凡是善恶终有报，不做损人利己之事，因而在建造房子时不敢偷工减料，真材实料建成的房子，肯定是坚固的。客家人聚族而居，族内事务中村中的族长处理。山庄的兴建，自然是由族长亲自监督把质量关。正是在坚定的信念、严格的监督下，才成就了李氏客家山庄 200 多年不倒的奇迹。

二是独特的建造方法，确保了李氏客家山庄良好的坚固性。李忠华老师介绍，李氏祖先在建造山庄时，房屋的墙底部都是用当地异常坚韧的马卵石筑基，基础非常坚固。山庄大部分房屋的墙体都是用当地的黄土夯筑，但所用的是特殊土坯结构：在土中掺石灰，用糯米饭，鸡蛋清作黏稠剂，以竹片，木条作筋骨，夯筑起的墙厚 1 米，形成极佳的预应力向心状态，在一般的地震作用或地基不均匀下陷情况下，土楼整体不会发生破坏性变形。即便因暂时受力过大而产生裂缝，房屋的整体结构并无危险，坚固性非常好。另外，墙顶则飘出 3 米左右的大屋檐，以确保雨水甩出墙外，不会浸湿墙体。

三是相对偏僻闭塞的自然环境，使得李氏客家山庄避免了兵灾匪患的人为破坏，从而得以保存下来。李氏客家山庄位于平南县的北部鹏化山区（大鹏镇与国安瑶族乡的统称），与金秀瑶族自治县相邻，是大瑶山余脉的一部分。1949 年以前，这里层峦叠嶂，树木荫翳，交通闭塞，十分偏僻。从外界进入鹏化山区只有大坳和小坳两条道可行，且都是羊肠鸟道，崎岖难行，十分险峻。1949 年以后，相当长的时间这里也只是修了一条三级泥路。得天独厚的自然环境，使得李氏客家山庄避免了外界的干扰和兵灾匪患的人为破坏。

四是客家人世世代代的悉心呵护，把"根"留住。为防御外敌及野兽侵扰，客家人都是聚族而居。据李忠华老师介绍，住在李氏客家山庄的都是同一始祖的李氏后裔。客家人以爱国爱族，继祖崇宗，精诚团结，耀祖光宗为荣。他们热爱家乡，眷恋故土，把村庄看作是家族生命的"根"，特别是大宗祠，更是神圣不可侵犯的地方，因为那里敬奉着客家人的列祖列宗。李忠华老师说，他们的祖先从建造李氏客家山庄起，就教育后代要做山庄的保护神，并制定了村规民约，严禁任何破坏山庄特别是大宗祠的行为，山庄、大宗祠坏了要修理，但不能伤"筋"动"骨"，只能对村落的空间布局与形态进行"修复"和"再造"，恢复原貌，不能有任何改变，如有违犯，轻则批评教育、罚款，重则永远禁止进入大宗祠祭拜列祖列宗。这种做法一直传承至今，非常有效，200多年来，还没有人违犯过，因为禁止进入大宗祠祭拜列祖列宗，在客家人看来是很严重的事情，就等于被开除出族了。客家人把祭拜祖先看作是天大的、至高无上的、非常神圣的事情。客家人不论迁移到什么地方，或漂泊到海外异国他乡，都不会忘记他们的祖辈来自何处。每年春秋祭祀祖宗，无论远近，没有特殊情况，都会返回石门屯参加祭祖仪式，人数甚众，场面非常热闹隆重。他们村就有30多个旅居海外的老年华侨、华裔，每年都不远千里，返回石门参加祭拜祖先，非常感人。经过石门李氏后裔世世代代的悉心呵护，李氏客家山庄才得以百年不倒。

五是乡贤的关心和大力支持。提到乡贤，李忠华老师感慨万千。他说，乡贤是乡村社会教化的启蒙者，是乡村内外事务的沟通者，是造福桑梓的引领者。李氏客家山庄百年不倒，乡贤起了很大的作用。石门李氏人才辈出，全族外出工作、经商的超过千人。他们非常关心、支持村里的建设。改革开放后，随着人们的经济收入增加，生活水平提高。李氏客家山庄于2008年、2012年进行了两次大规模的维修，共花去资金近300万元，其中乡贤就捐助了200万元。一座祖祠，镌刻着客家人的永远记忆。乡贤们不仅从资金上支持家乡的建设，而且经常返回家乡。凡遇重大节庆日子，石门李氏的游子们无论离家有多远，出外有多久，都会不约而同地回到石门，回到家里，看看亲人朋友，看看家乡变化。或与父母诉说游子的酸甜苦辣、乡愁情怀；或与伯叔兄弟相聚一堂，端一碗客家米酒，喝个一醉方休；沏一壶客家香茗，谈个彻夜长天。正是乡贤们用自己的嘉言懿行垂范乡里，发挥了"领头羊"和"引阵雁"作用，从而引领和带动村民自觉珍惜传统村落，自觉保护住客家人的"根"，留住乡愁。

李忠华老师告诉我，传说李氏客家山庄百年不倒还有一个重要原因就是李家祠建在了真龙穴上，风水特别好。虽然这只是传说，但有一点不得不承认，李氏客家山庄的选址是极具特色的：石门屯群山环绕，山清水秀，景色宜人，得天独厚，一方宝地。李家祠左拥将军山，右拥状元岩（传说是南汉状元梁嵩少年读书的地方），背靠金星山，面向大鹏河。金星山状如一只威猛的雄狮，对面"一"字形的土山如楼台般横在屯前，稍远处与挺拔秀丽的罗恒峰（俗称"文笔峰"）遥遥相望。终年清澈见底的大鹏河像罗带一样从屯前飘过，体现了人与自然和谐的传统文化。

李忠华老师说，李氏家族自从在此地定居之后开枝散叶，逐渐壮大。到如今发源于此的李氏族人包括迁居在外地的已有4000多人，常住在村内的有1300多人。200多年来，石门李氏不但人丁兴旺，而且人才辈出。在清代，出拔贡、秀才、监生、庠生10多人，判官、千总5人。民国初年，李庆佳官至国民党少将军长，李兆芬毕业于黄埔军

修缮后的李氏客家山庄

校五期。1949年至今，出厅级干部2人，处级干部8人，师团级干部2人。博士1人，硕士3人。科局级干部和高级职称技术人员100多人。而住在村头的潘氏和住在村尾的严氏，人才和人丁远比不上李氏。

几度遇险　化险为夷

李忠华老师坦诚地告诉我，李氏族人在保护山庄的过程中，也遇到过险情，但都化险为夷。

第一次发生在1943年。据说有人向日本鬼子告密，石门村李姓子弟有抗日分子，当时驻扎在桂平市江口镇的日本鬼子要派兵到石门村抓人。族上得知情况后，为了防止日本鬼子抓人不成对乡亲们不利，甚至毁坏山庄，一边做好组织人马准备到大坳顶伏击日本鬼子的工作，一边想出一条妙计，写了一首民谣派人拿到江口镇日本鬼子驻地周边张贴，据说民谣全部用鹏化山区的地名串起来，反映进入鹏化山区的艰险，吓唬日本鬼子知难而退。民谣没能留下来，李忠华老师说，他只记得其中一句："鹏化山区石门关，十个进去九不还。"还真的把日本鬼子吓唬住了，直到抗战胜利，日本鬼子都没有进入村里抓人，山庄逃过了一劫。

第二次发生在前些年社会主义新农村建设高潮中。随着村民的收入增加，生活水平提高，不少村民想拆旧房建新房，加上政府有关部门对这些想拆旧建新的村民采取了支持的态度，村里又不好制止，山庄的面貌面临着被破坏的危险。面对困境，村里召开村民会议，动之以情，晓之以理，讲清保护山庄的重要性，取得了村民的共识后，做出了在山庄外围统一规划建新村的决议。并由村里和乡贤出面，协调各方的关系，平衡村民的利益，终于解决了建设新农村和保护山庄的矛盾。现在，一座建在山庄外围的新村已初具规模，一幢幢新建的水泥楼房拔地而起。若从高空俯瞰，你会发现村子的中间古色古香的客家山庄，和村子旁边的新村相得益彰。

200多年来，正是在李氏族人风雨无阻，一代接一代精心管理和保护下，李氏客家山庄这份先辈们留下的珍贵遗产，才得以原貌保留下来。在李氏客家山庄子民们的心里，这不仅仅是为了保持祖祠的存在，更是保持一份珍贵的回忆和客家精神的延续，留住美丽的乡愁。

展望未来　再创奇迹

考察完李氏客家山庄，我问李忠华老师山庄今后有什么新的念想。李忠华老师十分感慨地说，想不到国家和政府这些年那么重视传统村落，把我们石门屯列入了广西首批传统村落名录，现在我们李氏客家山庄已经是名声在外了，经常有上级的领导来山庄考察，很多游客来山庄游玩。山庄名声在外，这只能证明我们过去的努力。在全国各族人民追逐民族伟大复兴中国梦的道路上，石门李氏子民也不敢落后。万丈高楼平地起，我们要承石门屯被列入广西首批传统村落名录这股东风，继续保护和传承好山庄，发挥全族人的力量，不忘初心，砥砺前行，致力打造好石门"客家山庄、文明乡村、生态旅游"这三张名片，让更多的人认识石门、了解石门、记住石门。

李忠华老师充满信心地说，目前，他们已经成立石门传统村落管理小组，专门负责李氏客家山庄的管理工作。近期正在多方筹措资金，准备建一个占地面积5000多平方米的综合文化广场，拓宽山庄前门小广场，建造一条环屯道路，进一步净化、绿化、美化山庄的环境。还要把村里的舞狮队、武术队、木偶戏队恢复起来，建农家乐——

石门客家山庄的李氏子民，正在一步一个脚印，去实现他们未来的梦想，再创造奇迹、创造辉煌。

留住根脉传承历史文化精华

—— 中国传统村落松茂村保护纪实

文/揭鹰　博白县政协教文卫体委员会原副主任

广西博白县松旺镇松茂村是南宋哲学家、理学家、教育家、诗人朱熹后裔聚居地，历代人才辈出。该行政村传统古建筑保存完好，有朱光故居、昌穆庄古城墙、文昌阁、朱为鉁将军故居等重点文物保护单位。近年来，松茂村被评为：中国传统村落（第三

博白县松旺镇松茂村茂山屯

161

批）、广西历史文化名村（第二批）、广西传统村落（第一批）、玉林市特色岭南文化名村（第一批）。在奠定名村的基础上，2016年11月松旺镇升格评为市级名镇。松茂村取得上述"国"字号和省、市级荣誉，我作为参加撰写申报文本、制作申报评审视频的主创人员之一，回顾当时，历历在目。现将有关工作汇报。

调查摸底，发现松茂村积淀丰厚放射出历史文化精华

我全力参与其事。经专家评审，一致公认。这从五大方面体现：

（一）松茂村人杰地灵，历代人才辈出不乏名流

松茂村是客家人聚居村。建客家围屋，讲客家方言，传客家风俗，承客家文化。1986年由松山大队分出该村后，主要姓氏属敦笃堂一支朱氏家族，是南宋著名哲学家、理学家、教育家、诗人，堪称中华文化杰出代表朱熹的后裔。朱熹十四代孙朱景光（号洪珍）为明代举人，任广东灵山县教谕，于明弘治二年（1489年），迁来博白县东平衙前竹根山开基创业。朱景光的九代孙朱殿辅于清朝迁居松旺镇松茂村。其后人才辈出，科第联辉。出有进士3人，称"一门三代连进士"，是指清嘉庆、道光、同治三朝朱德璲、朱允惇、朱锡祺父子孙三代连中进士；称"一母十子九登科"，是指清朝朱宗腾（举人）的10兄弟。此外，尚有乡试（省试）中举人8人，拔贡4人。全村出仕者有158人，其中五品以上的官员有32人包括将军3人、道台1人、知府18人，知县7人，庶吉士1名。这种祖孙父子兄弟叔侄连中科甲，频繁出仕做官的现象，在清代的广西村落中极为少见。现代有省部级官员1人、厅级和处级官员多人，武官中将1人、少将1人、上校2人。可以说，从清朝、民国到新中国，该朱氏家族均出有在全国知名度很高的人物，如被誉为广西清代"李清照"的杰出女诗人朱玉仙（1798—1862），被毛泽东称为"江南才子"的老一辈革命家朱光（1906—1969），荣获中共中央、国务院、中央军委授予抗日战争胜利60周年和70周年纪念章的爱国将领朱为鉁（1891—1950）等三位佼佼者。

（二）茂山屯及朱永茂祠、朱光故居

据民间传说松茂村茂山屯是朱熹第21代裔孙朱殿辅于清代迁入定居的第一个村庄。

茂山屯属客家围屋民居，坐北向南，围墙由灰砂叠砌鹅卵石建成，东西长度85米，南北宽度76米，围墙总长度522米，占地面积6460平方米。围城内东面有六进厅厦式客家民居，其中后三进保存比较完好。每一进宽度45米，深度8米；中间厅堂宽度5米，厅堂两边各设耳房5间。每二进之间的天井宽度5米，深度4米，高轩曲廊，古香古色，典朴幽雅。

围屋居中是闻名两广四进厅厦的朱永茂祠。祠顶设四副龙脊过拱形状"镬耳"，象征高贵乌纱官帽，传说清代出过四品官以上的祠堂才有资格在祠顶建"镬耳"。宗祠门联云："永绵世泽，茂振家声。"进门是一座"雄鹰展翅"彩色瓷砖画的照壁。二进门额

"通奉第"三个大字格外醒目，门联云"永扬敦笃德，茂育济世才"。按照清廷规定，从二品官职封赠"通奉大夫"，造宅建祠才有资格称"通奉第"。第三进厅堂檐梁上悬挂"祖孙父子兄弟叔侄科甲"匾与墙上三块红底金字"进士"匾交相辉映。进士匾下镶嵌"茂山村（永茂祠）历代名人概况"的碑刻，宣示这方朱氏是显赫的名门望族。第四厅堂为正厅，供奉着朱氏列祖列宗的牌位。

人才辈出的朱永茂祠

与祠堂一墙之隔的东面为朱光故居，是一座欧式别墅型、主体为砖木结构建筑。始建于清光绪四年（1878年），为朱光祖父朱锡祺所建。楼阁平面为长方形，占地面积174平方米，分上下两层各设五室，前面内外墙夹走廊，外墙由五大六小拱门相隔构成

朱光故居（展馆）

通廊护栏，两侧均设地梯蹬楼，楼前用青砖砌成一堵屏风式围墙，中央由一个八角门进入楼阁，形成自为一所庭院。整楼设计小巧玲珑，美观大方，古典幽雅。博白县人民政府于1999年12月把朱光故居公布为县重点文物保护单位。

（三）昌穆庄人文历史和城内朱为鈴将军故居

清乾隆五十七年（1792年），在外省为官多年的朱宗腾、朱宗耀兄弟俩从茂山屯迁到约一公里之地的昌穆庄（又称"樟木朗"）筑城居住，耗时四年于嘉庆元年（1796年）竣工。

昌穆庄是"船地"格局。从高处看群山环抱的昌穆庄，宛如一艘扬帆远航的船，据说当年村中有一棵硕大高耸的樟树恰如高高的船之桅杆，村前是奔流不息由两小河汇合的昌穆庄河，预示城内的子孙世代

游客进入昌穆庄

修复后的炮楼

皆能远出为官，一帆风顺，世代荣昌。围城坐南朝北，占地面积28万平方米，东西长250米，南北长120米，总长610米。北面与西各有以青砖砌筑而成的拱门式城门，其中北门为正门。正门"昌穆庄"横额下题写有"昌明世运，穆远家声"楹联。城墙以坚硬鹅卵石、石灰、沙土混合夯筑而成，厚4米，最高8米。古时城墙分两级，内级为调兵通道，高4米，此墙道不仅可供人行走，在必要时还可骑马防守传递军情。外级为防御城墙高4米，城墙各个方向筑有炮楼8个，观察孔和炮眼枪眼360个，防御体系严密。清同治三年（1846年）贼犯昌穆庄未得逞。据村民介绍，以前曾有老虎下山来觅食窥视，因城墙固若金汤而无法进入最后只好无奈摇尾而去。多年来昌穆庄围城吸引了不少考古、建筑、文化、摄影方面的专家慕名前来考察，还有一批又一批的观光客，无不感慨工程的气派及其历200余年风雨沧桑而不倒。它是客家人勤劳智慧的见证，闪烁着中华民居建筑文化之光！曾有日本考察团前来考察后无不惊叹异常。城内民居多是三进砖瓦结构的客家围屋式建筑，形成小院落。此外城内还保留旧掘的大池塘，其中位于西北角的池塘约2.3亩，古树倒映在水中见证了昌穆庄朱家历史的辉煌，同时城内多口水井是用于遇战乱时封锁城门后防水荒。

昌穆庄在清代获举人、进士功名者与血脉相连的茂山屯媲美争辉，出仕有知县、知

府、道台等七品以上官员多人。旧居多悬挂前辈所获功名的牌匾。民国期间，出有县长4人，武官中将1人，少将1人，上校和中校4人。先后荣获中共中央、国务院、中央军委抗日战争胜利60周年和70周年纪念章的抗日爱国将领朱为鉁即昌穆庄人。值得一提的，昌穆庄还有一位重量级的女婿，他就是中国现代史上赫赫有名抗日的第十九路军创建者、上将军衔，曾任国民政府行政院代院长，新中国成立后任中央人民政府委员的陈铭枢，其夫人是朱为鉁的堂侄女。

朱为鉁将军故居总面积386.06平方米。由朱将军的后人（牵头人为广西朱熹思想研究会会长、广西大学退休教授朱光崴）筹资130万元，共同努力，于2011年底将故居修复。2012年1月31日在故居隆重举行"纪念抗日爱国将领朱为鉁将军诞辰120周年暨'不忘国耻、振兴中华'抗日战争图片展览"开幕式。复原后的朱为鉁将军故居给古老的昌穆庄增加了生动的新看点。

修复前的文昌阁

修复前的文昌书院门楼

（四）象征文运兴盛的古文昌阁和全镇崇文重教之风

在松旺一中校园内有一座与博中仓颉字祖庙类似的古建筑——文昌阁。传说文昌是天上星官，专门管理人间读书和文运。文昌阁则是中国一种传统祭祀文昌神以保一方文风昌盛而设的古建筑。该文昌阁是清代朱熹后裔迁来松旺时倡议所建，极具观赏游览价值。朱为鉁将军、朱光市长等童年时曾在文昌阁旁的书院启蒙念书。

从清代至今，松旺镇形成良好的崇文重教风气。尤其是松茂村朱氏弘扬祖先朱熹兴学办校、勤奋读书、奋发有为的传统，在松旺镇亦有很深的影响。1996 年秋，以原广州市市长朱光名字命名、时任全国政协副主席叶选平题写校名的"朱光中学"建成开学，除了广州市方面和朱光亲属的捐款外，松旺镇干群捐款建校资金就达 40 万元，领头的是松茂村朱氏。2005 年以来松茂村朱氏踊跃参加广西朱熹思想研究会。为了奖励考上高校的朱氏学子，还发起设立奖学基金每年开大会颁奖。朱家的后代中由于较为注重品德教育即便当农民也能熟读《朱子家训》，这与朱氏历来倡导崇文重教、耕读传家的传统和风气是分不开的。近年来，松茂村的部分在外发展的企业家和文化人士除了致力协助保护以茂山屯、昌穆庄城为主体的历史建筑与文化遗存外，正加紧筹划建设朱子生态文化园旅游区，筹拍《才子朱光》《儒将朱映光》电视剧等。从另一角度说明了松茂村人士对家乡建设历史文化名村意义的深层次认识和重视。

（五）其他文化遗址

作为客家先民较早开发地，现松旺圩东半公里有建于明末的护国庙，又名古关帝庙，与古文昌阁南北相隔不远，一文一武，遥相呼应；圩南1公里有始建于清雍正年间的老圩址。在松旺镇一中，有座附属文昌阁大约建于清末称文昌书院门楼，欧式风格，古朴美观。作为革命老区，松旺镇是中共领导的桂东南博白抗日武装起义的策源地，多人参加起义，有的牺牲。但松茂村还有比这次起义更早的革命者，他就是随朱光一起赴上海参加革命活动入党、1932年在湖北黄梅战斗中英勇牺牲、时任鄂豫皖苏区共青团秘书长的朱汝兰烈士。

中国扶贫基金会副会长陈开枝（右一）与县委书记禤甲军在朱光故居举行揭牌仪式

县政协助力松茂传统名村的申报、升级和保护

博白是世界客家人口大县，独特的客家文化吸引着海内外专家学者前来探寻研究及游客观光。博白县举办过四届客家文化节，使博白名声远播。在县委、县政府的关心支持下，2011年10月，成立了博白客家联谊会。我当时兼管文史工作，受几位常来博白采风的专家教授影响，也乐意去做一个客家文化的热爱者、研究者、保护者与传承者。我时任县政协教文卫体委员会的副主任委员，向县政协大会撰交了《建议评选和建设好几个"客家人文历史文化名村"，彰显世界客家大县魅力》，该提案由县政协领导督办，县政府拨给专门经费给博白客家联谊会协办、有关部门积极配合，尤其是广西朱熹思想研究会朱光葳会长年逾古稀，仍为此事驾车反复奔走，通过各方合力，终于使松茂村取得本文开头所提的"国"字号和省、市级荣誉称号，成为今天获国家财政扶持打造令人瞩目的名村。几年来，针对松茂村，我还撰写的《建议政府拨款修复县级文物保护单位老一辈革命家朱光故居》的提案交办后，获上级拨款40万元不用三个月就将崩漏破损严重的朱光故居修复。提案《建议把荣获中共中央、国务院、中央军委抗战胜利纪念章的爱国将领朱为鉁故居定为文物保护单位》，2012年初交办后10月份即获县人民政府发文批准，为下一步向上申报评审名村获加分数提供了依据保证。由我撰稿和参与策划制作的《松茂，人杰地灵历史文化名村》约25分钟视频，送专家评审结束后由"客家播客"发布在优酷网上，目前点看率突破8100人次，比预期影响大。我参加编辑即将出版的《博白诗词选集》特设地标文化栏目，把有关题咏松茂名村的多首诗词精选录入。

名村增色：朱光生平事迹展览和博白县革命传统教育基地

博白县委、县政府高度重视弘扬主旋律，传承红色文化，决定在松茂村筹办朱光生平事迹展览和博白县革命传统教育基地。我任秘书组副组长兼布展组长，对有关史料及图片做到精心编写和认真核对。除室内布展，还印发了《忠诚共产主义伟大事业的坚强战士——朱光》，翻刻、发行、县电视台播出我指定从广州电视台带回反映新中国老市长系列之一专题片《朱光》影碟。2014年10月20日，有广州市政协原主席、中国扶贫基金会副会长陈开枝、朱光亲属及广州、南宁、玉林厅处级和博白县四家班子的领导、社会各界人士参加"博白县革命传统教育基地"揭牌仪式在松旺镇朱光故居举行，悬挂的"朱光故居"金色四字门匾由国家司法部原部长邹瑜题写，朱光事迹展正式开展，隆重热烈！

自治区和玉林市两级统战部关心支持松茂名村

策划成功获中共广西统战部重视的一台精彩"春晚"。为了庆祝松旺镇松茂村获评为中国传统村落，2015年2月11日，喜逢县人大和县政协"两会"胜利闭幕，我积极参与策划筹办了庆祝松旺镇松茂村荣获"中国传统村落""广西历史文化名村""玉林市

修复后的文昌阁

特色岭南文化名村"的松旺镇迎新春联欢晚会。该晚会获中共广西统战部高度重视（李处长讲话），驻广西黄埔军校军官后代亲属联谊会和广西朱熹思想研究会会长朱光葳莅临参加。县委常委、统战部部长梁燕宣读国家级、省级、市级授予松茂名村的有关文件。德高望重的县老领导刘继殿（代表县革命老区促进会）、卢祥明（代表县老年大学）、沈维洲（代表县客家联谊会）和县有关部门及松旺镇领导干群近3000人欢聚新建舞台的朱光广场，共同观看。驻广西黄埔军校军官后代亲属艺术团、北海市抗日爱国将领陈铭枢将军家乡曲樟乡政府工会艺术团、博白老年大学歌舞表演队、松旺镇街区和朱光中学均出节目。尤其是卢祥明老县长年逾古稀仍精神焕发登台演出。他们的精彩献演，引起轰动！这在乡镇一级联欢晚会中绝无仅有。迄今我参与策划镇村一级的晚会共3次，唯有这次最难忘。一个多月后又传喜讯：松茂村内朱光故居和昌穆庄同获评为"广西传统村落"。

干群捐款参与传统村落的建设和保护

像当年筹建朱光中学踊跃捐款一样，松旺镇干部群众不"等、靠、要"，也积极捐款参与松茂传统村落的建设和保护。昌穆庄村民在广西朱熹思想研究会会长、朱为鉁将军之子朱光葳教授的带头下，共捐款20多万元，建起村史碑、硬化了村庄门前小广场和古城内的环境整治。松旺镇有识之士还通过发出倡议，共向社会各界筹集捐款 90 多万元，修复了位于松旺镇中学内的古文昌阁，拯救了已成危楼的该县级文物保护单位，得到文物管理部门的好评。

昌穆庄传统村落整体保护利用工程项目启动

2017 年 4 月 8 日，昌穆庄传统村落整体保护利用工程项目启动。我这个村民封的"顾问"，心情非常激动！松茂村 2014 年 12 月获评为国家级《中国传统村落》后，该行政村辖下的昌穆庄优先规划列入 2016 年中央财政支持范围的中国传统村落名单，获中央补助 300 万元、自治区补助 200 万元。之前，玉林市政府对获评名村奖励 10 万元、升级获评名镇奖励 20 万元，早已到位。按照省市县加强传统村落保护的要求，这些费用以保护历史文化遗产、改善基础设施和公共环境为重点，结合实际，科学规划，加强对传统村落保护和开发利用，将在五年内集中用于昌穆庄这座传统建筑和历史遗迹保护性修缮、建筑防灾减灾、环境综合整治，以及污水垃圾处理等基础设施和公用设施建设，以促进传统村落的长效保护和发展。

松茂村将向社会展示中国传统村落崭新面貌！有诗人题《吟松茂名村》赞曰："历史渊源积淀深，朱熹后裔焕人文。岭南特色风情画，传统名村喜占春。"

北流市传统村落保护工作纪实

文/韦延才　北流市教育局工作人员

　　我对于古村、古建筑比较热爱，近年来，经常到北流的古村、古建筑中去了解当地的传统文化、建筑艺术和古代乡村的空间格局，探寻北流远去的历史记忆与发展脉络，看到了北流传统村落这些年来的保护与变化，对北流的传统村落的保护可以说是有一些亲见、亲闻的。特别是因为工作的关系，还与从事传统村落保护的住建部门、传统村落所在村庄的负责人及相关人员等有过多次的接触，从他们的口述里，窥见了北流传统村落保护的历程与点点滴滴，从而对北流市开展传统村落的保护，以及保护的过程情况等有一个大致的了解，也深感抓好传统村落保护的重要性。现将我所见所闻所了解的北流市在传统村落保护中的发展历程、做法与保护的成效等情况整理如下。

　　北流历史悠久，设县已有1400多年，旧称"粤桂通衢""古铜州"，历史上曾"富甲一方"，素有"小佛山"和"金北流"之称。在长期的农耕文明传承过程中，北流也像其他许多地方一样，形成了一批形态各异、风情各具、历史悠久的传统村落。这些传统村落经历着历史的沧桑与现代文明的冲击，有的传统村落得以完整地保存传承了下来；有的传统村落虽然整体规模还算完整，但由于保护的力度不足，已经呈现出一派破败的景象；有的传统村落由于种种原因，其传统村落的轮廓与痕迹也难以寻觅，只剩下了个别的"深宅大院"，令人扼腕叹息；有的传统村落在现代文明的冲击下，已经荡然无存，它的过往只停留在老一辈人的记忆之中，非常令人遗憾。北流在漫长的岁月里，也形成了深具地方特色与民俗风情的建筑群，特别是北流还是一个客家人聚居的地方，传统客家特色的古建筑群也很多，它们形成了北流独具一格的传统村落。但由于人们保护意识的薄弱以及现代文明的冲击，北流的现存的传统村落与其他地方相比，数量相对较少。目前，北流市共有7个村被列入广西传统村落，它们分别是北流市白马镇黄金村、北流市平政镇岭垌村、北流市民乐镇罗政村、北流市民乐镇萝村、北流市大坡外镇南盛村大教组、北流市新圩镇梧村、北流市新圩镇新圩村第五组。其中民乐镇萝村、新

北流市民乐镇萝村的古建筑

圩镇新圩村五组还被列入中国传统村落名录。在 2012 年 12 月，住房城乡建设部、文化部、财政部联合公布了第一批中国传统村落名单，民乐镇萝村入选，在 2010 年，该村还入选第一批广西历史文化名村；2013 年 8 月，新圩镇新圩村第五组被列入第二批中国传统村落名录。这两个村，也是北流规模最大、保存比较完好、建筑格局比较有艺术特色、也比较有历史底蕴的传统村落。传统村落是一个地方不可多得的历史遗存，是人类珍贵的遗产，北流市还积极做好传统村落的挖掘、资料收集和申报工作，2016 年，北流市有 12 个传统村落向自治区住房城乡建设厅进行了传统村落的申报，以促进传统村落的保护。

做好传统村落调查摸底与申报

传统村落是物质遗产与非物质遗产之外的又一类人类遗产，它也是人们在生活和生产中留下的遗产，具有非常丰富的地域气息、人文气息与地方风情特色，这些村落不仅是体现某个时代建筑风格的古建筑群，还向我们呈现着它动态的嬗变的历史进程，是后人解读先人们生活与历史变迁发展的一个最好的物证。但是由于人们生活方式的转变，尤其是近年来城镇化建设加快等多种因素的影响，这些留存着丰富的历史记忆与乡愁的、没有现代气息的传统村落，在不断地破落、消失。为了做好这些传统村落的保护工作，2012 年 4 月，由国家住房和城乡建设部、文化部、国家文物局、财政部联合启动了中国传统村落的调查。广西也于 2012 年 5—6 月，在全区范围内组织开展传统村落的调查工作。北流市为加强传统村落保护和抢救工作，认真落实国家、自治区关于做好传统村落保护工作的要求，积极做好现存传统村落的调查摸底和国家、自治区级传统村落的申报工作。开展了由市住房城乡建设局牵头，联合文化、文物、旅游部门，按照传统村落的两条认定标准来进行措施摸底调查，这两条认定标准是：一上现存建筑有一定的久远度，文物保护单位的等级达到标准，传统建筑的占地规模、现存传统建筑（群）和周边环境保存有一定的完整性，建筑的造型、结构、材料及装饰有一定的美学价值，并有对传统技艺的传承。二是传统村落在选址、规划等方面，代表了所在地域、民族及特定历史时期的典型特征，并具有一定的科学、文化、历史以及考古的价值，并与周边的自然环境相协调，承载了一定的非物质文化遗产。北流市在此次调查，主要是围绕全国第三次文物普查、第一次非物质文化遗产调查、历史文化名镇名村申报资料、特色景观旅游名镇名村申报资料和广西特色名镇名村申报资料等现有资料，结合镇村的申报来展开，调查的内容有以下几个方面：村落的基本信息、村落传统建筑、村落选址和村落格局、村落承载的非物质文化遗产、村落人居环境现状等情况。经过几个月的调查摸底，基本掌握了全市现存的传统村落、传统建筑群的基本情况，对于 20 世纪 40 年代以前的传统古建筑物、建筑群，古建保存较好的村庄等进行了造删登记，对于符合国家级传统村落、自治区级传统村落的村庄，按照标准与申报要求，填写了相关资料与拍摄了照片，逐级进行了申报。

此次申报，先是申报国家级的传统村落，北流市申报中国传统村落的村庄是民乐镇萝村，在 2012 年 6 月底前完成了材料的收集整理与申报工作，于 2012 年 12 月获得了国家的批复，萝村入选首批中国传统村落名单；在 2013 年，又把新圩镇新圩村第五组向国家申报传统村落保护，同年 8 月，国家公布了第二批中国传统村落名单，新圩镇新圩村第五组被列入第二批中国传统村落名录。尔后，包括萝村在内共有 7 个村申报了广西传统村落，2015 年 4 月，广西第一批传统村落名录公布，北流市申报广西传统村落的村有：白马镇黄金村、平政镇岭垌村、民乐镇罗政村、民乐镇萝村、大坡外镇南盛村大教组、新圩镇梧村、新圩镇新圩村（第五组）7 个村，经审核全部列入广西传统村落保护名录，为开展传统村落的保护打下了坚实的基础。对于符合传统村落条件的自然村，北流市积极做好传统村落的申报，争取列入全区和全国的传统村落名录中，争取国家和自治区财政对于传统村落保护的资金支持。

编制落实传统村落保护发展规划

在传统村落入选自治区和国家级的传统村落名录后，北流市即落实由市住房城乡建设局牵头，土地、规划、文化、旅游等部门和传统村落所在的镇村相互配合，具体落实和开展对这些传统村落的保护工作。

一是以《中华人民共和国文物保护法》《中华人民共和国城乡规划法》《历史文化名城名镇名村保护条例》等法律、法规为指导，制订传统村落的保护发展规划。其中于2013 年 6 月编制了《北流市民乐镇萝村传统村落保护发展规划》，2014 年编制了《新圩镇新圩村第五组镬耳楼——赵氏宗祠保护发展规划》，规划从传统村落的保护内容、保护框架、保护等级与范围、建筑高度控制、历史风貌保护、发展与旅游等各方面进行了详细的规划；保护发展规划充分体现五大原则：原真性原则，即保护好原有的、真实的历史遗存；整体性原则，即在对物质遗产保护的同时，挖掘有历史价值的民风民俗，整体全面地保护完整的历史环境；特色性原则，保护其风格鲜明的古建筑，在保护中促进古建文化的继承与弘扬；可持续性原则，结合优美的田园风光，打造成乡村度假、生态观光、农业休闲、文化体验于一体的乡村旅游胜地；保护与发展并举的原则，妥善处理保护与发展的关系，在保护历史文化遗产的同时，在不破坏文物现状、自然景观特色的前提下，在适当的地域建立适量的旅游项目设施。2017 年，正在组织编制平政镇岭峒村、大坡外镇南盛村大教组等两个传统村落的保护发展规划。

二是认真落实规划，严格按规划进行建设的控制与保护。在这些传统村落中，群众的居住、生活、生产发展、村庄建设等与传统的村落结构产生了矛盾，为了尊重历史的

北流市新圩镇新圩村 5 组镬耳楼——赵氏宗祠

真实，实现历史环境、古建筑、自然景观等的有效保护，北流市认真落实传统村落的保护发展规划，在传统村落的核心保护范围区内，一方面加强古建筑的修缮、抢救、保护，另一方面对于与传统村落的古建风貌不协调的新建筑，进行整治、拆除，动员村民迁至核心区外，使其与传统风貌协调。

领导重视传统村落的保护

北流市的领导十分重视传统村落的保护工作，虽然我没有亲见市领导对传统村落保护的具体决策与拍板，但从相关的员的叙述中，可见市委、政府领导对传统村落的保护是非常重视的。如在国家、自治区开展传统村落保护的通知下发后，市委、市政府的领导要求住建等部门，认真落实上级住建部门的通知精神，积极做了北流市传统村落的调查和申报工作；在传统村落的保护与发展规划制订过程中，组织了市住建、土地、文化、文物、设计规划等部门召开协调会议，共同商讨传统村落的保护发展规划的编制。2015年12月，时任北流市人民政府市长招展，还带领住建、土地等部门和民乐镇党委、政府的领导，专程来到民乐镇萝村检查指导"传统村落"的保护工作，他全面参观视察了萝村的古建筑，对萝村的传统村落保护提出了几点工作要求：一是要认真搞好传统村落保护的规划，有了规划，传统村落里的一切建设，都要服从规划，按照规划进行落实，不纳入规划内的建设，一律不得放行；二是对于传统村落的修缮保护，按照"修旧如旧"的原则，村容村貌的改造，也必须与"传统村落"的格局相协调；三是积极探索传统村落保护的有效办法，动员广大群众积极参与其中，并运用多种渠道，争取更多的资金，投入到传统村落的保护与建设。2017年4月11日，北流市委书记朱富庭、市人大常委会主任梁小平等陪同自治区人大常委会副主任王跃飞率领的调研组，到萝村开展了乡村规划建设管理的调研。在实地调研中，市领导要求萝村要做好古建筑和历史文物的保护开发、宜居乡村建设特别是要打好"中国传统村落"这张名片，抓紧抓好传统村落的保护工作，做好萝村古村落升级改造等项目的建设，把萝村打造成体现传统村落与历史人文特色的乡村生态旅游示范点。

争取资金进行传统村落的修缮保护

传统村落由于其古建筑建成的年代久远，加之民间缺乏修缮资金，很多古建在历经了几百年的风雨沧桑之后，特别是改革开放以来，随着经济的发展和生活方式的改变，人们纷纷抛弃传统的传统村落和古建筑，另选他地建起了楼房，原来的古建和传统村落由于无人居住，年久失修，很多古建筑只剩下残墙断壁。这些村落的维修，需要大笔的资金投入，为此，北流市通过申报自治区级、国家级传统村落，广西历史文化名村，以及结合乡村旅游的乡村风貌改造等，多方面争取各级资金对投入到传统村落的保护中。

传统村落的保护是一项刻不容缓的工作，北流市的萝村古村落十分完整，但由于村民陆续外迁、外建房子，不少几百年的古屋在风雨的侵蚀下，已经面目全非，有的只剩

民乐镇萝村修缮一新的国学大师陈柱故居

下一个地基而已，昔日这些建筑上的古砖古墙古瓦古壁画已经荡然无存；有的居民将旧居拆掉，在原址新建起楼房，既毁坏了传统村落的古建筑，新建房子又与传统村落极不协调；而萝村的传统村落特色非常显著，它的历史文化、自然景观等旅游资源也非常丰富，村中共有六大区域景观、十大重要景点。其中具较大规模和特色的参观点共有 36 处，这些景观都集中在一条依山脚而东西走向的环带状旅游线路附近，形成景观片、景观线。特色景观主要有：明、清特色古民居 15 处；文物古迹有古寺、古戏台、古城墙、旧炮楼、古粮仓及古井 6 口、古桥 7 条、古巷 278 条和无锡国专旧址；有名人故居陈柱故居、永康堂、遂园等等；有明清古祠堂 32 座，雕檐 18 处；艺术壁画 17 处约 300 幅，共 1033 平方米之多等等；新圩镇新圩村第五组镂耳楼——赵氏宗祠，是建于 1819 年的古建筑群，至今已近 200 年，该宗祠大院坐南向北，分上、中、下三进正屋，横屋东西各两排，有大小厅房共 109 间，原建筑九厅十八井，另有屋前晒地 1561 平方米，池塘 4

亩，属古代氏族的豪门大宅。宅群属砖、瓦、木结构，整体结构复杂，布局合理，造型雄伟、壮观、高雅、堂皇，集多种艺术于一体，属于具有浓厚的地方民族特色风格的民宅；室内雕梁画栋，墙上刻有龙、凤、鸟、鱼、花、草等一幅幅平面画廊或立体式浮雕壁画；屋顶构造别具一格，墙头高出屋面约3米，塑起伏游龙状，两边设计对称，故著称之为"镬耳楼"，是一个设计独特的古建筑群。如今在这里已经没有人居住，人们全迁到附近另建房子了，只在年节的时候到祠堂上行祭祀先祖的仪式，除了祠堂正厅保存尚好外，横屋破烂比较严重，即使是在正厅之上，一些雕刻与画作也被风雨腐蚀毁坏严重，若再不加以保护，以后要保护就极为困难。所幸的是，民乐镇萝村、新圩镇新圩村第五组镬耳楼——赵氏宗祠均被列入中国传统村落名录，得到了国家资金的支持保护。

从2013年开始，北流市通过整合项目资金，重点打造民乐镇萝村和新圩镇新圩村第五组这两个传统村落。特别是民乐镇萝村传统村落，经过几年来的不断修缮，古建得到了有效的保护。民乐镇萝村先后投入了1000多万元进行基础设施及房屋修缮，新圩镇新圩村第五组传统村落也相继投入了300多万元进行了修缮。其中，萝村获得历史文化名村改造保护建设资金461万元，中国传统村落保护修缮资金300万元，农发贷款

萝村古屋上的壁画

200万元；新圩镇新圩村第五组传统村落获得国家传统村落修缮资金300万元，还获得中央财政拨款维修资金200万元，这些资金均已经落实到位。其中萝村已完成了古建筑修缮、荷塘清淤、道路硬化、房屋外立面改造、停车场、公厕建设、绿化等项目；新圩镇新圩村第五组镬耳楼目前正在进行房屋修缮保护中。几年来，北流市政府还通过整合住建、博物馆、交通、农业等相关部门，合力重点开展了传统村落的道路硬化、路灯亮化、村屯绿化、公厕修建、垃圾处理、村屯及周边环境整治、池塘清淤等一系列的基础设施建设，不断改善传统村落的人居环境，推进传统村落的保护。

发挥村民力量促进传统村落保护

北流市在传统村落的保护中，除了财政和各级项目资金的投入，并结合旅游的开发外，还注重发挥村民的作用。一是加强宣传，提高村民对传统村落保护的意义与重要性的认识，让传统村落所在村的村民，自觉支持、配合、参与到传统村落的保护中来；二是发挥镇村的管理协调作用。传统村落的修缮保护，涉及很多方面和群众的各种利益，作为乡村的基层组织机构的镇、村，必须协调好其中的各种利害关系，确保传统村落规划的落实和修缮工作的开展，北流市民乐镇萝村在传统村落的保护中，民乐镇政府、萝村村委会就《北流市民乐镇萝村传统村落保护发展规划》的落实先后10多次征求村民的意见，讨论研究落实方案。三是充分发挥和依靠村民自治的力量，共同做好传统村落保护发展规划的落实。在人多地少，农村耕地控制极严，传统村落控制区内房屋的建筑高度及风格均严格控制的情况下，传统村落的保护与村民的居住要求常常产生冲突，而且村民的大局意识尚不形成，对传统村落的保护也未有足够的重视，往往出现寸土必争、毁坏古建筑建造新房子、突破控制线与建设高度建房等现象，影响了传统村落的整体协调与原有的风格。如何将行政上的传统村落保护规划落到实处，使之成为村民自觉遵守的传统村落保护规范呢？北流市借鉴村民自治的形式，成立传统村落保护理事会。这个做法已经在实施传统村落保护工作开展的民乐镇萝村实行。萝村传统村落保护理事会于2017年初成立，理事会主要成员由村里群众威信高又热心公益事业的人员、在群众中有一定影响力的退休人员、外出老板等人员组成，其主要职责是对在落实传统村落保护规划，实施传统村落的修缮过程中，群众产生的各种各样的问题进行调解处理，运用村民自治的力量，自行解决处理保护过程中出现的问题，既促进了村民间的和谐，也降低了村民与政府在传统村落保护中的冲突对立现象，确保了修缮保护工作顺利进行。

传统村落的保护修缮工作，是一项非常庞大的工程，也是一项留住记忆、留住乡愁、留住历史印记的重大工程，更是一项迫在眉睫的抢救性工程。但由于传统村落中的古建筑比较多，而且长期缺乏保护，大多古建筑已经破烂不堪，有部分古建筑甚至已经损毁、老化、坍塌，其修缮、保护需要极大的资金。北流市民乐镇萝村传统村落的保护，经历了几年的时间，投入的资金过千万元，其中在改善道路、排水、清淤、绿化、路灯等基础工程的投入资金就达到 132 万元；在一期的修缮中投入 230 万元，二期的修缮投入了 290 万元；目前正在投入 300 万元，进行第三期的修缮工作。这些资金的投入，使萝村的一些重要的古建筑得到了有效的保护，修缮一新，还原了它原有的风貌。但村中的古建筑极多，还有相当部分的古建筑没能纳入近期的维修工程中，而且一些比较有地方特色、体现传统村落特征的古建筑，它们已经破烂不堪，甚至有的已经坍塌掉了，要将它们复原，还需要投入一笔巨大的资金。传统村落的保护，需要极大的资金与人力物力的投入，因此，希望上级部门继续加大对承载着厚重的传统文化与展现着历史风情的传统村落的保护工作，融合住建、文化、文物、旅游等各方面的项目资金，加大传统村落的保护，使传统村落这颗明珠，在历史的时空中，焕发出新的青春，绽放出更加迷人的光彩！

书香牵情古风淳

——玉州区城北街道高山村历史文化村落保护利用纪实

文/罗本武　玉林市玉州区政协办公室工作人员

　　笔直而车辆往来繁忙的玉桂二级公路，从玉林城区向北穿越三个村庄，就见到几个山丘环抱的村落，几株古树掩映村庄，有鸽子从村庄人家飞来，时而栖息枝头。站在山丘高处俯瞰村庄，房屋沿着山坡延伸，青砖黑瓦、鳞次栉比，展现一幅恢宏的建筑群落画面，这就是享誉玉林的进士文化村落——城北街道高山村。

　　它和玉林市境内现存寥寥几个古村落一起，成为绵亘数百年的乡土文化的栖息地。

　　每一座历史文化村落既是一扇厚重的门窗，望山看水，承载着现代人的故园情怀，

古民居屋顶

《经元》匾额

让每个人的乡愁和亲情永远留存于老家屋后一座山、门前一棵树、村旁一条河的印象上；又是农耕文明的精粹，现代文明的根基和依托，是不可再生的文化遗产。

在新型城镇化建设中，如何挖掘历史文化村落的文化内涵，实现保护与利用的良性互动，成为玉州区各级"慢不得、集众智"的抢救性工程。

1999 年 9 月至 2003 年 6 月，我任玉州区城北镇政府副镇长，2008 年、2013 年两次挂任玉州区城北街道工委副书记兼驻城北街道高山村新农村建设指导员，有幸亲历和见证了高山村历史文化村落的调查统计建档、组织申报、规划编制、保护开发利用、生态环境整治、产业发展项目实施工作，深深感受到高山历史文化村落保护和开发，不是发展的负担，而是非常宝贵的资源，保护和合理开发利用这种不可复制的宝贵资源，就是确保以"乡愁"的记忆牵情流动的人群，确保将丰富的文化遗产传承给后代子孙。

"活化"经久感人的文化记忆

2000 年开展全国第一次人口普查工作，我分管城北镇人口普查工作。2000 年 5 月初，我深入高山村督促检查高山村人口普查工作落实情况，我与高山村支书牟安强深入到各村民小组逐个督促检查，第一次有机会接触深入览阅高山村古建筑的内部构造和建造艺术。高山村依山傍水，古祠兀立，数十条巷弄纵横交错，将祠与祠，户与户连成井然有序的整体，组成一串神秘的东方文化符号。

高山村支书牟安强自豪地介绍说："高山村建于明天顺四年（1460 年）。距今已有近600 年历史的高山村，由包括祠、厅、楼庐阁 60 余幢明清古民居组成，在有清一代曾考中进士 4 人，举人 16 人，副榜 3 人，拔贡 1 人，共 21 人，秀才 238 人，其中住佳庐曾出现'一门四举子，四代六郎官'，被群众称为'进士文化村'。村中现存的古民居呈现清中晚期岭南民居的特色，此外村中还保留有大量石雕、砖雕和木雕……"

文化是一种精神，一种自信，也是一种环境、一种财富。走进高山村古民居往往被一种别具一体的富有岭南民居特色的建筑风格以及古民居建筑包含的文化符号吸引。特别镶嵌在古建筑的各种木雕、临摹各种走兽、飞鸟，栩栩如生。在览阅牟成思祠时，村支书牟安强拍着我的肩膀，指着古祠屋檐上搁着的小虎木雕，说："这个小虎木雕，有港商出价 10 万元收购。"这更加让我惊讶高山历史文化村古建筑的高贵价值。

2002 年开始，城北镇党委安排我的包联村工作，由包联城北镇陈旺村改为包联高山村，我深入高山村督促检查工作，处理村里和群众反映的事情多起来了。2002 年 1 月，我到高山村督促检查高山村小学扩建工作的落实情况，村支书牟安强便向我反映：村里干部群众都要求能否争取上级一些资金支持，维修保护高山村明清古建筑。我说："你们反映的情况和建议都很好，但要争取上级资金支持，必须要包装好项目，要召集村委干部开会研究，规划包装好这个项目。"2002 年 1 月 15 日，我参加了高山村委干部会议，研究高山村古建筑保护项目问题，会上有干部提出将高山村明清古建筑作为旅游景区来开发的建议，得到大家的一致赞同，会上还明确由村支书牟安强与村委其他干部组成工作组对高山村明清古建筑的数量，每座每间古建筑的面积、位置进行调查统计登记。

2002 年 3 月，高山村委向城北镇党委、政府提交《关于高山村明清古建筑旅游景点规划建设的请示》，城北镇党委、政府高度重视，分别向玉州区外事接待旅游办公室、玉州区发展计划局汇报该项目的情况，并向玉州区发展计划局申请立项，2002 年 9 月，玉州区发展计划局下文批复，高山村为明清时期古民居民俗文化旅游风景区。同时，高山村委召开村民代表会议，研究高山村旅游景点规划建设启动问题，号召村民踊跃投资入股，2003 年 4 月 9 日，高山村成立玉林市高山村进士旅游服务有限责任公司，收上村民股金 13 万元。从此，高山历史文化村保护和开发进入了有规划有组织实施的正轨。秉承着"多留遗产，少留遗憾"的理念，玉州区注重建立高山历史文化村落保护开发利用的日常领导体制和工作机制。2004 年，玉州区政府成立高山旅游风景区领导小组，由玉州区政府常务副区长任组长牵头组织风景区的规划建设，聘请广西南宁博池旅游园林规划设计有限公司进行规划设计，编制了《玉林市玉州区高山村明清古民居民俗文化旅游景区详细规划》。2004 年 12 月，修建硬化通入景区的道路。2005 年开始依托高山村风格独特、规模宏大的明清古民居建筑群、俊彦迭出的灿然历史，书香长存的进士文化，按照"修旧如旧"的原则，逐步修缮了牟思成祠、牟绍德祠等 3 座古祠，加强村中心古榕保护和古榕周边村公共活动场地的修整。古榕经大三米多、树高十多米，枝繁叶茂，郁郁葱葱，绿荫覆盖达十余亩，犹如一幅庞大的绿帐篷，人在树荫下，晴天太阳晒不着，雨天细雨淋不湿。常有喜鹊、黄莺、八哥、画眉、麻雀、斑鸠、企毛以及其他不知名的小鸟在树上互相追逐、鸣唱。树荫下，石台、石凳上，村民们有的在聚精会神弈棋，有的躺在石板上歇息，孩童们有的玩陀螺、有的跳绳、有的嬉戏、追逐、打滚……焕发着古村落优美环境的魅力。

2013 年自治区城乡风貌改造工作领导小组办公室发出《关于编制 2013 年特色名镇名村工作方案的通知》（桂风貌办〔2013〕12 号），高山村被列为广西特色文化名村。玉州区进一步加强高山村古民居建筑文物的保护和利用，挖掘特色文化资源，培育文化产业。2013 年 5 月，玉州区成立高山特色文化名村实施建设工作小组，由区委书记、区长

聚星楼正面

任组长，分管副区长任副组长，牵头组织高山村特色文化名村项目规划建设工作。出台了《玉林市玉州区高山村实施广西特色文化名村建设工作方案》。2013 年 6 月，玉州区政府聘请玉林市规划设计研究院编制了《玉林市玉州区城北街道高山村历史文化名村保护规划》，规划范围 88.31 公顷，建设控制地带范围 20.97 公顷，核心保护区范围 16.77 公顷。该规划经过自治区住房城乡建设厅组织专家评审，自治区政府批准实施。2014 年 7 月，玉林市规划设计院编制了玉林市玉州区高山村古建筑一期维护方案，广西文物与考古研究所对高山村古建筑群维修保护进行设计，广东旭升建筑安装工程有限公司进行维修保护施工，高山古民居建筑群保护维修投入资金 283.66 万元。2015 年 10 月，在古民居建筑群保护维修工程完工，并通过玉州区相关部门初验收，先后维修李垂宪祠、牟著存祠、牟惇叙祠、牟致齐祠、承诺楼、李拔谋故居、住佳庐、聚显楼等 40 余幢明清古民居，使一批破旧损毁的古民居建筑恢复昔日的容光，一些濒临失传的历史文化遗产和文化符号得到了抢救性修复。加强高山村历史文化村落保护和利用的群众参与，成立高山历史文化村保护协会，通过村"一事一议"组织群众参与古民居巷道、景观点环境整治、古村落道路硬化等工作，对高山村历史文化村落进行保护性建设，让高山历史文化村落重焕生机，村落更加美观，更有魅力。

守望风光绝美的绿色生态

村前村后山坡、田园的绿色生态是当地村民的欢乐所在，看着地里绿油油的青菜、火红的辣椒，呼吸着夹杂着各种蔬菜、花卉、青草和香树等味道的空气，望着山丘上遍野的植被，让人们忍不住驻足翘首或流连玩耍。这里优美的田园风光，得益于高山历史文化村落在保护方法上大力倡导原生态的保护和传承，把人、建筑、环境有机统一起来保护，体现生活的延续性和人与自然的和谐性。高山村结合当地特色资源发展乡村绿色产业，在风貌协调区发展旅游。2013 年至今，扎实推进一批项目建设。

在形态保全上，高山村根据山川地形，日月风水而布局的村落形制得以保全，天人合一的古老家园得以再现，文笔岭仙人股迹等胜景得以恢复。

在美化环境上，为了动员广大村民参加景区环境综合整治，2013 年，我作为高山村新农村建设指导员经常与村委干部、玉州区住房城乡建设局的领导一起，逐家逐户入户走访，动员村民参与乡村风貌改造，先后分七批实施风貌改造工程，改造房屋立面 108 幢，总投资 430 元。采用明渠加盖板或地埋成品排污管相结合方式，建设二座生活污水处理池，使生活污水收集率达 70%。实施村道路硬化和路灯安装工程，修建硬化 4 条村内道路，安装太阳能路灯，总投资 251 万元。实施龙须塘小型水库塘堤加固工程，实施村屯绿化项目，在村公共活动中心广场、健身娱乐场所、环村道路、龙须塘水库周边进行绿化美化，新铺种草坪绿地 1500 平方米，花带 400 平方米，增种宫粉紫荆、黄金榕、桃花、桂花等绿化树数百棵，不仅彰显了古村的风貌，还改善村民的居住条件，古村落人居环境和生态环境得到明显改善。

在生产生活记忆上，以再现和体验乡村生产生活场景为主题，在村东门垌北侧打造农事体验园，供游客参与播种、施肥、除草、收获等农事耕作活动，在农事园的北侧临公路建设农家作坊，供游客参与竹编、藤编和传统酿酒、舂米等活动，使游客体验到各种乡村生产生活的乐趣。

在绿色产业发展上，打造上规模有特色的乡村农家乐。高山人家农庄，占地 200 亩，集古民居游览、赏花、采摘、农家餐饮、青少年夏令营于一体。2015 年，央视纪录片《舌尖上的新年》摄制组到高山人家农庄拍摄玉林本地美食——茶泡的制作过程。桃源岛农庄，占地 200 亩，集桑葚果乐摘、农家饭于一体。家林马场，占地 100 亩，主要为游客提供骑马运动、骑马游玩等服务。同时，高山村还建设名贵花木种植基地，通过土地流转的方式，将土地租给玉州区花卉协会，种植各种名贵花木。目前，该基地已有 100 亩规模。

青云巷

农家乐与古民居隔田相望，田园风光环绕古民居，现代感和古朴气息交相辉映。

传承历经沧桑的非遗文化

高山历史文化村落，除了大量的建筑遗存、原真的历史风貌、人与自然和谐共处的田园风光，最难能可贵的是原质原味的保留众多的非物质文化遗产。

讲好人文故事。高山历史文化村落每处古建筑、每处古迹、名胜都蕴含一段灿烂辉煌的历史内涵，每处古建筑、每处古遗址都凝聚有先民们劳动智慧的结晶。2002 年开始，通过组织村干部调查实测、查阅资料、老人讲述，对高山村 50 处古建筑，10 处名胜古迹遗址的历史要素和文化信息内涵进行了详细记录，挖掘整理了高山历史文化村落的历史资料和人文内涵，编撰了解说词，为讲好人文故事创造条件。建立高山村文物馆，并将实体保护与数字化保护结合起来，对列入保护范围的古建筑、古迹名胜遗址进行数字化勘测、记录、整理、完善保护和开发刊数字信息库，充实非遗文化的内容。

体验进士文化。按照"原型制、原规格、原材料、原工艺"的要求，对牟廷典、李

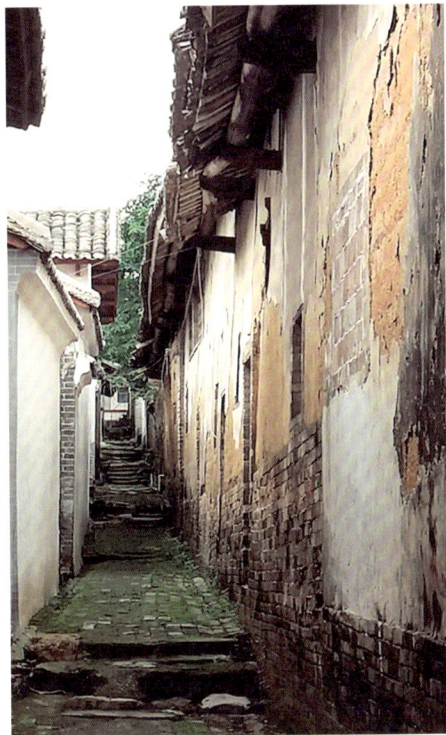

拔谋、牟树棠、牟懋圻等四位进士的故居及承绪楼、聚星楼、郎官邸、李拔铣故居、牟启壮故居、牟成强故居、牟甲寅故居等古建筑进修缮，恢复其旧貌和原有陈设，悬挂进士匾额，展出高山村先人"砚墨相勉"高洁风范的名人字画等，让游客穿行于书香门第之间、感受进士故居的风采，体验进士文化的馨馨书香。

展现"崇文重教"民风。高山村祖祖辈辈以不谙文墨为耻，以读书出仕为荣，有着助学攻书的良好传统风俗。明万历年间，高山村先人便办起启蒙馆，兴起办学之风，此后，各姓氏家族争相兴办启蒙馆、大馆、私塾等教育子弟。至清末全村共办有启蒙馆、大馆学所 15 所。然而这些启蒙馆、大馆学所，经历岁月风雨，大多毁坏。在高山历史文化村落保护利用工作中，十分注重展现高山村"崇文重教，兴办学馆"的良好传统。按照"修旧如旧"的原则，对高山村南门巷书房园及古私塾进修缮，恢复古学堂的风貌和陈设，让游客对岭南特色教育有全面直观的了解。规划建设高山书院，用文字、图片等多种形式集中展现高山村"学馆读经仕途通，蒸尝资助励学童；砚墨相勉风范，家风熏陶民族功。"的独特进士文化。修复书房园北侧的习武堂——和仓，向游客展示高山

绍德祠圆弧

村先人们文武兼修的飒飒风姿。

创新发展廉政文化。三国时期郁林郡主官陆绩为官卸任"载石表廉"故事。2013年，在高山村修建"郁林廉石"巨石遗址让游客瞻仰颂念陆公的事迹。在"郁林廉石"旁边建设玉州区爱国主义教育、廉政教育基地，建设廉政教育展馆和廉政教育广场，让游客亲身感受爱国主义教育和廉政教育。

传承文脉和民俗风情。修复了高山古戏台、古剧场。定期举行富有当地特色的麒麟舞、春牛、采茶、木偶戏、八音、秧歌舞等戏剧、歌舞、民艺民俗表演，凸显了高山历史文化村落的文化个性。为延续高山历史文化村落物质文化遗产和非物质文化遗产的文脉，专门指定了10多名保护传承人，负责宣传讲解，守护传承当地的历史文化。

历经数百年风雨的高山历史文化村，经过统一的修葺保护和开发利用。如今走进村里，人们看到的是硬化村道和砖铺巷道，田园清新气息扑面而来，成片的古建筑和远山近景构成了一幅玉州古韵图画。合理的开发利用惠及了民众。乡村旅游蓬勃发展。每年春节高山村数百亩油菜花盛开，吸引了超万人游客前来观赏。慕名前往高山历史文化村落参观旅游观光的游客逐年增长。据统计，2016年前往高山村游客8万人次。示范吸引魅力不断增强。高山特色文化名村成为自治区级、玉林市乡村产业发展、党建、廉政建设工作现场会的参观点，自治区党委副书记危朝安、自治区党委常委、纪委书记于春生、自治党原党委常委、组织部长周新建、自治区党委原常委、纪委书记邓生平等领导先后到高山村指导工作，每年有100多批次的区内外各级领导到高山村考察研究，指导工作。文化氛围更加浓厚。成立高山诗社，创建全国"诗词之乡"，建立"文艺家采风创作基地"，每年吸引一批知名作家、诗人、书法家、美术家、摄影家、文艺家前往高山村采风创作交流，进一步弘扬高山村历史文化。

西林县马蚌镇那岩古木寨保护开发纪实

文/杨兴富　政协西林县委员会秘书长、办公室主任

　　我是古马线（古障镇、马蚌乡分别位于西林县西部和西北部，因毗邻且共一条省道公路，当地统称古马线）人，对那岩古木寨早有所闻。20 世纪 90 年代，我有幸被组织选派到与那岩古木寨毗邻的八大河乡担任乡党委书记，往返县城都经过那岩古木寨地界，对那岩古木寨的历史都有所了解，尤其是在调到县人大机关工作期间，曾于 2013 年陪同市人大领导专门造访过那岩古木寨，聆听寨老们讲述那岩古木寨那古老的故事，热情的村民和独特干栏建筑群至今仍历历在目。那岩古木寨独特的历史背景和虽经历代风雨洗礼的干栏式建筑风格及众多文化习俗仍被顽强地保存下来的秘面，总让人迫不及待地想知道它的谜底。

　　走在树影婆娑、绿树掩映的那岩古木寨上，我常常流连忘返，思绪万千。如果没有热心人士的极力推荐，如果没有众多媒体的青睐放送和西林县委、县人民政府的后期重视，就不会有那岩古木寨的今天。

　　位于广西西林县马蚌镇的西北部那岩古木寨，是一个拥有 1000 多年的历史的美丽壮家山寨。据寨上老人讲述，他们祖上的先人是古句町国头领"承"的后裔。这里地方特色鲜明，遗存着最古老的壮族干栏风情，独特的干栏建筑自成一体。古木寨由坝南、坡玛嵩、小寨等三个山峰组成，共建有干栏式木楼 109 幢，其中，坝南的木楼群特点突出，它们家家相连，户户相通，俨然一户大"家庭"，与客家土楼有相似之处。生活器具一应俱全。木制器物，包括木凳、木床、木槌、木盆、木桶、木碗、木酒杯、木风簸、木榨油机、木榨糖机、木织布机等。民风民俗浓厚。在外界文化不断涌向木寨的过程中，寨内仍旧保持织土布、穿土布、唱山歌、喝土酒、守旧俗等习俗，全寨有 181 人能用织布机纺织布依壮各色土布和制作本民族服饰，285 人会制作布依壮特色菜谱、103 人会用木叶吹奏民族山歌、140 人能唱北路布依壮清水江调山歌，山歌中比较著名的有

《种田种地歌》《种棉歌》《刺绣蜡染歌》《起房造屋歌》《酒歌》《问酒歌》《摆酒歌》《摩朽贯》，巫术中还有《立幡调》《挂幡调》《开荤调》《追叙调》《献羊调》《哭诉调》《献汤调》《开路歌》《敬地脉龙神》《下葬调》等等。然而，就是这么一块在全区、甚至全国也极少见的神秘古寨却被遗忘在深山老林里，不被外界所知。直到 2004 年，百集电视剧《导游小姐》到西林寻找外景地，在剧组策划人员谭嵩山到马蚌乡开展外景筛选工作时，经时任马蚌乡党委宣传委员的周顺彬同志推荐，并经他本人在《右江日报》发表《〈导游小姐〉寻外景，马蚌干栏上镜头》的通讯，才推开那岩古木寨的宣传之门。

那岩古木寨与别的古木寨不同，它受城市文化冲击小，商业味淡，具有实实在在"古"实力：木楼古、物件古、习俗古、民风古、大树古；而且这些"古"是延续至今的，无须修饰，古得自然、和谐而不做作。人们在木楼上哼着山歌，眺望青山、绿水、翠竹、古树、梯田、耕牛，好一副壮家田园风光画面！置身此中，给人悠然自得的宁静感、亲近感。

那岩古木寨是全国集少数民族传统文化与红色文化于一身的唯一古木寨。清朝年间，云贵总督岑毓英（当地群众称之为"岑宫保"）经常到那岩古木寨，帮助邻里调解纠纷。并动员当地岑氏家族要重视文化教育。他告诫本族人，有文化才不会遭受外族欺压。当年岑毓英曾住过的木楼至今仍保存完好。

解放战争时期的 1951 年 6 月，在那岩古木寨打响了著名的"那岩战役"，战斗时间长达 8 天之久。当时，人民解放军四野 59 军 219 师 656 团及一个迫击炮营参与战斗。战斗中敌我双方消耗了大量的弹药和人员，解放军有 15 人牺牲（其中三人安葬于那岩），匪首林介雄战败自杀。至此，盘踞云南、贵州、广西三省（区）交界处的最大土匪组织滇、黔、桂边区九纵队全部分崩瓦解，为全面解放西林、罗平、兴义等周边县市奠定了坚实的基础。该屯现存有战役战壕、掩体等遗址。

1997 年 8 月，我调到县城工作后，一直没离开过西林，目睹了西林县委、县人民政府在保护和开发那岩古木寨方面所作出的不懈努力。面对道路交通设施滞后、村民对古建筑保护意识淡薄、古木寨基础性设施保障落实不到位、缺乏对古村落保护利用的专业人才等困难，从 2004 年起，西林县委、县人民政府采取三管齐下措施，一方面，加强对村民的传统村落保护思想教育工作；一方面，通过媒体加大对外宣传那岩古木寨；另一方面，抓好那岩古木寨开发保护的编制规划工作。随着经济社会的不断发展变化和人民群众生活水平的不断提高，那岩古木寨面临着许多新的矛盾。部分村民在看到周围村民都在拆旧房起新砖瓦楼房时，心中不免有些蠢蠢欲动，都想把旧楼拆除另起新的楼房，以改善现有居住条件。最先知道这一情况的是时任马蚌乡党委宣传委员的周顺彬先生，为了保护好那岩古木寨的古建筑，他不辞辛劳走家串户做思想宣传工作，与各户签订了不拆除留下历史资源的协议书。随后，西林县委、县人民政府也成立了以马蚌乡党委、政府、县委宣传部、县住建局、县发改局等部门组成的工作组深入该村开展思想教育工作，从提高村民保护好古建筑的认识入手，教育村民不但要爱护好这些古建筑，而且要承传好这些传统，要充分认识到这些古建筑存在的历史价值和今后的开发利用价值；同时，借助媒体平台大力对外宣传那岩古木寨，并认真抓好挖掘开发那岩古木寨的编制规划工作。在县财政极度困难的情况下，出资聘请了有关专家到实地勘察评估论证，聘请了上级有关部门来帮助编制发展旅游规划，制定了开发保护的具体方案，明确了开发保护的指导思想和措施，提出了"保护传统、科学规划、整体开发"的总目标和"尊重原住民、原文化、原空间、原生活、原习俗"的原生态原则，出台了相关的保护、开发、利用文件。同年，把那岩古木寨列入西林县农村精神文明试点屯，当年 6 月，百色市生态博物馆课题组在对全市的民族资源进行调研时，专家们提出了拟将西林县那岩古木寨列入生态博物馆建设项目的意见、建议，自此，那岩古木寨的开发保护工作进入有关专家视野。之后，央视七套《七彩乡村》栏目、央视六套电影《花山摇滚》分别到这里取景。2005 年，时任马蚌乡党委宣传委员的周顺彬同志调任县文明办主任，在他和时任县委宣传部副部长王合兵同志的极力宣传和推介下，深圳摄影协会到那岩古木寨采风，随后，百色市摄影协会、广西摄影协会、广西电视台、右江日报等媒体陆续到那岩进行采访和摄影，进一步将那岩古木寨推向全国。2006 年，新华社广西分社、广西日报到那岩采访，同年广西文联、百色电视台分别到那岩古木寨摄制《那岩风情录》和专题片《走进那岩》。2007 年，广西骆越学会会长谢寿球先生到那岩古木寨考察，并发表了《壮族干栏第一村——那岩》一文，在建筑民俗学界引起了强烈反响。同年，广西电视台《寻找金花》栏目在那岩古木寨拍摄，"那岩金花"岑建丽开始走出大山。同年，那岩被评为"中国七大最神秘古村落之一"。广西大学建筑系到该村进行了一个月的测绘，取得了大量相关数据。2009 年，西林县委、县人民政府在财政困难的情况下，仍拨出专款 20 万元，实施那岩古木寨的屯内道路硬化和保护、维修工作。同年 9 月，把爱德基金会援助西林的 60 多万元全用于那岩古木寨壮族传统文化保护的项目上。也是从那时候起，全面开发保护那岩古木寨的各项工作一件件得到推进。2013 年，西林县人民政府着手把那岩古木寨列入中国传统村落档案申报，同年，那岩古木寨被录入《中国传统村落档案》；同时，向国家民委申请那岩古木寨为首批中国少数民族特色村寨，于2014 年 3 月，国家民委正式批准；2015 年由西林县文化和体育局、西林县博物馆向自治区申请那岩古木寨为自治区第七批文物保护单位，同年被获准并同时被录入《百色市保护性建筑名录》。2016 年中央财政拨出专款 300 万元用于保护那岩古木寨项目，截至目前完成了古木建筑抢救性修复 28 栋古楼，总建筑面积 6200 平方米，总投资 380多万元。为解决交通不便问题，2016 年新修的省道 321 线二级公路经那岩古木寨附近通过。

　　一直以来，西林县委、县人民政府始终坚持古村落保护利用与"以民为本，共保共享"的发展旅游原则，尊重村民自治的权利，不搞大拆大建，不搞全部迁走村民，始终坚持生活延续性和文化活态保护，并不断加强对村民的保护传统文化的教育，坚决遏制村民无序的建设行为。始终坚持维护村民经济利益和文化权益，保存好古村落乡土文化与自然生态，维护好宽松安静的人居环境，避免干扰破坏村民的传统习俗和生活秩序，充分调动村民的积极性，出台扶助政策鼓励村民利用乡土建筑发展农家乐、民宿休闲和农业观光旅游，让保护发展成果惠及全体村民和社会共享。

　　那岩古木寨以热心人士极力推荐而显，由农村精神文明建设而起，依媒体大量放送而旺，因当地党委、政府高度重视而秀美。虽然开发保护那岩古木寨至今仍面临着诸多的困难和问题，如保护开发经费投入不足、各项配套设施建设跟不上等，但我有理由相信，在西林县委、县政府的重视下，随着开发保护那岩古木寨的各项工作不断推进，在不远的将来，一个承传传统又赋予新时代元素的美丽的民族传统村落将以崭新的容貌呈现在世人的面前。作为开发保护那岩古木寨的见证者之一，我为之自豪！

在传统村落保护的道路上

文/陈晓林　钟山县文物管理所所长，副研究馆员

　　传统村落，古老的宅居，是民族文化的根基，是乡愁。保护传统村落，保护古老的乡土宅居，使传承数百年的乡土建筑得以再续，才能留住记忆，留住乡愁，留住我们民族文化的根。

　　一个传承有序的传统村落，或多或少保存着每个历史时期的文化印记，在漫长的历史长河里，它不但积淀着丰厚的乡土文化信息，同时也见证了历史兴衰变化，记录社会发展，传承一个村落文明，是一个社会的缩影，为我们了解区域历史、民族发展提供宝贵的可视可触文化资源。

———

　　我从小在一个古镇长大，对古村古镇有着一种难以割舍和难以忘怀的情结，不管是石板街，还是村外的水车，都是我童年时光最美的记忆。我在文化部门工作了 30 年，在我的血液里充满着文化人的良知，特别是在文物部门工作近 20 年，对传统的东西、历史的东西更为爱惜。我发表的第一篇散文是《古镇英家》，那是 1996 年，文章让我拾起童年的记忆，同时还唤起我希望小镇能恢复往日繁荣的心愿，那时我还在钟山县文化馆工作。1999 年 10 月我调到钟山县文物管理所工作，对传统村落保护的认识更进一步。2002 年我开始对县域的龙道村、玉坡村进行调查。2005 年我带领我的团队——钟山县文物管理所的干部用皮尺一座一座测量龙道村数十座古民居及其他古建筑，用我原有的绘画基础和最原始的办法绘制古村落的平面图和有代表性的古建筑、古民居的立面图，标注门楼、炮楼及古民居的主人，编制文本，申报第六批国家文物保护单位。这一年 4月，我在《中国文物报》发表了《南越门户一座神奇古村落——记广西钟山龙道村古民居建筑群》，在最高的专业报刊上展示传统村落的古朴与美丽。

　　龙道村是一座有着 700 余年历史的村庄，是钟山县现在所知比较早的村落之一。该村依岭而建，坐东北朝西南，背山面田，村前鱼塘环绕，村后山峦起伏，是一座典型的

南方村落布局的古老村庄。

龙道村现有古民居 50 多座，多以青砖青瓦所建，墙厚屋高，座与座之间或横向相连或纵向相连，十分封闭与密集，带着浓厚的隋唐建筑遗风。该村全村姓陶，单姓独族，其祖于唐末由山东迁入，据传为唐末天佑时期的山东青州太尉陶英。明清时期，陶氏后人秉承"勤俭持家，温恭处世"的传统理念，使村子成为方圆百里有名的富裕村。

目前所存的龙道村古民居以清中晚期为主，村中巷道复杂，闸门众多，炮楼耸立，楼高墙厚，严如城堡，且家家户户均设有正门、侧门和后门，或与其他巷道相通，或与他家相连，有着很强的防御特点，从一定角度反映出清中晚期岭南社会的动荡现象。清道光、咸丰时期社会动荡，为了防御匪乱，一些稍富的村庄纷纷筑墙修楼，龙道村古民居群就是这个时期规划建立起来的。龙道村古民居一户多门家家相连相通，处处是闸门与门楼，从村前到村后，足不出屋即可通达，有利于相互联系与照应。整个村庄炮楼分布得体，巷道曲折复杂，门道众多，既利于逃避，也易于防御，是我们了解清代民间军事防御的一个好教材。

龙道村古民居的建筑形式大多基本相同，即每一座房屋基本根据地势分为两个地平面，即两个地平面高差为 1.2—2 米。两个地平面的房屋建筑均为两层，前地平面建筑的一层两侧为猪、牛栏，中间为走廊和天井；二层两侧为厨房，中间为阁楼，天井旁设一石梯上后地平面主屋和前附属二楼。后地平面的主体建筑为三间过主屋，房屋前设内灰塑"U"字形防火墙头。整座房子既有古代南越土著民族的干栏式建筑特点，也有中原汉民族的院落建筑特征，具有独到的科学性与适用性。

龙道村"明经第"

龙道村传统村落

　　龙道村古民居群，家家石库门，户户正门或东向或南向，每户正门均刻有对联，雕有八卦图及龙凤、花草纹，部分屋内画有壁画、书写诗抄，文化氛围浓郁。特别是那家家户户的石刻对联，反映了清代这个偏乡僻壤对中华传统文化的热衷与崇尚。据传龙道村在明末出了一个举人，名陶大鼎，他考取功名后没有去做官，而是归隐故里，在村中收几个蒙童，办起私学，开始了他教书育人的事业，后来村里出了一批秀才。后人为了纪念他，也为了体现读书明理、崇尚儒文化的诗礼家风，在建造房屋时就在自己的石库门框上刻上对联，从而有了龙道村家家户户刻以对联的亮丽风景。

　　龙道村古民居建筑群的石刻对联，除民居外，其祖庙正门、后殿，书院前门、后门，门楼都有，如书院正门对联为"钦明门第流芳远，乐读家声衍庆长"，后门对联为"前堂永日同稽古，后进文风叠胜先"，门楼对联为"枫陛敷恩盈梓里，冀阶凝瑞起松云""芝兰竞艳德门新，奎壁联辉云路辙"等，到处弥漫着一种浓浓的传统文化气息。而古民居的对联有"坐镇龙山凝瑞气，门临池水焕人文""冀阶世泽垂明德，粟里家传好读书"等崇尚读圣贤书、体现人文精神的；也有"勤俭居家为正本，温恭处世是长途"等体现传统做人理念和处世态度的；还有"桑麻共话丰登岁，松菊独存不老春""门前五柳家声古，户外百梅气色新"等意境深远的贺岁联语。

　　龙道村的石刻对联多为楷书，有阴刻、阳刻，也有双线刻；花草与八卦图多为浮雕，刀法娴熟老到；龙凤与缠枝花相结合的设计也十分精妙得体。壁画、灰塑和隔屏雕花有山水、花鸟和人物及诗抄题跋，内容丰富多样，既反映了当时岭南民间艺术水准，也反映出这一时期普通百姓的审美情趣，从一定角度折射出这个时期岭南的社会文化融入建筑美学的艺术风貌，是我们研究清代岭南民间文化艺术的好教材。

　　龙道村古民居还包含有一部分低矮民居，这部分民居主要是该村富户人家专门建给外来的长工与佃农所居住的，与富户人家的高楼形成鲜明对比。

　　龙道村古民居建筑群不但将一定时期的民间传统的军事防御纳入整个古民居建筑建设规划中，还将一定时期的艺术特色、人文精神、人文思想融入生活，融入建筑而使其得以延续，让后人从其历史文化现场和生活场景中，感受到一种厚重的历史文化氛围，使人有一种回归的真实和找回故乡的感觉。龙道村古民居建筑群的保存为我们研究清代岭南民间军事防御、文化状况、艺术水准、氏族关系、阶级划分等提供了可读、可视、可触的物化史料。

　　龙道村是一个很有代表性的传统村落，尽管我们曾在2005年和2010年申报国保都没有成功，但它确实很独特，文化氛围十分浓郁。

　　玉坡村始建于北宋，是一个有着900多年历史的村庄，算得上是钟山县目前所知建村比较早的一个村庄。该村坐落于喀斯特地貌的群山之中，村落四周井泉密布，池塘广阔，水源丰富，稻田肥沃，植被茂盛，村庄所依山岭树木葱郁，形成了其山

玉坡村古民居

秀水媚、玉润坡岗、冬暖夏凉的怡人环境。由于历史上该村田广地富，有钱人多，举人、秀才多，出道为官人多，而成为方圆百里有名的富贵窝和官宦乡。且该村院深楼高，村固如堡，素来被人们喻以"小南京"之美称。

玉坡村全村姓廖，祖籍江西金鸡县，始祖廖致政，宋元祐进士，受谪出寰昭（州）之旧县龙平，南渡后（宋皇朝南迁后）不复北归，爱玉坡山水之胜而在此立家。到了元代中叶，曾举家迁居府城桂林。明初复家玉坡。

该村原仅一村，清末至民国时期由于社会动荡，地方贼寇常乘机打劫，为了防御匪患，该村部分较富裕的人家纷纷迁到大庙山后，建立了玉西村，从而把玉坡分为玉东和玉西两个自然村，形成了玉西村富人相当集中的格局。玉西自然村背以天然石山为屏障，前以池塘为基础开挖壕沟，壕沟边砌护村石墙作防御；全村3条入村通道，分别需经过两个门楼一个山坳；村中青砖筑高楼，青石铺巷道，家家飞檐翘角，户户墙厚壁坚。从外居高远眺，整个玉西村有如坚固之城堡，"小南京"之美誉由此而来。玉东自然村分别以三台山和珠山两座相向山体为村居靠山，珠山旁为大庙山，重要的文物点主要集中在玉东，如寺庙、祠堂、牌坊等都在玉东，这些古建筑从一定角度折射出清中期该村在经济和文化上的强盛。

位于大庙山下的玉坡大庙——协天宫，建于清道光时期。该庙青石做柱，青砖砌墙，小青瓦盖顶，雕花板封檐，墙头彩绘壁画，青石门框上雕双龙戏珠，一对雄健高昂青石狮坐落于大庙前廊坊的两边，为大庙增添了许多威严和光彩，折射出玉坡村人昂扬富足的精神面貌和积极向上的奋斗精神。

玉坡大庙旁是廖氏宗祠，面阔三间，上下两进，梁柱构架，硬山式顶，高大气派，反映出玉坡人尊宗敬祖良好的传统。

恩荣牌坊是该村最具特色、最亮丽的一道人文风景，广西有名的古建筑之一。牌坊位于五房祠堂前，建于清乾隆十七年（1752 年），为青石雕刻嵌合而成，牌坊宽 6.18 米，通高 7.32 米，主体为四柱镶合，形成三间、五楼、庑殿顶结构。四条石柱前后设抱鼓石，明间正楼庑殿正脊两端饰反尾上翘鱼鸥吻，正中为宝葫芦顶，四斗拱间为透雕花窗，牌坊抬枋正背两面分别雕刻着"天地云海""双龙戏珠""骑马出行""双狮戏球"和"鱼跃龙门"等玲珑剔透的浮雕图案，图案寓意深刻，把主人翁金榜题名的喜悦表现得淋漓尽致；抬枋间石匾正面上方阳刻象征勋章的"恩荣"匾，下方分别阴刻廖世德一家四位举人的金榜功名，石匾背面且分别阳刻"恩承奕叶""世泽绵长""光前裕后""诒厥孙谋""遵乃祖训"等楷书。五通石匾既记录了廖世德一家执着追求的奋斗精神，也表达了廖世德一家所向往的美好愿望。该牌坊用料厚实，工艺精湛，刀法娴熟，完整地保存着一件文物的历史、科学、艺术特征，让人在感受到一种古朴和气派的同时，也让人体会到廖世德一家积极进取的奋斗精神和金榜题名后的那洋洋喜庆。

在第三次文物普查中，玉坡村普查到有牌坊、寺庙、祠堂、古民居群、摩崖石刻、古墓葬、史前遗址、防御工事等文物点 10 处，保存较完整的清代与民国时期青砖青瓦古民居有 20 多座。钟山县早期党员廖祥勋（1925 年在上海入党）的故居就在玉东三台山下。牌坊后的五房祠堂曾是廖祥勋开办贫民夜校，传播革命思想、秘密制造武器的地方。

玉坡村古民居的建筑结构有纵向连排，也有单体独立，但风格基本统一，即每座分前、中、后三个部分，前部分中为天井，两旁为杂物房，部分杂物房上有小阁楼，天井前设山墙或杂房，大门通过天井南边杂物房横出；中间部分为主屋，主屋面阔三间，高三层，中为

玉坡村恩荣牌坊

厅，两旁为房，厅屋用雕花隔屏相隔，分厅前、厅后（厅后一般为上楼板梯），主屋地平面一般比前部分高数十厘米；后部分中为天井，两旁为厨，单层。

玉坡村的古民居排列相当整齐，很有规划，以纵向排列为主，每排约为2—3座，以铺石巷道分隔，每个巷口设以门楼，既可使我们看到明清至民国时期桂东北民居建造模式，也可以让我们从中看到该村在历史上的富裕程度。

在玉坡村的珠山南边山崖有一方摩崖石刻，阴刻着"山辉"二字，字径1米有余，是目前钟山县发现的最大的崖刻。该崖刻没有落款，何时所刻不详，从其所透露的人文气息和文化氛围，结合该崖刻风化程度，估计应该是清中期所刻。

由于其特定的地理地貌条件，玉坡村处处都以石为表现形式，除石牌坊、石墙、石桥、石板巷道外，石井、石盆、石碑也随处可见，而以青石做建筑材料（如石鼓、石柱、石栏、石坎、石阶）和家庭用具（如石碓、石磨等）则比比皆是，很有石灰岩山区特点，是一座很有代表性的山区老寨。村中的三台山、珠山、大庙山三座山顶上，都建有青石砌筑的防御雕楼，许多山洞也用青石砌以防御工事。

玉坡村是钟山县唯一由贬官建立起来的村庄，贬官对于其本人是一种悲哀，但对于一个偏远的山乡而言，贬官不但带来了文化，也带来风尚，这种风尚不但在族内得到传承和发扬，也使乡间受到影响。该村自古以来就很注重教育，在学而优则仕的封建时代，读书习武，成为该村一大风尚。据史料记载，从宋到清，该村有进士、举人（文、武举）11人，各类贡生26人，有禀、监、庠、增生等秀才（相公）不计其数，大多求取功名后都外出为官，官大至都督大总兵、通史、别驾、太史、千总；小至县令、教谕等。

玉坡村人尚礼孝，重仁德，从小开始接受礼、孝教育，学会对长辈的尊敬、对邻里的和睦，学会礼让、孝顺，温恭处世，正是这种传统的儒家思想，使得一个处于蛮荒之地的小山村，积极进取的风气蔚然。

玉坡村是个好地方，不管是自然环境，还是人文历史，都有其显著之处，这里不仅山清水秀，且鱼肥稻香。

自2002年，我先后相继在贺州日报、广西政协报和广西博物馆文集以《探释玉坡村》、《玉坡村的人文历史》名发表文章，揭示玉坡村人文历史，以引起社会对玉坡村的关注，从而促进玉坡村这座传统村落的保护。

经过对英家、龙道村、玉坡村的深入调查，一方面通过发表文章，做好宣传、鼓呼，希望受到社会的关注与重视，寻求保护办法；另一方面也通过深入调查，取得了第一手资料，为后来申报国家传统村落名录做好了准备。

二

2007年，我国开展了第三次全国不可移动文物普查，这是一个很好的摸清、了解县

大田村古戏台

域文物情况和传统村落情况的好机会，我是钟山县文物普查队的队长，在 2009 年的实地普查阶段中，我带领我的队员，早出晚归，经历严寒酷暑，基本走完钟山的所有村落，在 1000 多个村庄中，我们选择了 29 个传统村落作为文物点进行梳理、登录，摸清这些村落的基本情况，我亲自撰写这 29 个村落的简介、环境情况等文字材料，并亲自拍摄、绘制主要建筑的照片和草图。

这 29 个村落保存着不少的古民居，也有着不同的村落特点，但面对这些古民居损坏与村落环境的破坏，心中却有着一种说不出的滋味，常常想如能把这些村落保存下来该多好。

2012 年，我国开始对传统村落的保护，这是一个千载难逢的好时机，记得这年在文化厅文物局的一次会议上，时任文化厅的一位副厅长曾对我说"晓林啊，我们的春天来了"，是的，我们苦苦在为传统村落保护奔走、工作，终于听到来自国家层面上回响，可以说当时的心情是十分愉悦的。这年为了做好传统村落申报，我认真整理了英家、龙道、玉坡、松桂四村落材料，与住建部门做了申报，但由于我们的一些上级部门对传统村落保护认识不足，只报上去两个村落，这年钟山的龙道村、玉坡村列入国家级传统村落名录。

英家古民居

松桂村古民居

2013 年我们继续将英家和松桂村申报第二批国家传统村落名录，并取得成功，两年来，我们申报四个村落得四个村落，命中率百分之百，从而提高了我的信心，这年 4 月，根据自治区文化厅、文物局的安排，我参加了全国性一个以"文化遗产保护与利用——发展中的平衡"为主题的会议——"无锡论坛"，为了呼吁对传统村落的保护，我在"无锡论坛"上提交了《加快乡土建筑保护的思考》发言材料，提出了对相对集中的乡土建筑（传统村落）分别保护，对分散的精品乡土建筑采取集中保护的理念和理由，受到了与会者和社会的关注。

2014 年中国文物学会古村镇专业委员会与自治区文化厅在桂林龙胜举办"城镇化与古村落保护研讨班"，根据会议安排，我在这个会议做了《从桂东、

杨岩村门楼

桂东北汉族古村镇（传统村落）文化遗存现状探索其保护对策》发言，从多个角度诠释对传统村落保护的意义。得到中国文物学会副会长、古村镇专业委员会长张囤生和副会长郑国珍高度评价，同时也受到与会者广泛关注与热议。

这一年我们组织开展对土龙、大田、荷塘村的调查，申报列入第三批国家级传统村落名录，我还是负责材料的撰写，但3个村落后只被列入自治区级传统村落名录。

2016年钟山县又开始对白竹新寨等11个村落进行调查，申报国家传统村落名录，在本单位工作业务十分繁忙中，我安排了多天时间，负责6个村落的调查和材料的收集整理，且对其他5个村落材料进行修改，与住建部门合作做好申报，这年钟山县的同乐村、白竹新寨村、荷塘村、源头村、星寨村五个村落列入国家级传统村落名录，这一年是我们收获最多的一年，这5个村落各有自己的特点，特别值得一提的是荷塘村。

同乐村古民居

白竹新寨古民居

源头村古民居

荷塘村古民居

荷塘村位于323国道旁，是明中后期建立起来的村庄。该村处于四面环山的喀斯特地貌的小盆地（山峁）中，山峁四边高，中间底。所存民居依西、东、北三面山脚而建，村中只有三个山口可进入，历史上三个山口设有城门，史有"半边城"之称，与钟山县的玉坡村合称"玉坡小南京，荷塘半边城"。该村全村姓钟，始祖钟益，山东济南历城县朱家巷十四都人，授富川额外守御正千户。

荷塘村远景

荷塘村中分三个居住群，既老寨、新寨、九屋。三个居住群分别在一个四面环山的小盆地内的西、北、东三面山脚下，因考虑生产、生活的便利，目前西、北村民大多迁到山外的323国道建新居居住，九屋且有少部分新居。荷塘村中间主要为荷塘和湿地。其城隍庙、祠堂、戏台、土地庙均在西北角。三个进村山口，一个山口在东北角，两个在西北角，西北角两条进村道呈"Y"字形，起初建村从西建起（现名老村），随后发展到北边（现名新寨）和东边（现名九屋，由于建该居住区落时，仅建有九座青砖大屋而名）。祠堂建在西北"Y"字路左边山口外，土地庙且建在"Y"字路右边山口内，城隍庙建在"Y"字交汇路的右边，戏台且建在城隍庙前，与城隍庙相对，戏台两旁有古榕树两棵。九屋的东南有古樟树五棵。

村庄中三个居住群沿山脚而建，基本连在一起，南面现仅有靠东面两三座房子，整个村子中间为湿地和荷塘，约有近200亩，村子周围种满桃、李、柚、柿、枇杷、芭蕉等果树，村子四周山体耸立挺拔，且树木葱茏，自然环境十分优美。

村庄沿西、北、东三面山脚兴建而成，村道也主要环三面村落而形成主道。

荷塘村城隍庙背靠荷包山。座西北向东南，初建于清乾隆三十六年（1697年），后多有修缮。原为三进，目前只余后二进。其硬山顶砖木结构，青砖青瓦。前进前为四柱结构，斗拱式构架，后进为三间二楼。城隍庙的城隍爷真神由西岭尾古龙平县城隍庙迁至。

荷塘戏台呈"凸"字形，台高1.8米，前台面阔7.93米、深5.93米，后台9.21米，深3.11米。初建于清道光二十二年（1842年），民国及解放初期有所改变。戏台青砖砌台，原为砖木结构八柱抬梁构架，重檐歇山顶，两侧为山字形风火山墙，后改为悬山顶，砖柱八码梁构架。该戏台前嵌修建戏台功德碑，与城隍庙相对，在娱神的同时娱人。

石龙石拱桥

　　荷塘村生态原始，自然条件十分优越，且村中民居多为 20 世纪七、八十年代以前的建筑，进入其村，有如隔世，特别夏秋时节，荷花盛开、瓜果飘香，有世外桃源之感。

　　三

　　几年来钟山县有 9 个村落列入国家级传统村落名录，四个村落列入自治区级传统村落名录，这都是文物管理所与县住房城乡建设局自己做材料申报的，没有通过第三方，虽然说文物管理所并不是传统村落申报、修缮、保护的牵头单位，传统村落的保护资金也不下到文物管理所，但为了做好传统村落的保护，我从不计较个人与单位的得与失，却以主人翁的态度认真做好工作，在我的心目中，只要能把这些有价值的传统村落保护好就行，最起码，在钟山原来只有我们文物部门在关注着传统村落，而现在且多了住建、环保、财政等部门去关注、去为之工作。

　　随着国家资金的到来，我们开始实施对传统村落的修缮、保护工作，首先是对传统村落作保护方案。2012 年底自治区下达了龙道村、玉坡村的方案资金 20 万元，资金虽是下到住建部门的，但钱到位后我却积极热心地与住建部门做好配合，请广西华蓝设计公司给我们为两个村落做设计方案，2013年底英家和松桂村的20万元方案资金下达，紧接着我们又做了这两个村落的保护方案，在设计过程中，我与县住房城乡建设局的同志常常与设计人员认真的考查村落及周边的每一个角落，并在文字材料及图片资料上给予积极配合，从而使得四个村落的保护方案得以迅速完成，并通过了自治区专家评审，且其中的玉坡村保护规划方案被评为优秀方案，成为典范。

由于方案的迅速通过，钟山县的这四个村落的资金很快就下来了，先是环保部门的资金的到来（每个村落150万元），接着住建口的资金也下来了（第一期每个村落150万元，第二期每个村落200万元），文化部门也下达了部分龙道村古建筑群（该村在2009年已公布为自治区级文物保护单位）的维修资金，为了确保资金的准确使用，我常与环保部门和住建部门的同志深入村庄，认真做好排污池的选址和修缮建设方案的确定及施工现场的监督、检查，并根据多年从事文物保护的经验，常常提出自己的意见和建

英家的粤东会馆

议，确保有限的资金用好，用到实处。目前，钟山县已有多个村落建立环保排污系统，对村落环境进行了治理，修缮了村中道路，对部分古民居及其他古建筑进行了修缮，使这些传统村落得到了有效的保护。2016年钟山申报成功的五个村落，目前已有四个村落下达了保护资金，每个村落300万元，传统村落的保护工作在继续。

四

钟山县位居广西东面，自古以来是中原进入南越的一个重要道口，南越的门户，是历朝历代人们或避难、避乱的好场所，也是贬官、戍士安生的好地方，这里山好水好，既有着良好的垦耕种安生的生产条件，也有着很好的建村立寨的自然条件，这里的很多村落都是明清以前建立起来的。

多年来我不但走遍了钟山的村落，也走了不少周边县的村庄，利用节假日，用别人打牌打麻将的时间，用相机记录这些村落的过去，寻找村落岁月痕迹。在村落里，我不仅看到传统村落中古民居及祠堂、寺庙、宫观、会馆、书院、学堂等其他古建筑的青砖青瓦中所透出的古朴与清雅，同时也从古建筑里古人把绘画艺术、雕刻雕塑艺术融入建筑美学那别有的艺术美感中感受到古人的聪明与智慧，认识到这些建筑不仅只有使用功能，而且还有着很高的欣赏功能，从而使得今天的人们不仅了解到这时期的建筑科学，同时也让今天的人们欣赏到当时艺术美学，使人容易留下记忆，记住乡愁，感受到乡土文化的厚重。

由于对传统村落的一种特殊的情结，我深刻认识到，传统村落不但承载着一个村落的历史，同时反映了一个社会一定时期的历史，它虽然没有一座古城堂皇气派，但它同样包含了十分丰厚的历史文化信息，传承着社会文明。

"麻雀虽小、五脏俱全"，许多传统村落不仅只有许多传统民居，还有许多围绕这些民居而建的宫观祠庙、书院学堂、门楼炮楼、戏台亭塔，桥梁渡口码头、牌坊照壁、旗杆石、碑刻崖刻、书院、私塾学堂，有井台、泰山石敢当、石墙石阶老巷、古树池塘、河堤河坝水渠等有形（物质）的文化遗存和许多如民间歌舞、武术杂技杂要、宗教祭祀仪式、手工技艺、民俗风土、稻作农耕、神秘绝技、名人名宦逸事、传记、故事，风水择吉等无形（非物质）的文化遗存，像一本历史教科书，如一个万花筒、百宝箱，传承久远、积淀丰富，有人文、有故事，有科学、有艺术，有读不完的学问，有看不尽的风景，是我们了解一个村落历史、了解农村社会发展变化的一个窗口，也是留给后人一笔厚重的财富，是我们认识历史、了解历史的最好的素材，没有了它，物去人非，我们的乡土情结，我们的乡愁就无处寻根，就难以释怀，如果这些村落不复存在，我们的下一代就无法品味到其中乐趣，有如我们品读了沈从文的《边城》，而认识了凤凰，找到凤凰，因为詹姆斯·希尔顿的《消失的地平线》，发现云南迪庆中甸，找到心中向往的香格里拉，从感性到理性，得有物在，有物在才有想象的空间，有物在才有心中的向往，如果这些村落传统建筑不存在了，就没有值得我们怀念的东西了。

传统乡土建筑是我们中华民族经数千年发展创造的智慧和结晶，特别是那些独特、优秀的乡土建筑，它不但凝结主人几代人的心血，同时也凝结了建设者的智慧与成就，在乡村我常常听到，那座房子建了多久多久，那座房子耗尽多少代人的积蓄，我也深深认识到，这是前人的心血，这也是后人的财富，如果一个村落的传统建筑没有了，那么它所积淀的文化也将被新建筑所淹没而消失，炮楼没了，门楼也没了，旗杆石、碑刻成为铺路石，祠堂寺庙衰落，香火不景，村落的历史没有物体为证，曾经的村落文明就不能为后人所识，那是对后人不负责任。我们不能看着它被取代，被消失，我们有责任保护好这些传统村落，保护好这些古老的乡土宅居，使传承数百年的乡土建筑得以再续，保护这些传统村落，不仅保护住我们民族的传统乡土建筑，同时也保住了我们中华民族的乡土文化的根基。

......

这仅是我对传统村落保护的一点认识。

目前，我们国家是公布了 4157 个传统村落，钟山县虽也有 9 个村落列入其中，有 4 个村落列入自治区名录，但如何才能做好这些村落的保护，这也是我常常寻思的一个问题，究竟国家对传统村落的保护投入是有限的，许多传统村落的古民居由于年久失修，受损本来就严重，加上因无人居住管理，损坏仍在继续，这种状况下去，我不知道，有一天这些古民居没有了，这个村落还算传统村落吗？传统村落必须有一定比例的传统民居，最好是有各个时期的民居或其他建筑，以及与这些建筑相适应的村落环境，否则传统村落就徒有虚名，我也不知道传统村落能保存多久，我想我虽没有多少能力为传统村落保护做多大的贡献，但我会努力为传统村落保护尽一份心，多做一些工作，让更多的人关注传统村落，使传统村落的传统民居及其他传统建筑得到应有的保护，使传统村落得以延年益寿，同时我也会用我的相机、用我的笔，记录下更多传统村落的历史，使传统村落定格在仍能看到他的存在时期。

多年来行走于乡村，我不仅收集到 100 多个村落古民居、古建筑、古迹、遗址照片数以万计，同时也采集不少民间小故事，我想，这也是我人生的一大财富。

南丹县里湖瑶族乡八雅村巴哈屯保护纪实

文/周洪民　河池市南丹县城关镇人民代表大会副主席，
南丹县住房和城乡建设局规划股原股长

　　第一次接触"传统村落"这一概念始于 2012 年，之前涉及工作更多提及的是"古村落"保护。也正是 2012 年 4 月起，住房城乡建设部、文化部、财政部和国家文物局联合启动了中国传统村落调查行动，之后组建成立传统村落保护和发展专家委员会及工作组，陆续出台传统村落评价认定指标体系、加强传统村落保护发展工作的指导意见等政策文件，同时组织了第一批国家级传统村落的申报评选工作；作为基础住建系统工作人员的我，与传统村落的联系也就此拉开帷幕。

第一章：背景

　　2011 年 9 月 6 日，中央文史研究馆成立 60 周年座谈会在北京人民大会堂举行，时任国务院总理温家宝同志出席并发表讲话，提及"国家发展和民族振兴，不仅需要强大的经济力量，更需要强大的文化和道德的力量"，"古村落的保护就是工业化、城镇化过程中对于物质遗产、非物质遗产以及传统文化的保护"；讲话阐明了传统文化道德在国家发展中的重要作用、指明了传统文化的传承载体，更让人振聋发聩的是，古村落保护的警钟也正式敲响。

　　当时的我参加工作刚满三年，时间虽不长，但工作性质使我对传统的建筑、街区乃至村落等历史环境要素有着较为浓厚的兴趣；认为经历岁月冲刷的老旧砖瓦、古朴精美的雕梁画栋，见证了先人创造的历史，蕴含着沉甸厚重的灵魂。作为一个土生土长的南丹人，20 世纪 80 年代民治街的骑楼永远留在儿时的记忆里；农村老宅的天井、门前左右矗立的老槐树、通往河边的石台阶，时常历历在目。但时过境迁，记忆里的故乡已找不到当年的物证。

　　伴随 20 世纪 80 年代开始的经济社会快速发展，我们曾经熟悉的街巷和村落也已改头换面，每个人逝去的乡愁便是我国传统村落境况的缩影。为贯彻落实温江宝总理关于

2012 年 6 月于巴哈屯开展调查

古村落保护的讲话，保护已逐步消失和被破坏的传统村落，挽救中华民族传统文化和文明的重要载体，住房城乡建设部、文化部等相关部委开始了传统村落保护行动的谋划和筹备。

第二章：缘起

2012 年 4 月 16 日，住房城乡建设部、文化部、财政部和国家文物局共同下发了关于开展传统村落调查的通知，旨在摸清现存传统村落数量及现状，为即将开展的保护工作提供依据。通知逐级下发，于 4 月 23 日传至南丹县住房城乡建设局；经局领导安排，由我所在规划股负责南丹县域内的传统村落调查及相关资料收集；县委、县政府得知该项工作后，也给予了高度重视，在保障此项工作经费、车辆等物质条件的同时，要求县直各单位及乡镇政府务必通力协作。我一开始接到这项工作时感觉十分兴奋，虽然同期的其他业务也比较繁重，但有机会进入县域里每一个存在历史遗存的村落，探寻自己尚未触及的传统文化，无疑对工作和生活将是一种丰富。

首次开展的南丹县传统村落调查工作虽有先期布置安排，但困难也随之而来。因上级文件还较为概括，转发给各单位的文件及调查表并未得到积极回复；配合单位提出关于调查的具体问题，也只能由县住房城乡建设局向上级业务主管部门反映。就在这种近似无所适从的状态下，最初仅收到了以白裤瑶族非物质文化遗产传承为代表的里湖瑶族乡怀里村作为传统村落调查对象。

为应对各地反馈的类似情况，全国传统村落调查工作电视电话会议于 5 月 10 日在北京召开，在对调查工作进行全面部署的同时，也就具体问题进行了培训解答。自治区随后对广西传统村落调查做出进一步部署，向全区住建系统分析传统村落调查及后期保护的重要意义，并要求各县于当年 6 月 30 日完成调查，由自治区于 7 月 15 日前完成审核验收。

第三章：寻找

结合新的工作部署，我们

八雅村部古道

反思前期工作不足之处，针对历史元素及非物质文化两条主线，开始对可能存在的传统村落进行调研。

为全面了解南丹县域历史遗存及文化遗产，我分别向南丹县文物管理所覃秋盛所长及南丹县文化馆张海智馆长请教，了解文化部门前期相关工作情况。在两位前辈的帮助下，南丹历史村落及其所蕴含文化遗产得以系统梳理，寻传统村落的线路也基本确定。从 2012 年 5 月下旬开始，除在办公室整理所收集历史遗迹、文化遗产的文字及影像资料外，我都与覃所长和张馆长一同入村，结合前期归档的文物、非遗目录对涉及村屯进行实地调查。

在近一个月的实地走访中，我对南丹县的历史文化有了全新的认识，从前认为平淡无趣的群山中，蕴藏着丰富灿烂的民风民俗。看似原始落后的白裤瑶族，有着别具特色的婚殇嫁娶仪式、生态质朴的耕织传统、热情豪放的枪声鼓乐、绚丽且暗含历史的民族服饰；红水河畔平静的田间地头，每年都会举办盛大的劳作庆典，在蚂拐（青蛙）节当日上演神秘且热闹的祭祀和舞蹈；村落间不起眼的山坡上，缜密布置着里外三层城墙，古营盘、烽火台、炼丹炉散布其间。

领略村庄所蕴含历史文化的同时，调查进程也充满了扼腕叹息。调查小组所到之处，早已没有了传统村落定义的风貌，取而代之的是密密麻麻、各自为政的"火柴盒"式砖混小楼。村民们似乎忘记了曾经的院落生活，每寸平地都搭建起各式房屋；大家也遗弃了先前村落的传统格局，建筑式样和朝向各不相同。如今的村落，多以杂乱无序的面貌展现在我们面前，相关部门更多时候也只能无可奈何，引导或制止几乎没有任何强制措施作为保障。

吾隘镇的那地村，元代已形成聚落，古时是罗氏土司衙署所在地，近代发展成为右江苏维埃那地政府所在地，邓小平、韦拔群等革命先辈曾在此工作生活。然而在对那地村进行实地调查的过程中，老一代人虽还能耳熟能详的介绍当时罗氏土司衙门的格局、与周边山川河流的搭配、附属园林池沼的方位，但未能寻获任何直观的遗迹。幸存的照壁石块已三三两两的堆砌进了新建小学的基础挡墙里；古代的石鼓、石兽仅各存一只，磨损得看不出原样，被遗弃在村巷的角落里。又如六寨镇龙马庄，抗日将领、前自治区政协副主席莫树杰将军的故乡，民国修建的子华公园变成了茶叶种植园；在县党委、政府的抢救性保护之下，子华公园大门、莫树杰故

八雅村部古道旁石碑

八雅村部建筑遗址石基

居及一栋百年民居得以保留，但村落原有面貌也无迹可寻，仅能在采集当地水族山歌的时候，从当地村民的歌声里想象从前村庄的模样。

经过近一个月的走访，除里湖瑶族乡怀里村凭借白裤瑶原生态博物馆形式得以作为传统村落系统保留外，大部分村落仅能收集到非物质文化遗产方面的传统要素。对于当时的调查结果，大家都觉得十分失望却又无能为力。

第四章：发现

在调查收尾阶段，工作组决定最后走访一些交通较为闭塞但存在历史遗存的村落。里湖瑶族乡的八雅村便是这么一个地方，因深处石漠化大石山区腹地，且位于桂西北与贵州接壤的边缘地带，基础设施条件虽经过不断完善，但仍未能达到现代交通标准。这么个不起眼的小山村，却是古时黔桂两省来往的重要枢纽，村中古道旁至今还矗立着咸丰年间的石碑。

我们进入八雅村时已是6月下旬，恰逢雨季，从乡里直通八雅村的道路时常被大水淹没，无法通车，只好借道贵州省荔波县折返进入八雅村北端。进入八雅村北端之前，必须经过小七孔景区的鸳鸯湖，看着当地的旅游业态，像我这样第一次进入八雅村的人，还以为紧靠旅游区的村民生活条件必定比较优越；但穿过景区后前，便要经过一段近半公里长、狭窄且未硬化的崎岖山路，之后才能接上水泥硬化道路。据当地村民反映，南丹县级财政虽然多次安排相关经费，但由于两省的边界争议，始终无法对八雅村至小七孔景区的最后半公里道路进行修筑拓宽。

当工作组从鸳鸯湖行至山顶，与前期所见村屯风格迥异的画面映入我们眼帘，山顶的凹地里出现一片错落有致的吊脚楼，这便是八雅村巴哈屯。

在两个月的调查工作后，我对所接触村屯的观感几近压抑，但在看到巴哈屯那一刻，柳暗花明的兴奋涌上心头。行走在巴哈屯里，到处是传统木构架建筑，除中央一条已硬化道路，每间房屋入口及分支小巷都由石块堆叠而成；从最下方的柱顶石向上，每间吊脚楼的柱、梁、枋、檩、椽均保存完好，虽没有精美的木刻，但每块木构件均有浸透岁月风霜的印记。门外坐着的老人、窗外晾晒的蜡染花布、曲径转角的古井，配合两侧房屋，俨然一幅传统村落里的宁静画卷。

怕漏掉了巴哈屯的某个角落。

穿过巴哈屯内，下坡便是八雅村村部，引领我们来此的三处文物便散布其中。进入村部首先来到列为县级历史建筑的清代古宅，据说是当时的地主宅院，1949 年后原本的屋主逃离此处，留给家里的长工居住看管；原有的院墙已倒塌，在仅剩的三间房前用夯土墙进行围合，从院内打磨规整的石块、山墙及屋脊的瓦作可一窥古宅当年的繁华。古宅旁有一口泉水充沛的古井，井口四周有规整的巨大石块围合，泉口上方的拱形石碑上用繁体篆刻"兴龙井"三字。井旁另有一处较大的建筑遗址，从现存石基可推断为三进院落，入口处有两棵巨大古树，台阶两侧刻有兰花、瓷瓶等精美图案。

古时的八雅村口处便是前文提及

八雅古道旁的天池

八雅古道上的马蹄印

的咸丰石碑，碑顶、碑体、基座完好，四周刻满文字，记录着先人开凿这条黔桂古道的功绩，以及古道对两省商贸及居民往来的重要意义；有赖于两省的商贸往来，八雅村于明朝便在此形成聚落和驿站。沿着古道攀登至山顶，便可看到另一侧山脚下自然形成的天池，古道沿着池边蜿蜒至远处的山坳，那便是黔桂古时的大门。令我印象最为深刻的，还得是古道上深嵌马蹄印的石块，如不是千百年繁重的货运，又怎能在磐石中烙下如此震撼人心的印记。

至此，八雅村巴哈屯作为在南丹县发现的传统村落之一，逐级上报至全国传统村落调查系统。

第五章：困境

在调查过程中见证了传统村落的保护现状，参与此项工作的同志均意识到加强传统村落保护的紧迫性，希望从各自所在领域争取一切可能的支持。但实际的困难接踵而来，从2012年起，作为南丹县财政主要来源的有色金属产业受多种因素影响，导致县级财政收入急剧收缩，单靠南丹自身财力来保护境内传统村落，已显得力不从心。因此，将上报村屯纳入中国传统村落名录，进而争取上级部门乃至全社会的支持，成为南丹县传统村落保护工作者的共同心愿。

然而，在同期的传统村落调查成果中，巴哈等村屯并不引人关注，相比自治区内桂林、柳州等市选送的村庄，更是相形见绌。在 2012 年和 2013 年的两次评选中，巴哈屯纳入中国传统村落名录的期望均未能如愿，以致到第三批评选时，大家基本放弃了这方面的努力。现在回头再看，无论是最初调查无村可荐，还是参与评选失利，除了当时各村屯传统因素确已遭受严重破坏的客观因素外，我们一定程度上对于本地传统村落及文化遗产并没有足够的自信，导致无法发掘和突出这些村屯的亮点。

在暂未获得上级支持、自身财政能力有限的情况下，南丹县对于传统村落的保护转入最基础的环境改善。恰逢"美丽广西"专项行动第一阶段清洁乡村工作开展，按照当时确定的工作方案重新审视巴哈屯，我们确实还有许多基础性的工作没有做好。譬如屯内污水混杂着禽畜粪便任意排放，食品包装袋等生活垃圾散落房前屋后；这些环境卫生问题放到一个村落里，原本的底蕴反而呈现出无序且落后的影子。在南丹县党委、政府的组织安排下，由专门成立的县乡村办协调各部门，在县域范围开始了系统的乡村清洁活动；在巴哈等传统村落，则由县领导多次入村督促指导，入户询问百姓意见建议，争取村内群众的积极参与。

当时一起入村开展清洁乡村工作的还有县民宗局，从他们口中得知，国家民委自 2009 年起联合财政部开展少数民族特色村寨保护工作，并于 2013 年开始筹备中国少数民族特色村寨命名挂牌工作，县党委、政府已通过民宗局向上申请将巴哈屯列入中国少数民族特色村寨。

从前巴哈屯内景

近期巴哈屯内景

清洁乡村工作开展的第二年，当我们再次来到巴哈屯时，原来的污水和垃圾都没了踪影，刺鼻的腐臭味也被林间吹来的清风取代。也是同年（2014 年）的 9 月，国家民委给予巴哈屯中国少数民族特色村寨命名挂牌。

第六章：转机

巴哈屯成为中国少数民族特色村寨让大家初感振奋。2015 年新年伊始，习总书记发表了"必须留住青山绿水，必须记住乡愁"、"要像保护眼睛一样保护生态"的讲话；与此同时，"美丽广西"专项行动也进入了第二阶段的生态乡村活动。5 月 7 日，时任自治区党委副书记危朝安就扶贫产业发展来到河池市进行专题调研，首日便进入八雅村巴哈屯，充分肯定了当地的历史地位和未来发展定位，强调要认真做好传统村落的保护，将其融入邻省小七孔景区进行旅游开发；在提高当地农民收入的同时，将八雅村建设成黔桂旅游业交往的纽带。

巴哈屯本已优越的生态环境得到进一步巩固，村部通往贵州古道一旁的天池，原本被养鸭污染的池水开始变得碧绿，成为很多摄影、登山爱好者的必选去处。巴哈屯在南丹民众间的知名度随之提升，成为大家谈话中那个保持了美丽传统风貌的村落。

从脏乱无序到生态宜人，对巴哈屯的保护紧接着迎来了一次质的提升。在国家到地方对于传统村落保护及产业发展的利好形式下，巴哈屯主推旅游业的产业定位得以确认，从 2015 年 3 月起先后得到自治区"一事一议"及"乡土特色建设"两笔专项资金支持，配合地方财政资金，相关基础设施建设也得以有效推进。在不改变村落格局风貌的前提下，依照新编保护规划在巴哈屯内实施了给水排污、景观绿化、公共照明和消防、生态停车场、公厕、观景台建设及石板路修复等项目，并对屯内建筑进行加固翻修，对屋内厨卫设施进行升级改造；旨在促进特色村落保护开发的同时，满足村民对现代生活方式的需求。

对巴哈屯开展的一系列保护发展举措，使我们重燃将其列入国家传统村落名录的信心。县住建部门与文化部门再次联手，于 5 月至 8 月间提炼县域传统村落的各项实体及文化元素，编写情况介绍、拍摄收集相关图片；较最初参加评选 10 倍之多的介绍材料，让巴哈屯等村落的形象更加生动饱满，之后更是得到了自治区各相关单位的共同把关，南丹县参加第四批传统村落评选资料如期上报。

第七章：成效

经过近一年的努力，巴哈屯各项建设施工已基本完成。相比最初见到它，巴哈屯还是以往古朴的气质，还是让人印象深刻的模样；但屯内细节之处的改变，已让这个传统村落迎来了新的青春。

村民从前用竹编草席遮挡的木屋破损墙面，已装上了与其他墙面一样颜色的木板，

生态乡村建设后八雅变清的池水

花窗也有了更为精美的样式，所有腐坏病变的构件一律更换；石台阶上湿滑的青苔不见了，松动之处已被水泥勾缝填充，从前裸露黄土的泥泞巷道也铺砌了石板；房前屋后的杂草变成了各式花卉，想必村民的生活情趣也得以提升；古井流至屯中央的池水少了之前的浮萍，池水清可见底。

2016 年 12 月 9 日，第四批中国传统村落名录由住房城乡建设部、文化部、财政部、国土资源部、农业部及国家文物局、国家旅游局共同公布。拿到列有 1598 个村落的名单时，我心情复杂，有即将看到成果的欣喜，也有害怕落选的恐惧；索性直接寻至广西壮族自治区入选村落名单，南丹县巴哈屯与蛮降屯的名字赫然在目。面对一份等待了五年之久的名录，我久悬心里的一颗"石头"终于平稳落地，但并没有欣喜若狂的感觉，毕竟这是全县乃至自治区共同努力的结果，是相关所有岗位上领导和工作人员共同取得的成绩，我有的是作为其中一员的骄傲。

第八章：展望

在当下举国开展精准脱贫工作的形势下，巴哈屯无疑是幸运的，从静卧深山的一个无名村屯，登上了国家级的传统村落名录，同时找到了未来经济发展的方向。由于其处在黔桂交界，又是贵州荔波小七孔景区与广西南丹白裤瑶原生态景区的中间地带，自然成为两地旅游交往的重要环节；古时的商贸驿站，再次肩负其历史悠久的使命。

虽然巴哈屯内基础设施条件已显著改善，但距离发挥其纽带作用还任重道远，随着贵州瑶山至广西南丹二级公路的开工建设，巴哈屯对外交通及旅游接待设施的建设也需同时启动，与之相伴的还有两地旅游协作机制的完善落实；即将开始的各项工作，需要投入更多的人力物力。从传统村落保护，延伸至广西社会经济发展的各项事业，各级各部门工作人员、广大人民群众及社会各界人士，又将踏上新的征程。

中国传统村落弄立村二队调查随笔

文/覃瑞恒　大化瑶族自治县外国语实验学校教师

　　2013 年 8 月 26 日，住房和城乡建设部、文化部、财政部《关于公布第二批列入中国传统村落名录的村落名单的通知》（第二批）（建村〔2013〕124 号），"河池市大化瑶族自治县板升乡弄立村二队"名列其中。根据上级有关通知精神，大化县文联成立了调查工作组，于 2015 年底进村开展调查。我作为调查组成员之一，有幸参与其中，成为这一事件的亲历者和见证者。

　　　　一

　　传统文化的根基在农村，传统村落保留着丰富多彩的文化遗产，它是承载中华民族传统文明的重要载体。由于保护体系不完善，随着工业化、城镇化和农业现代化的快速发展，一些传统村落消失或遭到破坏，因此保护传统村落已是迫在眉睫。板升乡弄立村二队是第二批列入中国传统村落名录，也是河池唯一列入中国传统村落名录的单位。其调查工作对于贯彻落实习近平总书记提出的"让居民望得见山、看得见水、记得住乡愁"的指示精神具有十分重要的意义。

　　为实施好"中国传统村落立档调查"项目，如期出版《中国传统村落——弄立村二队图典县卷本》，大化县文联制定了《大化瑶族自治县广西传统村落——板升乡弄立村二队调查工作方案》。组织调查组成员认真学习有关通知精神和有关要求，充分提高对"传统村落调查"的认识，提高工作的积极性、主动性，保质保量完成传统村落——弄立村二队的调查工作。

　　这次调查对象虽然只有一个队，但需要掌握的信息量大，工作烦琐。调查工作组领导要求各成员采取多种形式收集原始资料，多角度拍摄相关图片，同时要收集以前拍摄的相关图片和资料，认真填报调查表，编印图典卷本，在为上级有关部门提供信息翔实资料的同时，还要为下一步提出切实可行的保护意见打下扎实的基础。

　　这次传统村落调查工作由大化县文联统一组织实施，板升乡党委、政府，县民间文艺家协会，县摄影家协会，弄立村"两委"联合组成工作组，各部门、各单位明确分工又相互配合。

调查组成员及分工如下：组长黄格，大化县文联主席，全面负责组织协调及指导工作，统筹调查结果立档及上报和图典县卷本出版工作，兼顾文字材料、图片拍摄等。副组长邓陆义，大化县板升乡党委宣传委员、政府副乡长，负责协调乡党委政府、弄立村"两委"配合调查组工作，确保调查工作顺利进行。成员有我（主要负责文字资料的收集整理工作）；韦哲（大化县委宣传部副科级干部，县文联副主席，县民间艺术家协会主席，主要负责图片拍摄工作）；黄秉祥（大化县文联原主席，主要负责图片拍摄工作）；蒙玉金（大化板升乡弄立村民委员会副主任，主要负责调查过程路线的引导、村民的组织、有关调查过程的协调配合工作）；蒙新宇（大化县板升乡弄立小学教师，主要负责后勤和学校拍摄协调工作）。

每逢节日，弄立村瑶族同胞都要敲打铜鼓，在祭拜铜鼓后将铜鼓拿出家门去参加娱乐活动

二

2015年12月9日至12日，调查组进驻板升乡弄立村进行田野调查（2016年又两次入村补充调查）。调查的主要项目如下：

一是村落基本信息。主要包括年代、形成原因、类型、地质、自然面貌、民族、姓氏、人口、生产、历史见证物、物质文化遗产、非物质文化遗产、自然遗产、现状、村落简介和其他。

二是有关弄立村弄立二队的习俗、宗教、服饰、节日、民间文物资料、民间故事等相关文字资料。

三是图片拍摄。主要包括村落面貌（全貌、村落与自然关系、村落不同角度景象、交通情况、重要公共空间、自然特色），历史见证（村落历史见证、家族历史见证），物质文化遗产（公共遗产、民居建筑、作坊、铜鼓若干张），非物质文化遗产（民族服装、民间艺术），民俗生活（日常生活场景、礼俗生活场景、家庭信仰），生产方式（日常生产场景、生产工具、手工制品），人物（村民肖像、历史上的重要人物肖像），近年来村落的新变化，其他（调查中发现的内容、调查组工作人员及工作照）。

三

经过深入细致的田野调查，我们发现，"弄立村二队"改为"弄立村弄立队"较为

准确，因为弄立队包括一队、二队、三队和四队，同属于一个自然屯。于是，调查组扩大了调查范围。

弄立村位于广西壮族自治区大化瑶族自治县板升乡南部，东与弄从村相连，西靠三洞村、八好村，北邻弄雷村、板烈村，南与七百弄国家地质公园接壤。弄立村面积约8平方公里，承接都阳山余脉，在高峰丛深洼地的喀斯特群山中，居民区是一块狭长的不规则的洼地。

弄立队立于民国三十七年（1948年）的蒙阿岩墓碑记载："惟我蒙氏籍江西，启祖兄妹交婚，育生四子：蓝罗韦蒙，改唤四姓，各逃河岸窜峒娶配，历由广西河池光岩里之地坊龙桃、（龙）委等处葬，又至东兰连下弄圹，又龙雄峒住葬六代，又至弄壁三代，移至弄楠，后至下山河葬住，又至哥脚峒，移往博言小峒，转长峒处亡，育生三子阿登、作、明。阿登至拿峒生六子，阿潘往弄林，阿诺往弄骂，阿炼处蒙弄凹，二妻生阿容，住善谷峒，阿非居老峒，阿绒居处，阿非转弄力（立），生四子：先、谷、则、皆。阿谷蒙侯蓝氏生阿祖，蓝氏生阿赖、岩、晋。"阿非是弄立屯的拓荒者，阿岩是迁移到

弄立村的传统民居都是木瓦或石瓦结构，人居住的二楼用石头或木头做成梯子上下

弄立屯生活的第三代人，他生于清光绪丁亥年（1887年），由此推算，可知村落历史的下限应为1800年。能够佐证村落历史的文物还有村民挖掘老宅地基得到的几十枚"大清铜币"和"大清银币"，而这两种钱币都是1900年以后铸造的。在西坳口，有一棵两个成人方可合抱的大枫树，据村民介绍，是第一代移居弄立人栽种的，估计已有200年的树龄。

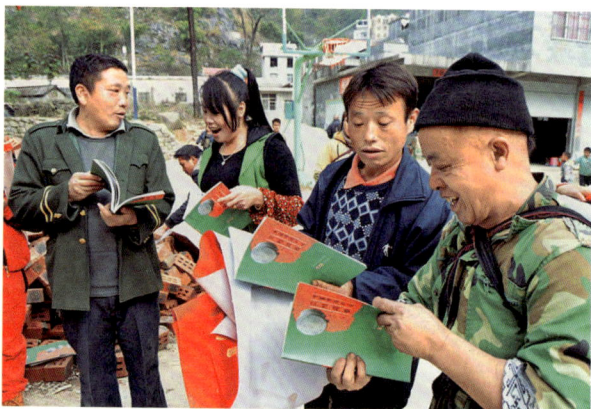

弄立队村民拿到《弄立队图典县卷本》后阅读

　　弄立队种植以玉米、红薯、黄豆、火麻等农作物为主，仍保留着传统的生产方式。以玉米、红薯为原料酿造的"土茅台"，味道醇厚，度数不高，口感绵长，醉也不上头，是当地佳酿，也是闻名遐迩的"板升米酒"代表之一。

　　弄立队90多户居民，人口近700人，97%是蒙姓，有共同的祖先。由于有血缘关系，村中事务由长辈召集大家共同协商完成。弄立队居民自称"布努"。"布努"是瑶族众多支系中两大主支（盘瑶和布努瑶）之一，主要聚居在桂西的都阳山脉、红水河沿岸的都安、大化、巴马和南丹等县，以及桂、滇、黔接壤的岩溶地带。弄立屯居民的主要信仰，是对创造世界万物始祖母"密洛陀"的崇拜，每年农历五月廿九日，都要举行祭祀活动。

　　弄立队传统民居建筑是依山势地势而建的干栏式吊脚楼。其特征是下围木板，上盖瓦。一般分上、中、下三层，上层存放杂物，中层住人，下层饲养牲口、家禽之类。在中层檐下，设干栏和长板凳，供人乘凉、瞭望及其他活动等。从地面到中层，用青石板砌成石梯，便于上下行走。有的吊脚楼还用山石垒墙围起来，成为独立的院落。

　　弄立队的丧葬风俗是实行一次性土葬，村中有多处墓葬群，与其他地方不同的是，许多坟墓之上还用经过加工过的石板建成屋形的石棺。有五个坟墓立有墓碑，其中一个还有两根石柱立于石碑两侧。这里的丧葬仪式原始隆重、庄严简洁，大体经过报天庭、淋浴、穿丧衣、报丧、入棺、选墓地、开道场、出殡、安葬等过程。

　　弄立队是石山区农耕文明的典型，代表了布努瑶的传统乡村文化特色，保存了传统生产技艺、生活方式、人生礼仪和民间信仰等，体现了生活在这片土地上的移民勤劳和智慧。村中现存多面传世铜鼓，世代传承铜鼓舞。铜鼓舞是瑶族的民间舞蹈，舞时将一面大皮鼓挂起或放在架上，由一人双手各持一鼓槌，从头上、腿上或翻身做各种打鼓动作，节奏复杂；另有两人在旁伴打着两面不同音调的铜鼓；其他至少有十人（男女各半），手持瑶带（有花纹的腰带）、藤圈或草帽，绕鼓而舞。每逢春节和农历五月廿九日祝著节等重大节日，村民都要杀猪宰羊，大摆筵席，敲打铜鼓，跳铜鼓舞，以示怀念先祖的恩德。

村中男女老少日常交流使用的语言是布努瑶语，部分青壮年会讲壮话、桂柳方言或普通话，儿童上小学就开始学习普通话。

弄立队男女居民传统服饰由上衣、下裤、头饰、配饰、烟具、鞋子等六个部分组成，女子下装比男子多一条百褶裙。传统服饰都是村中妇女手工制作的，精美又质朴。

四

2016年12月，凝聚着大家心血的《中国传统村落立档调查·广西大化瑶族自治县弄立队图典县卷本》终于出版发行。看着装帧精美图文并茂的图典，我不禁回忆起开始入村调查时的十分惊讶和内心失落。为什么呢？因为村庄的变化太大了，先前的干栏木瓦结构房屋已然零星无几，代之的是一栋栋钢混结构的平顶楼。当走进村庄，发现有几

弄立队墓地上的石墓

幢建造年久、具有代表性的屋子还保存完好，心里稍微平静。但有一些房屋已久无人居住，还有一些正准备推倒建楼中，从前村庄那些浓浓的烟火味即将远离我们而去了。

传统村落是乡村历史、文化、自然遗产的"活化石"和"博物馆"。弄立队虽然只有不到 300 年的历史，但仍然是这一方土地农业文明最直接的活态存在，是这一区域布努瑶的"活史书"，是一个具有活力、并传承文化和发挥功能的社会有机体。因此，我们在想，光拿起笔、背起相机行动起来是远远不够的，要保护好农耕文明，让传统文化赓续，需要的是更多部门和民间的共同努力。村庄的变化事实告诉我们，等不起了！

那么，如何创造性、创新性地保护并永续利用传统村落呢？这显然不是搭一个台、钉几块板了事，我们不仅要保护好传统房屋、保护好那些古老的东西，还要从村容村貌、公共管理和服务、产业培育，乃至人口素质等方面系统地进行。让村庄美起来富起来，才能活起来。

摸清了家底，我们有更多的期待，希望在不久的将来，弄立队能够真正成为名副其实"中国传统村落"，真正"让居民望得见山、看得见水，记得住乡愁"。

传统村落处处景

讲述/朱芳品　象州县纳禄村村民

整理/廖才兴　象州县政协文史教卫委主任

我是中国传统村落——象州县罗秀镇礼教村委纳禄村土生土长的村民，明代皇帝朱元璋的第22代嫡孙，政协象州县委员会第八、九届委员，广西歌王，曾任纳禄村村民小组长，今年已经73岁了。对于自己的家乡——纳禄传统村落的发展变化，我不但是亲历者——亲自参与纳禄村的规划建设，也是亲见者——亲眼见证纳禄村的发展变化，还是亲闻者——无数次听村中老辈人讲述纳禄村的悠久历史。

"美丽纳禄变化多，万人齐来听山歌；传统村落处处景，村民游客乐呵呵！""真感谢！党给人民好处多；纳禄新村像城镇，人民唱党万岁歌！"这是我经常唱的反映纳禄村发展变化的两首山歌。

欣赏婚礼，万人齐聚纳禄传统村落

我们纳禄村的变化很大，用"传统村落处处景"来形容一点也不夸张。别的不说，单说2017年3月30日，在一年一度的广西壮族传统节日"三月三"这一天，来到纳禄村的游客就有上万人，享受该村的美景，体验该村的变化，欣赏在该村举行的展现民族团结一家亲的皇族婚礼秀！

"三月三"当日，久雨初晴，阳光和煦，春暖花开。纳禄村张灯结彩，锣鼓喧天，群狮起舞，歌声阵阵，游人如织，到处洋溢着喜庆的气氛。一场"寻找最美壮家新娘"的大型文艺表演在纳禄村精彩上演，从10名漂亮的壮族姑娘中评选出的"最美新娘"，与纳禄村朱元璋侄孙朱守谦后人喜结"良缘"。随后，身着大红明朝官服的新郎用花轿把"最美新娘"迎娶到纳禄村古宅中。当天，在纳禄村，除了欣赏皇族婚礼秀，游客们还享受了传统村落风貌以及舞狮、山歌对唱、民族歌舞、民族服饰、抢绣球、农耕文化等一系列壮族传统文化大餐和扣肉、白切牛仔肉、香草鱼、壮家米饼、松树菌、艾粑粑、油堆、五色饺子等当地特色美食。

纳禄传统村落"三月三"活动现场（区海平　摄）

我们纳禄村的变化，既源于我们纳禄村 2012 年 12 月入选第一批中国传统村落名录，也源于我们象州县、罗秀镇两级党委、政府和相关部门以高度的文化自信和文化自觉，群策群力打造纳禄传统村落的得力举措。

回顾历史，纳禄传统村落为靖江王后裔所建

听老辈人讲，我们纳禄村始建于清中期，至今已有 200 多年的历史。相传，明朝靖江王后裔，为躲避明末战祸，避居偏远象州，后来选址于依山傍水、风水上乘的纳禄村建房定居。据老辈人讲，我们纳禄村后罗秀河如"玉带缠腰"环抱，与纳禄河首尾交汇，形成"鲤鱼跃龙门"的孤岛福地。纳禄村的古建筑群正位于"鱼"鳍之上，有"纳享东北古鹿山，禄受莲花好地场，村座背靠垫御枕；南朝礼教育才郎"之说。

听村中老辈人讲，朱氏家族当年共建 36 座房屋，由于历史原因，房屋相继被毁了 12 座，现存 24 座。建筑坐北朝南，庭院之间可互通，门额上塑有八挂、鲤鱼跃龙门等图案，大房正面院墙为照壁，镶嵌"祝、寿、吉星高照"等字样，为中国传统岭南建筑风格的格局。

古建筑中原有朱氏祠堂三座，最雄伟的是"大雅堂"，安放有四顶官员专用轿，配有"廻避、肃静"牌四块。另有八顶平轿，各种锣鼓乐器齐备，供喜事专用。偏房设有"一味书香"书屋，专供族长及文人、贵宾品茶和研读诗书之用。

我们朱氏后裔安身于纳禄村之后，一直保存皇家治家严谨之风范。几百年来，朱氏后裔从不以皇族自居，始终勤奋躬耕，家族训诫子孙好学上进，人才辈出：中举八人，其中武举两人，文举六人，有三人出任知县，一人出任府官。共获进士牌匾四块，保存完好的有清光绪五年（1879年）授予朱庭熙的进士牌匾。象州百姓赞誉：二武六文皆称纳朱府。

我们纳禄村至今还保存较为完整的历史建筑、乡土建筑、文物古迹，有传统特色和地方代表性，拥有较为丰富的非物质文化遗产资源、地域特色，传承形势良好，至今仍以活态延续，生动展现了广西优秀历史文化和民族传统，且具有较高的历史、文化、艺术、社会和经济价值。2012年初，罗秀镇党委、政府成立纳禄村申报"中国传统村落"工作领导小组，领导小组下设办公室，抽调专人，在县住房城乡建设局、文体广电局的精心指导和大力帮助下，完成申报工作，当年底即获国家住房和城乡建设部、文化部、财政部三部门入选第一批中国传统村落名录。全国28个省（自治区）646个传统村落入选该名录，其中，广西39个，来宾市1个，纳禄村成为来宾市唯一入选中国传统村落

纳禄传统村落的地形图（罗秀镇政府　提供）

名录的村庄。

党政重视，纳禄传统村落建设紧锣密鼓

文化是民族之根，民族之魂，是中华民族屹立于世界民族之林的根基，是推动国家发展进步的内生动力和精神支撑。文化自觉是一个地区、一个民族、一个国家以及一个政党对其自身历史文化的价值、地位、作

修复前的纳禄传统村落古建筑群（区海平　摄）

用、发展历程和未来发展趋势的自知之明，以及对于历史责任的主动担当。文化自信是一个地区、一个民族、一个国家以及一个政党在其发展过程中，对自身文化价值的充分肯定和积极践行，并对其文化生命力持有的坚定信心。

没有中华文化繁荣兴盛，就没有中华民族伟大复兴。2014 年 10 月，习近平总书记主持召开文艺工作座谈会时曾强调，一个民族的复兴需要强大的物质力量，也需要强大的精神力量。没有先进文化的积极引领，没有人民精神世界的极大丰富，没有民族精神力量的不断增强，一个国家、一个民族不可能屹立于世界民族之林。

近年来，我有幸先后获协商推选为政协象州县委员会第八、九届委员，有机会出席象州县政协例会，列席象州县和罗秀镇人大例会，有机会见证了象州县和罗秀镇两级党委、政府以及相关部门从高度的文化自信和文化自觉出发，以纳禄村入选第一批中国传统村落名录为契机，群策群力建设纳禄新村的全过程。2015—2017 年，象州县人民政府两任县长陈代军、罗君钰都在政府工作报告中强调："罗秀镇要深入挖掘纳禄传统村落文化资源，打造文化旅游新名片。""罗秀镇要积极推进沿路、沿河商贸开发，大力挖掘纳禄传统村落文化资源，打造独具特色的新型小城镇。""罗秀镇要继续围绕军田古城遗址、纳禄传统村落等人文资源，打造文化旅游新型城镇。"2015—2017 年，罗秀镇两任镇长叶海云、韦家雅都在政府工作报告中强调："要把纳禄传统村落建设成为县级生态乡村建设示范村。""纳禄村继续实施生态示范村和古建筑修复项目，完成整村亮化美化，以及入口区停车场、入口荷塘滨水景观、向日葵观光园和油菜花观光园、文化小广场、古建筑参观游览等旅游项目；鼓励民间和工商资本参与纳禄背沿河农家乐设施建设，鼓励群众发展莲藕、芦笋、水果等特色农产品。""继续实施生态示范村和古建筑修复项目……鼓励群众发特色农产品种植，通过旅游示范带动乡村建设，强化星级乡村建设标准。"

2011 年 8 月换届以来，象州县政协致力打造文化政协树立政协新形象，先后编辑出版了《小谷艺苑》《冰兄人生》《莲城往事》等地方文献书籍 10 多部；先后组织创作

《政协委员》《象州欢迎你》《象州是个好地方》等歌曲 8 首；先后倡导的打造象州名人文化以及白石文化旅游村和大窝文化旅游村等工作均取得了阶段性成果，为发展繁荣地方文化做出了积极的贡献。2015 年 3 月，在政协象州县委员会八届五次会议上，政协委员、时任罗秀镇镇长叶海云在会上作了《关于传统村落纳禄村保护与开发的建议》的发言，引起象州县委、县政府领导的关注。不久，高度重视文化工作、刚从外地调回任象州县委副书记的吴孝斌同志，多次深入纳禄村调研传统村落的保护与开发。2015 年 5 月，象州县政协召开纳禄传统村落保护与开发座谈会，县政协主席翁秋德、时任象州县委副书记吴孝斌以及相关部门领导参加座谈，就纳禄传统村落的保护与开发畅所欲言。与会人员一致认为县、镇两级党委、政府和相关部门要在加快纳禄传统村落规划和建设进度的同时，应先行拓宽纳禄至省道 307 线出口 2300 米进村道路，并开辟新的安全出入口。2015 年底，该路段已完成拓宽和新出入口的开辟，路面由原来的单车道变成了现在的双车道，以安全畅通的道路更好地促进纳禄传统村落的保护与开发。此外，罗秀镇党委、政府还于 2015 年 8 月、11 月，两次组织村民代表 20 多人次赴阳朔县阳朔镇矮山村、桂林市靖江王府考察，帮助村民提高对纳禄传统村落的保护和开发意识，促进纳禄传统村落的保护和开发。

纳禄传统村落保护发展规划图（罗秀镇政府　提供）

纳禄村捐款大会现场（罗秀镇政府　提供）

村民支持，纳禄传统村落建设水到渠成

辩证唯物主义强调，人民是历史的创造者，人民是历史的主人翁，这是一条永恒的真理。毛泽东主席也曾多次强调说："人民，只有人民，才是创造历史的动力。"只有人民群众广泛参与的事业，才有可能成为蓬勃发展的事业。在我们纳禄传统村落的保护和开发过程中，人民群众的主人翁精神又一次得到充分体现！人民群众是创造历史的动力又一次得到充分印证。

至今我还清楚地记得，2015 年 5 月 7 日晚上，纳禄村篮球场灯火通明，人头攒动，热闹异常，数百村民挤聚在这里，争相捐款，为建设自己的家乡——纳禄传统村落添砖加瓦，贡献各自的一分力量。"我捐 50 元""我捐 100 元""我捐 2000 元""我代表全家捐 2500 元"。捐款现场，年逾 80 的韦春胜老人、朱名宽老人夫妇俩带头各自捐资 50 元，赢得群众的阵阵掌声。在北京工作、专程乘飞机赶回来捐款的博士后潘学彪捐上 2000元钱之后，发表感言说"为了家乡的明天更美好，献上自己对故土的一份热爱是很有意义的事！"礼教村委副主任、纳禄村村民卓香莲代表全家捐上 2500 元捐款说："我们子子孙孙生活在纳禄，捐款建设家乡是我们义不容辞的责任！是天经地义的！"当天晚上，现场捐款共募集到建设资金 19770 元。此后，外出务工村民收到捐款消息后有的赶回来捐款，有的转账由亲属代捐。其中，在贺州、钦州一带务工的村民朱志仁夫妇专程驱车数年百里赶回来捐款 2000 元支持家乡建设。本次捐款活动共收到捐款 37400 多元，充分体现了村民热爱家乡支持家乡建设的主人翁精神。

平时，在县里、镇里开会，或是接待前来我们纳禄村参观考察的领导，我常常听领导们说古建筑的修复、新村的规划建设，常常涉及一些土地的换补或征用，这往往是地方党委、政府最头痛的问题，也是制约新村发展的瓶颈问题。但这些棘手的问题在我们纳禄村，由于村民的积极参与，古建设的修复，以及巷道的拓宽和硬化、停车场的修建、进村道路的拓宽以及一些配套景观的建设用地问题都迎刃而解。纳禄古建群南面按规划需建一个文化广场，涉及村民潘学彪约 50 平方米的宅基地、潘金秀约 20 平方米的宅基地，两人二话不说，直接将宅基地捐献出来作文化广场建设用地，令人钦佩！村庄东北的一条巷道拓宽需占用贾忠玲、韦洪波、韦少平、韦再强、潘汉荣、覃克宗等 10 多户村民的部分宅基地，他们也都无偿捐献出来，值得点赞！进村道路拓宽涉及数十户村民的土地，所涉及的村民或换地或只要征地款，对青苗补偿都只字不提，分文不取，难能可贵！

纳禄新村已呼之欲出（区海平　摄）

在我们纳禄村的修复过程中，村集体还拿出 10 多万元的集体经费和村民捐款所得的 37400 多元善款，投入到传统村落的建设中去。广大村民也纷纷投工投劳支持传统村落建设，2015 年以来，村民已累计投工投劳 2200 多工日，在村中巷道两旁和村周围义务种植桂花、玉兰等景观树 500 多棵，绿化美化村庄，打造生态乡村。义务修缮村庄周边道路 4 公里，确保道路畅通，方便村民和游客进出，打造通畅乡村。此外，逢年过节或有重要节庆活动，村民都出工出力义务进行全村大扫除，营造整洁干净的活动环境，打造清洁乡村。并主动协助主办方开展工作，或维护秩序，或引导交通，或搬运设备，确保活动圆满成功，打造文明乡村。

展望未来，纳禄传统村落令人神往

"千条磨齿共条心，人民的党爱人民；百年老房换新颜，雄伟蓝图建新村。"这是我经常唱的反映纳禄村发展现状的一首山歌。在我们纳禄传统村落的建设过程中，我深感人心齐泰山移！党政齐动手，敢教日月换新天！干群合力干，定要纳禄换新颜！通过近两年卓有成效的修复和开发建设，我们纳禄传统村落已旧貌换新颜。截至 2017 年 3 月底，象州县和罗秀镇两级党委、政府以及相关部门已整合资金 1200 多万元投入纳禄传统村落建设：按照修旧如旧的修复理念，完成古建筑修复项目工程总量的 90%；完成 17 栋现代民居仿古风貌改造，以及核心区内卵石及青石板步道的铺设、整村 27 条排污沟"三面光"及盖板铺设、整村巷道硬化及环村道路建设、重点区域绿化美化、7000 平方米停车场和村前景观区建设、传统村落保护规划编制等工作，一个望得见山，看得见水，记得住乡愁的传统村落已展现眼前！一个文化底蕴深厚、风景如画、宜居宜业宜游的新村已呼之欲出！纳禄村也先后获评为 2015 度、2016 年度广西"绿色村屯"，2016 年还获评为来宾市"三星级旅游区"和"文明村镇"，前景美好，令人神往。

至于我们纳禄传统村落未来的发展前景，我曾不止一次听到罗秀镇人民政府镇长韦家雅说过，展望未来，纳禄村前景美好！纳禄村是来宾市唯一入选中国传统村落名录的村庄，有上级党委、政府和相关部门的关心和强力支持，有村民的广泛参与和大力支持，我们有信心也有理由争取再用两三年的时间，将纳禄传统村落打造成来宾市第一个"五星级旅游区"，带动该村及周边村屯产业发展，造福当地群众。

最后，我再用两首山歌来体现我们纳禄传统村落发展变化的来龙去脉吧："感谢党！党政干部情意深；件件为民办实事，新村建设显真情！""纳禄未来展宏图，全靠党政好领导；传统村落满眼春，全靠各界来关心！"

扶绥县传统村落调查与申报的经历

文/蔡辽聪　扶绥县文物管理所

　　自 2015 年以来，崇左市列入广西传统村落保护发展的村屯共有 8 个，分别为扶绥县渠旧镇渠旧社区、东门镇郝佐村渌幸屯、龙头乡兴龙屯、龙头乡岭顶屯，凭祥市凭祥镇连城屯，江州区驮卢镇连塘村花梨屯，龙州县上降乡里城村板色屯、上降乡卷逢村白雪屯、上金乡中山村。扶绥县列入广西第一批传统村落是渠旧镇渠旧社区，列入广西第二批传统村落是龙头乡兴龙屯、岭顶屯和东门镇渌幸屯，所获的成绩，归功于扶绥县人民政府的高度重视以及各单位、11 个乡镇有关人员大力支持和配合，也归功于扶绥县文物管理所员工的辛勤付出，我是这一喜事的见证者和亲历者。

　　2007 年崇左市在大新县举办非物质文化遗产培训班、当时扶绥文物管理所领导安排我参加这次培训，并在大新县村屯学习，通过这次培训。我学到了非物质文化遗产的基

中东社区

本知识，平常坚持学习，查阅扶绥县志，广西民间文学作品精选扶绥县卷《金鸡山奇葩》、扶绥县政协出版《扶绥文史》、寻找有关扶绥县古籍、人文地理，扶绥县各乡镇村屯家谱、族谱等资料，充实自己，平时和县文化馆相互交流学习，同时到各村屯调查非物质文化遗产，如龙头乡"游神节"、"龙抬头节"，传统龙舟赛，渠旧社区"舞雀"东门镇、山圩镇丰收节等。

2007年，根据《国务院关于开展第三次全国文物普查的通知》（国发〔2007〕79号）和《广西壮族自治区人民政府关于开展第三次全区文物普查工作通知》（桂政发〔2007〕724号）精神，扶绥县人民政府决定从2007年开始在全县范围内开展第三次文物普查工作。2007年9月13日成立扶绥县第三次全县文物普查领导小组和领导小组办公室，由时任扶绥县副县长黄智庭担任组长，时任扶绥县政府办公室副主任甘绍慧、时任县文体局局长钟文庆担任副组长，时任县文体局副局长甘卫青以及民政局、财政局、国土局、住房城乡建设局、水利局、民族局、统计局、档案局、交通局、发展改革委、文物管理所等局县直单位领导干部为成员组成工作领导小组。办公室设在扶绥县文体局，扶绥县第三次全国文物普查工作队由扶绥县文物管理所为主，临时抽调部分文体局二层结构的人员参与普查工作，2007年10月我参加崇左市第三次文物普查培训班，培训结束后，我思想上初步对全县文物普查构思提纲，查阅整理全县已经公布的文物档案、对全县11个乡镇的文物做到心中有数。

2008年7月，扶绥县第三次全国文物普查工作队在文体局副局长甘卫青的带队下，队员有5人，开展文物普查工作，工作队经常早出晚归走村串户进行走访、摸底寻查等多种方式，了解全县文物遗存情况，认真查阅参考各种文献资料，力求对普查区有一个较为全面的了解，从2008年到2011年工作队几乎每天都是下乡进行普查，积极走访各乡镇老年人，认真记录，队员们面对艰苦的自然条件，酷暑严寒，爬山越岭，不怕苦，不怕累。

在渠旧镇普查期间，我们走访了渠旧村支书梁志忠，得知该镇还保存着古码头、古戏台、名人故居、骑楼群，这些都始建于民国初年，骑楼群共计120栋，分布面积约12960平方米。均为砖木结构，硬山顶。是目前保存最好的骑楼群，当时大热天我带着照相机爬上楼顶拍摄渠旧街的骑楼群全景，经过复查，渠旧镇还保存6处花山岩画。渠旧镇联街历史悠久，街上200余米长的砖木结构建筑，具有南国特色的骑楼老街已有100多年的历史，骑楼古色古香，风韵犹存两排骑楼格式一模一样，连走廊拱门形式，以圩亭为中轴线相对称，目前，它吸引了不少人到渠旧探古观光。绵绵左江自崇左市江州区濑湍镇入境蜿蜒而过，左江风光、左江古崖、壁画等旅游资源丰富。联街区目前已建成县内一流的文化大舞台和长达八十米长的社区文化长廊，逢年过节和农闲时社区群众和县内慕名而来的文体、文艺队伍同台献艺，共享社会精神文明成果。

东门镇渌幸屯

　　在东门镇普查时，由东门镇文化站站长梁华德协助工作。东门镇是扶绥县一个大镇，过去曾是绥绿县，历史悠久。东门镇渌幸屯山岭环抱，前面有溪流，距东门镇约8公里，附近有322国道，交通便利，居民为壮族，完整地承传其民俗文化，民风淳朴，文化底蕴较好，人称"秀才村"。该屯民居建筑保存有较多、较好的古建筑，风格属南宁周边典型古民居，多数坐北朝南，三开间，硬山顶，砖木结构，用材粗大，前廊有两个柱础，木结构，雕有花、草、鹿、马等花草兽类，廊檐壁绘有画。其代表性古建筑有桂氏宗祠、渌幸桂家宅，其中，自治区考古所专家说：桂氏宗祠可申报为自治区级文物保护单位，它的木件结构是研究我国古建筑断代的个案。渌幸屯所在地区属喀斯特峰林地貌及丘陵错综的地形，亚热带季风气候，阳光充足，雨量充沛，植被葱茏，村民生活环境良好。渌幸屯以甘蔗种植、水稻种植为主要收入。

　　在龙头乡文物普查中，我有了新发现：

　　兴龙旧圩建筑群：较好地保存了清到民国时期的建筑，整个建筑呈南北宽、东西略窄布局，六条主街道，分有米行、青菜行、鸡行、猪仔行、锅盖行、鱼行、砂纸行、棉花行、靛行等总占地面积约 2745 平方米，建于街道两旁民居现存 45 座，有面阔两间，亦有面阔三间，砖木结构，硬山顶，小青瓦屋面，清末民初时期商铺特点。

兴龙财神庙：位于兴龙屯中心，始建于清道光二十年，于清道光年间三次重修，建筑面积 67.71 平方米，两进一院，砖木穿斗和抬梁混合结构，硬山顶，小青瓦面，面宽三间，进深二间，一进房屋背一有灰塑图案，檐档雕有精美图案，檐上绘有壁画木构件上雕有蝙蝠等走兽图形，财神庙为外地商人在兴龙旧圩经商时保佑发财，择风水宝地而建，有的建筑艺术风格。

兴龙古码头：位于兴龙屯北面，左江南岸，全长 50 米，宽 3.5 米，分布面积 175 平方米，共有 66 级梯步，均用长短不一护栏。古码头建于清道光年间，是当时货船、商船停泊靠岸进行商业贸易必经之地，此码头对当时的经济贸易起到了重要作用。

岭顶街（新圩）：民国六年（1917 年）建成的。新圩在旧圩北面，大约 150 米的石桥岭顶，因而得名岭顶街。具有"三沿""三近"优势：即沿江河、沿公路、沿铁路，近扶绥县城、近南宁市、近吴圩机场。以前没有公路、铁路，左江河就是唯一的交通渠道，沿江的特殊地理位置，使得岭顶屯成了远近闻名的商业街道，五个圩亭八条街道造就了繁荣的岭顶圩，这里商铺林立，热闹非凡。岭顶街建筑群与旧圩建筑群风格大致相同。

在中东镇文物普查中，我了解到中东社区是中东镇集镇所在地，315 省道、崇坛二级公路穿境而过，交通便利，拥有一个农贸市场和一个果菜批发市场，是中东镇商贸中

龙头乡兴龙屯古街

心。全社区辖 11 自然屯，共有耕地面积 5690 亩，其中水田 2548 亩，主要种植甘蔗、水稻、玉米、水果、瓜菜等作物。中东社区的中东古街街区格局为鱼骨格局，以古街为中心轴两边布满各户人家及巷道，街区道路全都由大青石板铺成，古屋是砖木结构的中国传统建筑。中东古街有着悠久的历史文化，其中孔庙大成殿受最为出众，大成殿起建于明末清初，是中东镇文化传承之地。其次便是诗人曾平澜故居、韦家宅、陆家宅、谢家宅、周家宅、郑家宅等六大建筑也有着悠久的历史文化，而且至今保存较为完好。

孔庙大成殿：孔庙大成殿位于扶绥镇中心小学园内，为中东孔庙主体建筑。中东孔庙始建于明历三十年（1602），按山东曲阜孔庙殿、阁、祠、堂、庑、门等组成规制建造，原有大成殿、东西庑、崇圣祠、明伦堂、畔池，还有礼门（礼门前临街两侧各立一大石碑，碑高约 3 米，宽 1 米多，碑面刻"文武官员至此下马"）等部分组成，十分辉煌。建成至今 400 年，后几经兵火之灾，数度重修，目前只剩大成殿及畔池。大成殿坐东北向西南，面宽五间，进深四间，建筑面积 240 平方米，红墙红柱，殿内两根支撑高 7 米、直径约 50 厘米，前面走廊由两根高约 5 米石柱支撑，石柱镌刻一副楹联曰："气备四时与天地日月鬼神合其德，教垂万世继尧舜禹汤文武作之师。"

曾平澜故居：曾平澜故居位于中东镇中东社区中东街西门片内西南面，建于 20 世纪 30 年代末，为一座四方形楼房，坐东北向西南，二层三开间，宽 8.3 米，进深 9.1 米，砖木结构，四坡顶，拱券门窗，门窗宽大，具有中西合璧建筑风格。故居历经世事变迁，保存仍然完好，如 1939 年日寇入侵广西遭到日寇焚烧，多次易主等。

扶绥县第三次全国文物普查工作于 2008 年 7 月至 2009 年 12 月 30 日结束，历时近 17 个月。我参加扶绥县第三次全国文物普查工作队，在"三普"过程中调查了 11 个乡镇的 128 个行政村，13 个居委会，810 个自然屯，普查面积达 2830 多平方公里。覆盖率达 100% 的行政村和 100% 自然屯的要求，复查 50 个文物保护单位。新发现 62 处文物点共计 122 处，其中具有较高的文史价值，如龙头乡兴龙屯的财神庙，渌幸屯的桂氏宗祠、蕾允炮楼。具有特色的民居群的有渌息韦氏民居、龙头兴龙圩建筑群、龙头岭顶街民居群长沙韦氏建筑群、城厢旧街民居群、渠黎那隆黄氏民居群、东门渌幸民居群、中东民居群、新宁坛佑民居群。特色骑楼群有渠旧街骑楼群、城厢骑楼群。

2015 年我参加"记住乡愁，留住家园"——广西民族博物馆"三区"人才支持传统村落保护发展三江培训班。通过专家培训，了解到国家对传统村落保护工作的高度重视。我们充分认识到传统村落保护的重要性和必要性。广西有很多地方也具备传统村落的申报。在三江培训期间。我们县文物所几个学员与各县学员一起交流学习和讨论。巩固了理论知识，并且写有机会参观三江的世界文化遗产"风雨桥"，了解了三江侗族自治县的传统村落的保护和利用。我们明白扶绥县也有很多村庄符合申报传统村落的条件。

从 2015 年起，扶绥县文物管理所一个单位两块牌匾。一个是扶绥县文物管理所与一个是左江岩画文化景观申报世界文化遗产办公室挂在一起同时办公。单位只有五个编制人员。工作任务加重，经常白天下乡进行文物调查，晚上加班赶写资料，当年领导安排我兼负责扶绥县申报传统村落工作。按县住房城乡建设局发来的材料要求在短时间内把本县 11 个乡镇的材料填报呈送崇左市。当时我乐意接受任务，参加县住房城乡建设局传统村落座谈会，讨论渠旧镇骑楼群保护与维修方案。在县文物所办公室上班时。先把传统村落有关文件报表发到各乡镇办公室电子邮箱。再电话通知各乡镇。提议新宁镇申报。城厢村和坛佑屯。龙头乡申报兴龙屯、岭顶屯、东门镇申报渌幸屯、中东镇申报中东社区。渠旧镇申报渠旧社区、渠黎镇申报那隆村，岜盆乡申报岜甚屯，东罗镇申报渌息屯、柳桥镇申报那埋屯。按上级发莱来的范本格式填写，如果有什么不了解的地方，与县文物管理所联系，当时有些乡镇办公室新工作的同志还不够了解当地情况。如本地的物质文化遗产、非物质文化遗产的填写，为了赶上时间要求，我亲自填写龙头乡传统村落调查登记表的主要内容，供大家共同参考，每天都和各乡镇电话沟通，说明申报传统村落的重要性，机会难逢，千万不要错过。各乡镇上文来的电子版和纸质版，我通过认真整理报送县住房城乡建设局和崇左市文物局。2015 年广西第一批传统村落名录表里，扶绥县渠旧镇渠旧社区入选。2016 年广西第二批传统村落名录表里扶绥县龙头乡有兴龙屯、岭顶屯、东门镇渌幸屯入选。2017 年扶绥县继续申报六个广西传统村落，其中有新宁镇坛佑屯、长沙村、中东镇中东社区、渠旧镇坡利屯、渠黎镇那隆屯、岜宁屯。

在宣传和保护文化遗产方面，我们做了大量的工作。2015 年中央电视台十频道《地理中国》栏目组到扶绥拍摄《壮乡秘境》第一集《扶绥奇物》，我作为向导协助工作，2016 年，中央电视台《乡土栏目》组到扶绥县拍摄专题片《龙头乡里的热闹事》，我在专题片中对关于龙母节的历史文化做了简单讲解，为扶绥县的文化遗产作了宣传，提高扶绥的知名度。2004 年—2016 年在文物保护工作方面，文物所组织维修了东门镇中山纪念堂、中东镇孔庙、龙头乡财神庙、新宁镇长沙古戏台、渠黎哳尧桥等，作为扶绥县文物管理所工作人员，我积极参加第三次全国文物普查工作。工作虽然辛苦，但也是乐在其中，感受到大家团结协作，上下一致；更感受到国家对文物保护工作的力度。左江花山岩画文化景观申报世界文化遗产成功，扶绥县渠旧社区、龙头乡兴龙屯、岭顶屯、东门镇渌幸屯列入自治区传统村落名录，是可喜可贺的成绩，我为保护传承文化遗产贡献了一分力量，感到光荣而自豪。随着传统村落保护工作不断深入，会有更多的人了解到传统村落的重要性，我们要加强传统村落保护与发展，保持农村特色和提升农村的魅力，为扶绥的文化旅游奠定基础，促进扶绥经济、文化、环境的可持续发展。

龙州县上金乡中山村传统村落保护纪实

文/周寨强 龙州县上金乡党委副书记（挂职）

2016 年，我有幸作为市直部门下派到龙州县上金乡挂任乡党委副书记，见证或亲耳所闻中山村成功申报中国传统村落的过程，也较深入地了解和探究中山村的历史、文化。在工作之余，我把中山村保护传统村落的一点一滴记录下来，以飨读者。

中山村概况

中山村距上金乡政府 3 公里，辖 9 个自然屯（分别为陇口屯、陇宜屯、旧街屯、河抱屯、上窑屯、下窑屯、陇门屯、陇曝屯、企鸟屯），有 14 个村民小组，412 户，1724人。该村以农业生产为主，全村耕地面积 4200 亩，主要经济作物是甘蔗，一些村民还种植番石榴、黄豆、玉米、花生、柚木、药材等，部分农户养殖野猪、山羊、肉牛、蚕等。2016 年农民人均纯收入 3100 元。

中山村的村落整体风貌、建筑特点和文化价值

没来中山村之前，已闻其名，特别是旧街传统建筑、紫霞洞更是如雷贯耳。2016 年开始，到龙州县上金乡中山村开展精准帮扶脱贫攻坚工作，对中山村终于有了亲密接触，走遍全村山山水水，熟悉这里的角角落落，成为工作和生活中的一部分。中山村是桂西南典型的壮族传统民居，其中以旧街民居最有特色。旧街位于一个坡地的中央，两侧地势均较低洼，是一条由清代留下的传统民居群形成的村落。它靠近明江河，街道像一条平躺着的鱼，又名"鲤鱼街"，有鱼头、鱼身、鱼腹（人面朝江，街道的左侧）、鱼背（人面朝江，街道的右侧）、鱼尾等，除鱼头处无民房外，街道的周边都是民房，共76 间。这一船形街道，以船形街道弧线为基准，有的房屋前进窄，后进宽，地基和外墙框体成梯形。船头（鱼头）朝左江，船头处有 1 个砖砌的牌坊，高、宽各约 4 米，中间有 1 个无门板的长方形门洞，方便通行。牌坊既是鱼嘴，又如龙门，寓意鲤鱼跳龙门。牌坊旁有 1 块青石碑，碑题是《上金县建府碑记》（简称《碑记》）。

旧街现有民居 71 户，其中保存完好的清代建筑风格民居 49 座，现代建筑 22 间。该

街的房屋大多数建于清咸丰元年（1851年），至今已有166年的历史，房屋为两层三进木结构砖瓦户，仍保持着清代时期青灰色马头墙、穿斗式建筑原始旧貌，现存的房屋大多前进是客厅、卧室，后进是厨房，前、后进之间是天井，利于采光、通风、防潮。室内的地板和前、后进之间的通道用青砖铺成人字形或铺青石板。许多人家的门窗雕花，十分精致。民居中央的主街道用大青石铺设而成，街头有一座大型码头与明江河相连。

旧街，历史上被称为"窑头圩"，曾是上金县府所在地，为周边的居民赶圩而形成的一个自然圩市。在旧街附近发现有宋代的制窑遗址两处。根据龙州县志记载："上金鲤鱼街曾是有名的窑头圩，建于清咸丰元年（1851），因盛产碗、碟、缸、盆而得名，附近各乡以及邻县都来争相采购，商旅云集。清道光年间，由南宁水运至左江的食盐，都以窑头为转运站，在窑头起岸。原因是窑头至两明（宁明、明江）及龙州，河滩险阻，须用小船转运，因而各地船只都停泊窑头，所以窑头又有盐埠之称。"

中山村像其他传统村落一样，也有自己的宗教活动场所。在旧街对岸约三公里处，有一明代洞穴寺庙，人称为紫霞洞，是县级文物保护单位，约建于明末清初，洞中有寺庙、塑像、题记、诗刻，洞外有半山亭，登山石阶，河边上岸码头等。清初到民国二十几年，各地信士们捐资陆续修建，供奉观音大菩萨，俗名观音洞。历代设案敬佛、广迎香客，影响至港澳南洋。洞口天河边有一排天桃古树、十分壮观，洞内钟乳石复垂，著罗伞、石幔、蛟龙等物千姿百态、目不暇接，历代摩崖石刻不少，是一处不可多得的宗教旅游胜地。

上金中山村民房

上金中山村民房房梁石雕

中山村申报中国传统村落的过程

传统村落保留着丰富多彩的文化遗产，是承载和体现中华民族传统文明的重要载体。开展传统村落申报工作是培育和挖掘传统村落文化的重要环节，也是今后构建更加科学有效的保护利用体系的一项基础工作。2015年，国家住房城乡建设部组织开展第四批中国传统村落。据悉，本次参加第四批中国传统村落评审的村达10000多个，而入选中国传统村落名录的仅2000个。为了使这中山村申报第四批中国传统村落获得成功，龙州县住房城乡建设、文体广电和龙州县博物馆等部门和上金乡党委政府高度重视，组织专家和技术人员进行实地调查，收集整理资料，并上报自治区住房城乡建设厅。

申报工作十分复杂，程序比较多，材料要求高。龙州县有关部门和上金乡按照第四批中国传统村落申报工作要求，认真对照有关中国传统村落评价认定指标体系，进一步补充和完善《传统村落调查登记表》等相关材料，重点完善村落全貌、主要街巷、重要传统建筑的照片和文字说明，按要求制作PPT申报文件。同时，按"一村一档"建立中国传统村落档案，全面掌握传统村落的基本信息、传统建筑、选址格局、非物质文化遗产、人居环境现状等信息。在各有关部门和上金乡党委政府的共同努力下，各界群众的支持和配合下，中山村申报中国传统村落获得成功。经传统村落保护和发展委员会评审认定，并向社会公示，2016年12月9日，住房城乡建设部、文化部、国家文物局、财政部、国土资源部、农业部、国家旅游局等7部门关于公布第四批列入中国传统村落名录的村落名单中，上金乡中山村和白雪屯两个村名列其中，与其他1596个村落一起入选第四批中国传统村落名录。

制订保护发展规划，落实保护措施

为了使中山传统村落得到有效的保护、传承和利用，留住这里的青山绿水，留住这里的一片乡愁，上金乡党委政府制订中山村保护发展规划，细化保护方案，落实具体的保护措施，努力打造具有独特文化魅力和地方特色的历史文化名村，实现中山村有机更新和持续发展。

2016年，龙州县上金乡人民政府按照国务院《历史文化名城名镇名村保护条例》的要求，坚持"科学规划、严格保护、合理开发、永续利用"的总体思路，委托南宁美通规划设计有限公司编制《龙州县上金乡中山村传统村落保护发展规划》，规划分"保护规划总则、保护对象认定、保护区划与管控规定、传统村落保护措施、建筑保护与整治方式、总体建筑布局、传统村落人居环境发展"等内容，妥善处理中山村文化资源保护与经济发展、人民群众生活条件改善的关系。

针对此前部分村民随意进行建设，我们动员当地群众实施好《历史文化名城名镇名村保护条例》，制订村规民约，使保护传统村落成为当地百姓的共同行动。中山村旧街屯住户与乡政府签订《传统民居保护承诺书》，承诺未经上金乡人民政府的允许，不擅自对房屋进行改建、拆建、加建，定期开展白蚁防治，按照《文物保护法》对现住房履

上金中山村牌楼

行保护义务，自觉为旧街传统民居保护尽心出力。

我们提出不同保护范围、不同类型建筑的保护整治措施，明确保护范围内基础设施的规划建设内容。在保护历史建筑遗产的同时，着力改善原住民的居住生活环境。我们鼓励核心保护区和建设控制地带住户异地搬迁到上金古城集中安置点，目前，上金古城"三通一平"建设基本完成，有93户民居（其中易地安置旧街屯农户50户）已于2016年元月后陆续开工建设，大部分已封顶并进行外立面装修，少部分已入住，这里将打造成为旅游民宿、特色餐饮、旅游商品集散地的新兴旅游景点。

我们通过电视、广播、报纸、互联网等多种方法，积极宣传国家和广西关于加强传统村落保护建设的法律和政策，提高群众对传统村落的认识，引导全民参与传统村落保护。经过广泛深入地宣传教育，当地干部群众充分认识到传统村落保护发展的重要性和必要性，深刻认识到加强传统村落的保护发展是对历史和传统文化的肯定，更是对子孙后代的负责。做好传统村落保护，有利于增强民族文化自信，有利于保护区域文化的完整性和多样性，有利于促进农村经济、社会、文化的协调可持续发展。

重视非物质文化保护，唤醒群众保护意识，形成群众的文化自觉

中山村是一个自然景观与人文历史相结合的传统村落，保存着古建筑群、庙宇、石刻等历史遗迹。同时，也传承了传统的节庆习俗，集中展现了中山村传统村落的历史、文化、社会、艺术等价值。为此，中山村十分重视非物质文化保护与传承，开展龙舟赛、抢花炮、观音诞辰祈福等文化活动。

为充分展示以传统村落为载体的上金乡传统文化特色，挖掘、发挥上金旅游资源优势，全方位、多角度的宣传和推介上金，2016年12月31日至2017年1月1日，龙州县旅游发展局、上金乡人民政府以"秘境花山·古韵上金"为主题举行系列跨年音乐会活动。各地游客观看民间歌手、草根艺人的表演，欣赏抢花炮、山歌争霸等民俗活动，参加百家宴、市集美食等活动。作为本次活动的重头戏，连续两个半小时的"跨年音乐会"在12月31日晚上演。夜幕降临，华灯初上，拥有160多年历史的上金旧街，清代时期青灰色马头墙、穿斗式建筑大红灯笼在现代化灯光的映射下呈现出独特的历史风韵，极富文化底蕴。当晚8时，龙州天琴女子弹唱组合开场，接着，木棉组合、韦保丞、阿炳、梢丽组合等独立音乐人壮歌大舞台上演音乐大联欢。晚上10点30分，近万人聚集在上金古城空地上观看烟火表演秀，璀璨的焰火激情绽放，观众在绚烂的焰火下迎接2017年的到来。大家围着篝火，跟随音乐的节拍，跳起壮家舞蹈，手拉手欢乐起舞。

抢花炮被称为壮族的橄榄球，是壮族人民喜爱的体育运动。抢花炮是上金乡中山村不可或缺的民俗活动，每年春季，中山村河抱屯在紫霞洞前举行抢花炮大赛，四面八方的球迷纷纷至踏来，花炮队捉对厮杀，一时观者如云。上金乡中山村花炮队在2017年

上金乡抢花炮大赛中大败来自各乡镇和上金乡各村屯的 11 支花炮队获得冠军。

紫霞洞集道释文化于一体，佛道共荣共生，吸引各地香客朝拜。每年，中山村河抱屯隆重举行正月初一新年祈福活动和农历二月二十九"观音诞"祈福活动，村民自行组织唱山歌表演——吸引数万香客前来参加。

农历端午节，中山村举行赛龙舟活动，选拔出本村最优秀的男、女龙舟代表队参加其他村屯和全乡乃至外地比赛。现在端午龙舟赛已经成为中山村群众走村访友、交流感情、增进友谊的活动。随着比赛次数的增多，规模不断扩大，精彩程度逐年提高。中山村村民喜爱制作五色糯米饭，把它作为幸福吉祥的象征。人们采来红兰草、黄饭花、枫叶、紫蕃藤、用这些植物的汁浸泡糯米，做成红、黄、黑、紫、白五色糯饭。除了农历三月初三外，社日、中元节等，都有人做五色糯米饭来吃。在孩子满月、新居落成等喜庆日子里，也要蒸煮五色饭分送左邻右舍。

2017 年 5 月 23 日，广西住房城乡建设厅传来消息，住房城乡建设部等七部门公布了 2017 年列入中央财政支持范围的中国传统村落名单，包括中山村在内的广西 26 个村落，每个村落交将获得 300 万元的财政资助，集中投入传统建筑保护利用示范、防灾安全保障、历史环境要素修复、基础设施和环境改善、文物和非物质文化遗产保护利用等方面的项目。这将使中山村保护利用更加获得有效地保障，进一步推动中山村古村落走上持续健康发展之路。

龙州县上金乡卷逢村白雪屯的保护与开发纪实

文/徐媛 龙州县上金乡人民政府副乡长

自 2015 年以来，崇左市列入广西传统村落保护发展的村屯共有 8 个，分别为：扶绥县渠旧镇渠旧社区、东门镇郝佐村渌幸屯、龙头乡兴龙屯、龙头乡岭顶屯、凭祥市凭祥镇连城屯、江州区驮卢镇连塘村花梨屯、龙州县上降乡里城村板色屯、上降乡卷逢村白雪屯、上金乡中山村。其中龙州县上降乡卷逢村白雪屯和上金乡中山村列入第四批中国传统村落名录。上金乡卷逢村白雪屯位于上金乡与响水镇的交界处的白雪岗崖下的左江河对面，属上金乡人民政府辖区范围，建村于清代，历史久远，正因其独具魅力的村落历史文化资源和建筑艺术，在 2017 年 1 月份和上金乡中山村旧街屯等 72 个村落顺利入选第四批中国传统村落名录名单，成为广西列入中国传统村落名录中的 161 个之一。作为乡政府包村领导并直接参与到申报工作中的我来说，很高兴我们付出的努力得到了认可。入选中国传统村落为日后继续做好古村落及特色文化村保护工作，奠定了花山岩画遗产利用的坚实基础。

白雪屯的地理环境特殊，是一个三面环水背靠群山的喀斯特平原，属于花山岩画遗产核心区，全屯 150 户，598 人，耕地面积 1600 亩。其中，贫困户 44 户，163 人。人口聚集在台地东南面的河岸边，主要靠种植甘蔗和捕鱼为生，屯内有白雪祠堂、文昌阁遗址。现有的岭南传统民居 119 幢，分上下两片集中修建，称为上、下白雪；传统壮民居建筑风格主要是用的生泥胚砖砌成的三开间 "人"字形硬山顶小青瓦瓦房，房高约最低约为 4.5 米，最高约为 7 米。房子中间用整木榫卯相接为房柱和房梁，中间用木板隔成阁楼。在东部有三洲头、三洲尾花山山岩画；西南有上白雪岩敏山、下白雪岜逢山等花山岩画，历史文化资源非常丰富。

—

2015 年 3 月初，我接到龙州县博物馆的通知，将要开展自治区内传统村落调查，调查对象是我乡的中山村旧街屯和卷逢村白雪屯，后来我才知道，这前期工作是为了 2016

白雪屯铜鼓湾

年2月份申报第四批全国传统村落做准备。为此，我乡党委、政府高度重视，把我列为材料员，这是我们宣传自己的一次重大契机，也是为传统村落的保护做出贡献的机会，一下子就觉得自己身上的担子沉甸甸的，既紧张又兴奋。

2016年3月由李克强总理签批，国务院印发了《关于进一步加强文物工作的指导意见》，《意见》围绕当前文物工作中存在的突出问题，在落实责任、加强保护、拓展利用、严格执法等方面做出了部署。《意见》明确，要健全国家文物登录制度，建立国家文物资源总目录和数据资源库。重视城市改造和新农村建设中的文物保护，加强历史文化名城、村镇、街区和传统村落整体格局和历史风貌保护。实施文物平安工程，完善文物防火、防盗、防破坏设施。制定鼓励社会参与文物保护的政策措施，培育以文物保护为宗旨的社会组织，鼓励民间合法收藏文物，提高公众参与度，形成全社会保护文物的新格局。

2015年3月开始，我乡将保护意识和实际情况结合，大量向村民宣传古村落保护的重要性和必要性，通过宣传和日常的走访等手段宣传《文物保护法》等相关资料，使他们充分认识到古村落的历史文化价值和做好保护工作的重要性，建立村民自发保护的机制，制定花山岩画保护、传统民居保护村规民约，让他们知道他们才是保护传统村落的主体，激发和提高保护意识。并配合文物、住建部门全面开展调查研究，积极和上级部门对接，及时上报材料，建立相关档案，研究保护对象、保护措施，坚持用规划指导保护，指导传统特色文化村落的保护和开发管理，做到完整保护、科学利用、传承发展。2016 年 8 月，我乡政府和龙州县住房和城乡建设局委托广西南宁美通规划设计有限公司专门编制了《白雪屯传统村落保护发展规划》，以保护白雪屯传统建筑、民俗文化建筑及整体环境为重点，同时深入挖掘历史文化内涵，达到保持古村落良好格局和风貌特色，继承和发扬优秀历史文化传统的目的。

传统文化在商业化的日渐强大下，正面临失传或消失的危险，现在全世界都把关注的重心转到了如何合理利用各种技术手段，全面调查、搜集、记录和保存与传统文化相关的文化现象，进行抢救性保护。近年来，区、市、县的领导高度重视，相关部门和文物工作者都在开展这项工作，对全县辖区内进行调研、发掘，进行调查。此外，在民间文化挖掘、保护和开发过程中，也更加注重整合地方人力资源，重视专业人才的培养，加强古村落文化的理论研究，不断挖掘古村落传统文化的丰富内涵。

其实，现在我们所说的传统文化内涵挖掘与传承之间相互融合，并不是一味地为了

白雪屯传统民居现状

白雪屯文昌阁遗址石碑

保护原址，而去限制本地的经济发展，我们需要做的是在严格保护的基础上实施有效利用，但必须在发展的同时，遵循文物保持修旧如旧、保证文物本体的原来形制和结构不变、本体原料不变，应该尽量做到隐而不露和尽量烧损及元结构的材料，特别是表面坚持运用原来的传统工艺，严禁刻意"做旧"以及保持与文物本体相协调的环境风貌的基本原则。使白雪屯丰富的文化内涵得到挖掘，让它得以持续发展壮大，使其成为具有独特文化魅力的民族特色传统村落。

二

我们白雪屯立足于独具特色的自然景观，结合当地传统村落人文环境、历史文化和传统民俗文化，打造的全国传统村落。在创建的过程中，我们意识到保护和发展相辅相成，至关重要。以传统建筑、民俗文化及周边环境为重点，所以，在前期，包村工作组就发动群众自发制定保护村规民约，并有长效的保洁机制，设有保洁员，平日里白雪屯的群众相当重视屯内环境卫生，连护林员也参加到日常的保洁工作中去，房前屋后，自家内的卫生都是自发组织清理，没有陈年垃圾堆放点，正是因为如此，为全国传统村落、花山申遗及美丽乡村验收等工作奠定了坚实基础。

白雪屯有着丰富的民俗文化资源，民俗文化遗产的保护与开发利用问题已经越来越受到国内外的重视与关注，而白雪的民俗文化优势在县委、县政府提出"双五"目标中的"文化兴县"就指明了方向，对保护、管理和合理利用民俗遗产，有效开发民俗文化空间，具有十分重要的意义。通过花山申遗、申报全国传统村落、龙州创旅游名县、打造中国长寿之乡为契机发展旅游，这就是我们的发展优势。

目前，我乡针对白雪屯着手打造的特色产业主要是往旅游民俗文化型旅游产品方向走。利用中国长寿之乡招牌和 2015 年中国最具特色休闲养生旅游县的称号，融入生态健康养生，把屯内群众喜欢自己利用甘蔗制作的糖泡酒包装起来，把农村居民的衣食住行，生计、时令、风俗都作为民俗文化旅游产品的资源，打造一批在屯内都可以见到的土家豆腐、糖泡酒、糯米饭、艾糍粑、竹篮等手工作坊，吸引人来参观并参加制作。并通过扶贫政策异地搬迁和招商引资的方式，目前我们积极参与到泛海集团的招商中去，

白雪岜逢山岩画

希望能争取到有能力的企业来投资带动发展。作为一个遗产点，企业与农民合作的方式，开发村落民居旅游也是我们努力的方向。我们现在通过发动贫困户建立种养合作社、旅游合作社的形式，发动群众大规模搞种养，部分土地宽裕的群众种植红心柚、桃树、黄花梨、百香果、花卉等，在树下散养鸡鸭，渐渐发展成采摘园模式，以此增加群众收入脱贫，不仅仅依靠甘蔗种植和渔业。这样既可以留住客人，又不会破坏自然环境，通过售卖又有收益。而且白雪屯群众一直以来大都喜欢民俗活动，也自发组织各种文体娱乐活动，如龙舟赛和歌坡节，目前有 42 名群众自发报名参加花山舞、天琴舞蹈培训，我们卷逢包村工作组和第一书记也帮助他们联系县文体局老师培训；白雪群众还自筹资金打造了龙船，每年到端午节就可以用自己的船开展龙舟比赛，通过这些我们可以进一步挖掘花山、洛越文化，保护节庆活动、传统手工艺等非物质文化资源。从目前有需求的农户开始推广引导，结合精准扶贫工作相去做，让群众掌握可以脱贫的技术，帮助他们进行一些旅游从业的培训啊，对危旧房屋进行保护维修、修建厕所等旅游基础设施，通过旅游发展起来脱贫致富。民俗文化的传承和发展不仅仅能推动发家致富，经济前进的步伐也正是以迅猛态势向前，所以，按照习总书记指出的"农村要留得住绿水青山，系得住乡愁。"更加需要保留左江山水文化优越，围绕"文化兴县"的定位，实现目标。

我认为在传统保护工作中，保护意识和实地调研是齐头并进的。而主要开展的工作有：一是加强宣传教育，增强保护意识。充分运用各种舆论手段和宣传形式，向群众宣传传统村落保护的重要性和必要性，2014—2016 年，一直坚持通过宣传和日常的走访、村内广播、发送短信等手段发送《文物保护法》等相关资料 12000 多份，使广大干部群众特别是村干部充分认识到传统村落的历史文化价值和做好保护工作的重要性，转变观念，把保护传统村落当作责无旁贷的责任，并采取切实有效的措施，屯内群众按照制定的传统民居保护村规民约来规范自己，不再乱搭乱建，保护传统民居。屯内群众属于传统村落和该文化的拥有者，是保护的主体，激发和提高村民的保护意识，更有利于保护祖先留下来的宝贵遗产；二是全面开展调查研究。利用在第三次文物普查期间，龙州县文物保护部门对屯内调查情况汇总，在各有关单位的共同努力和屯内群众的积极配合下，调查到岩画点、屯内遗产多处，分类登记入册，实施保护；三是要坚持以人为本，正确处理好传统村落的保护开发与新农村建设的关系。在保持原有历史风貌、明确发展限制要求、明确生态环境保护要求的前提下，改善屯内基础设施条件，使生活在里面的群众改善生活条件，提高生活质量。如进行 1000 株坚果、1100 株百香果房前屋后绿化种植、屯内路边 60 棵黄花梨珍贵树种的种植工作，2016 年初，县申遗办投入专项经费对祠堂和部分民居实施了维修与保护。2014—2016 年，完成屯内主干道的道路硬化和水塔、污水处理点、公共服务等基础设施建设。

群众正在练习，为端午节龙舟赛做准备

三

说到这里，我们坚信，传统文化内涵挖掘与传承是一脉相连、相辅相成的。而我们也是这样做的，在新农村建设中，除了加强合理规划，做好传统村落的传统建筑风貌外，还要善于挖掘、整理其蕴含的丰富人文精神和文化内涵，注重对乡村人文生态的保护和利用，更好地发挥民间传统文化在新农村文化建设中的作用。

很多民间传统的信仰，是老百姓多少百年来延续对祖先的崇拜、尊敬情感的表达。保护好传统仪式，弘扬民族精神，展现当地文化，都是十分必要的。我们始终充分尊重和以宽容的态度对待农村传统的习俗和信仰，只要具有一定的价值，就将其作为健康文化予以肯定，予以保护。如白雪屯坚持的土地诞祭祀活动，是为纪念当地土地公、土地婆的传统节日，每年分两次举办，一次在农历的二月初二日是土地公诞辰，农历八月初二是土地婆的诞辰，当地群众组成送祭队伍，在白雪屯内的祠堂内敬供土地公、土地婆的尊像，在祭祀完成之后，大摆筵席，各家自己拿出准备的几个小菜集中在一起，招呼亲朋好友。通过我们下村和开展各类活动中去宣传和动员，现在，群众更加注重生活质量的提高，近两年土地诞当天，群众自发组织一些文体娱乐活动，妇女们组织几组平时在村里跳得较好的队伍跳广场舞、年长的则是三三两两在一起对唱山歌，年轻力壮的青年人打打篮球、进行猜码、棋牌吊纸比赛等，这样，不仅丰富了群众自己的闲暇生活，也是发展当地的文化娱乐活动。同时，我们也会跟群众宣传，使用法律武器，对影响社会稳定的迷信行为、恶风陋习，则予以严惩、取缔。

当然这些还不够，还将继续以传承为重点，加强文化特色的保护。许多传统村落、古民居都较好地体现了传统文化、建筑艺术、审美情趣的精华，是特定历史、文化的产物，是不同自然、社会、历史条件下人们生活方式和生活习惯的体现，同时也是文化多样性的表现，具有多方面的价值。现在白雪屯的岭南民居也是非遗保护的重点项目，目前能保护得那么好，而且群体那么庞大的传统村落已经很少，莲花山申遗期间来自世界各地的专家、学者都对其产生了很大的兴趣，并感叹其重大的研究、保护意义。另一方面，还要把"一村一品"与古村落资源的合理利用、适度开发结合起来。古村落作为一种极富吸引力的文化旅游资源，合理利用和适度开发，能使传统古村落得到有效保护，形成保护与开发的良性循环。在合理的规划性指导下，因其古朴、浓厚的建筑风貌，保

世界花山岩画专家评审组到白雪屯核验民俗文化

存大量完好的岭南建筑群，人文殊胜的清代时期建屯的白雪屯，通过国家传统村落这个金字招牌，完全能顺势打造成为一个历史文化名村。

第二是要继续加强文物保护规划编制，做到开发和保护有效结合。白雪屯本身具有特殊的地理位置和历史文化价值，因此，要加强对其保护规划的编制，规划要坚持高标准、高水平、高质量，挖掘历史底蕴，突出地方特色，丰富文化内涵，在保护与开发工作中遵循"保护为主、抢救第一，合理利用、加强管理"的文物方针。通过对民居的保护维修工程的实施，提升这一历史文化遗产的宝贵资源，变资源为产品，促使传统村落的开发更好地兼容旅游、接轨旅游，让旅游走进民众，让老旧的民居迎合市场，走出一条有针对品牌提升、资源整合、产品经营的旧居保护与利用路子，达到社会效益与经济效益的协调发展。同时进行旅游产品包装，将该村落融入龙州县精品旅游线路之中。在今后的保护和开发利用工作中，将以政府财政资金为主，社会捐助为辅，采取多种形式，广泛筹集对文物保护修缮资金，建立多元化、社会化环保投融资机制。

第三是做好屯内保护、整治宣传、动员工作，积极响应乡政府号召外出考察学习的机会，吸取外地先进经验，增强群众对古建筑群保护和治理的意识和责任感。乡政府广泛宣传古建筑群及文物保护的重要价值，提高群众热爱古建筑群、保护古建筑群的认识，通过广播、手机微信平台、电视等各种渠道多加宣传，形成良好的保护氛围。

最后，我们将大力培育传承基地，发展壮传承队伍。通过组建和培育山歌传唱、传统天琴舞蹈、抢花炮、赛龙舟的队伍，提高水平，不断完善和壮大群众民俗队伍，培养农民接班人，组织开展交流活动，把好的引进来，以多参加一些民俗活动或竞赛的方式，扩大影响力。

后记

    2012 年，时任国务院总理温家宝在中央文史馆成立 60 周年纪念座谈会作出"古村落的保护就是工业化、城镇化过程中对于物质遗产、非物质遗产以及传统文化的保护"的指示。此后，住房和城乡建设部、文化部、国家文物局、财政部于 2012 年 4 月下发了《关于开展传统村落调查的通知》（建村〔2012〕58 号），部署在全国范围内开展第一次传统村落调查工作。2015 年 3 月，广西壮族自治区住房和城乡建设厅、广西壮族自治区文化厅、广西壮族自治区财政厅为加强广西传统村落保护发展工作，传承民族文化，推进"美丽广西"乡村建设，根据住房和城乡建设部、文化部、国家文物局、财政部等四部（局）有关文件精神，结合广西实际，提出了《关于加强广西传统村落保护发展的指导意见（试行）》。

    几年来，通过编制保护发展规划，按照住房和城乡建设部《传统村落保护发展规划编制基本要求》的内容和深度要求，编制传统村落保护发展规划，并按照层级完成审查和审批。按照保护发展规划，对村落选址、景观环境和风貌格局等进行保护，对村落内的文物建筑、历史建筑等传统建筑等进行保护和修缮，对村落的非物质文化遗产及其他非物质文化进行保护和传承，保持村落的完整性和原真性。改善人居环境，按照保护优先的原则，对历史环境要素进行保护性修复，并配套完善村屯道路、污水垃圾收集处理、村屯绿化、给水排水、电力电信、公共照明、防灾减灾等基础设施和公共服务设施，总体上改善农村人居环境。适度开发利用，对部分具备开发条件的村落，在保护的基础上适度开发利用，开展传统文化和民俗文化展示，发展乡村旅游等活动，增加群众收入，形成保护与发展的良性循环。

目前广西已初步实现了广西传统村落保护发展的主要目标：创新传统村落保护发展的模式，保护和传承民族文化，延续历史文脉，恢复和发展传统村落的居住功能，促进文化内涵、建筑艺术、传统生活方式、非物质文化遗产等以"活态"形式传承；建立健全法律法规，完善管理体系，促进传统村落保护发展规范化、制度化和法制化；加强宣传教育，提高全社会对传统村落的保护意识。

为存史、资政、团结、育人，特编辑本书。本书的征集编校得到了广西壮族自治区各有关部门，南宁、柳州、桂林、梧州、北海、防城港、钦州、贵港、玉林、百色、河池、贺州、来宾、崇左等市政协和广西科学技术出版社的大力支持，在此表示感谢！由于编者水平有限，书中如有疏漏之处，敬请读者不吝赐教。

编者

2017 年 11 月